茶人叢書

小林逸翁

一三翁の独創の茶

齋藤康彦 著

宮帯出版社

茶人叢書 刊行の辞

茶の湯はさまざまの要素から成り立っていますが、その諸要素の中核にあるのが〝人〟であることはいうまでもありません。名器もまた、その人を得て生かされ、名茶会は主客のはたらきによって生まれます。こうした視点から茶の湯の歴史をふりかえりますと、茶の湯の先人たちが、どのような思いを茶に託し、どのように茶に生きたのか、そこが知りたいところです。

歴史に残る茶人はたくさんいますが、その茶の湯を伝記としてまとめるということになると、史料が豊富な茶人は決して多くはありません。そこで、茶道史上、逸することのできない茶人で、しかも相当の史料を残す人物を中心に、分かり易く、しかも最新の研究成果を加えて新たに書き下ろす茶人叢書をここに企てました。

この叢書が、茶の湯を楽しむ現代の茶人の心の糧となるばかりでなく、日本の伝統文化に深い関心をもつ多くの人々にとって、よき入門書となると確信します。

平成二十五年

熊倉功夫
筒井紘一

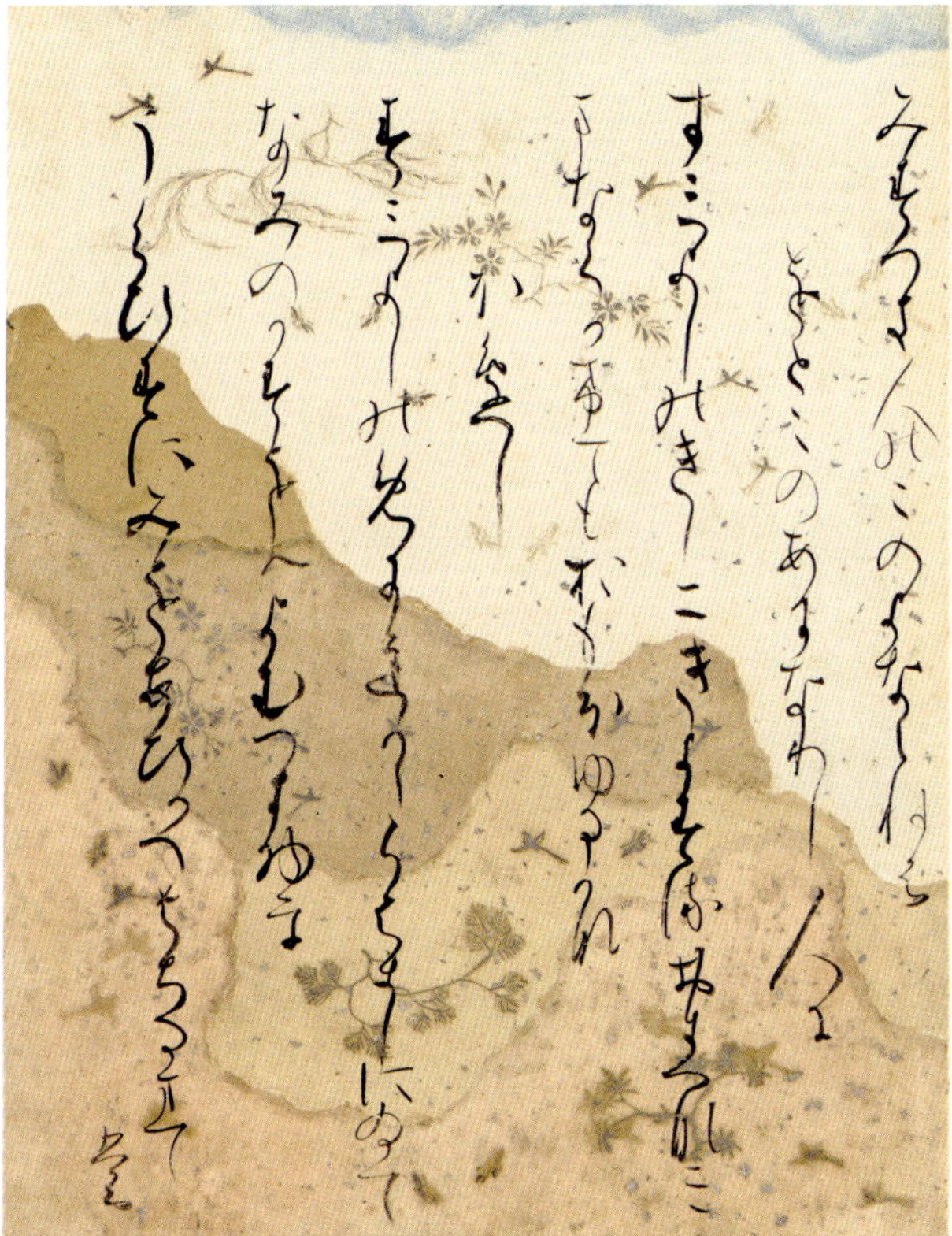

みすへき人のこのよならねは　をとこのあすなりし人に
すみよしのきしにきよするおきつなみ　まなくかけてもおもほゆるかな　かへし
すみよしのめにちかゝらはきしにゐて　なみのかすをもよむへき物を
うくひすにみをあひかへはちるまて　も

重文「石山切」伝藤原公任筆（逸翁美術館蔵）

『伊勢集』の断片で、もとは石山本願寺が所蔵していたため「石山切」の名で呼ばれる。古筆手鑑「谷水帖（たにみずじょう）」に含まれる24葉の古筆切のうちのひとつ。「谷水帖」を仕立てた実業家で茶人の益田鈍翁（孝）は、二世代下の逸翁にとっては「雲の上の存在」だった。（34頁参照）

あまつかぜく
ものか
よひぢふ
きとぢよ

をとめのす
がたしば
しとゞ
めむ

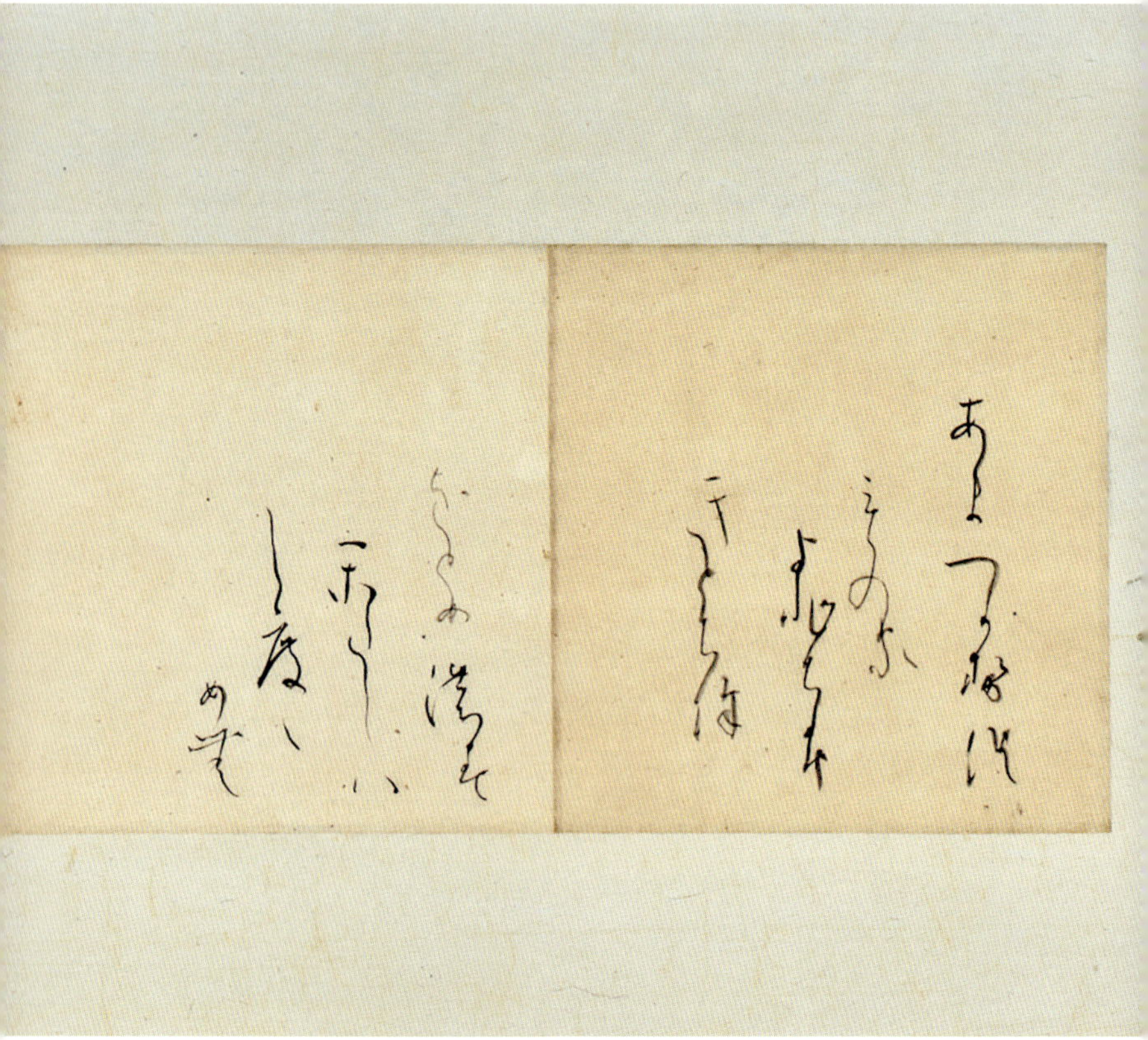

重文「継色紙」伝小野道風筆（逸翁美術館蔵）

『万葉集』『古今和歌集』などの古歌を集めた歌集（冊子）の断片と伝わるもので、方形の料紙二枚を継いで歌一首を書写しているため「継色紙」と呼ばれる。

かくばかり
へがたく見ゆる
よの中に
うらやましくも
すめる月かな

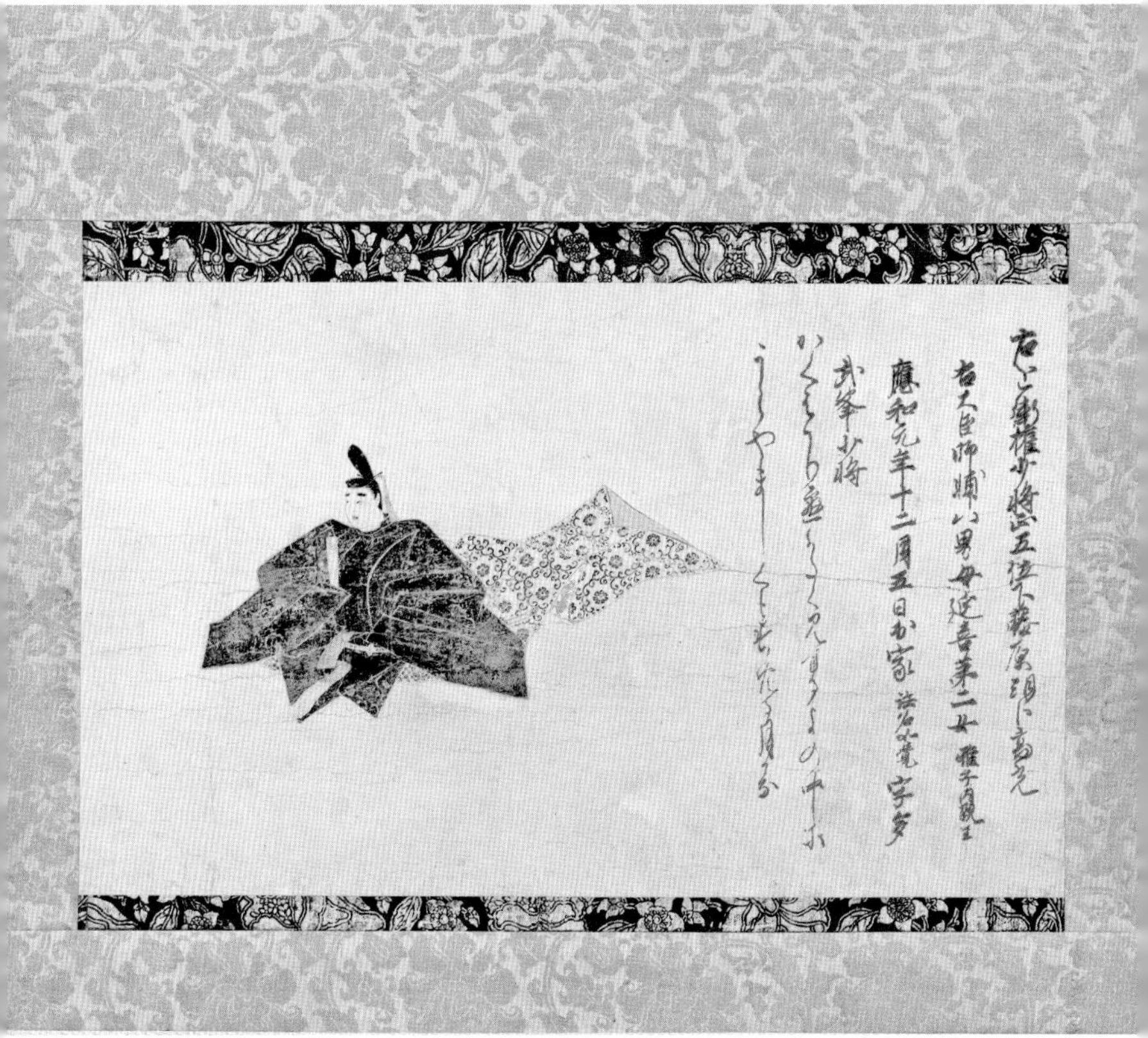

重文「佐竹本三十六歌仙切」藤原高光（多武峯少将）（逸翁美術館蔵）

［画 伝藤原信実（1176〜1266）筆 ／ 詞書 伝後京極良経（1169〜1206）筆］

現存する「三十六歌仙絵」のなかで最も古いのが「佐竹本」で、もとは下鴨神社に伝わったとされ、その後秋田藩主の佐竹家に伝来した。大正８年に一歌仙ごとに分断され、逸翁はこの絵を昭和４年に児島嘉助から入手した。（175頁参照）

古伊賀 耳付花入（逸翁美術館蔵）
〔高さ26cm 口径10cm 底径12.5cm〕

高橋箒庵（義雄）が逸翁に招かれた茶会で「東都に於ける著名の伊賀花入の（中略）五指に算へられるべきもの」と絶賛した花入。胴体にはヘラ痕とともに青緑色のビードロ釉が流れ、疋田文の押型がある。鴻池家伝来。（32頁参照）

大井戸茶碗　銘「野分」（逸翁美術館蔵）

〔高さ8.8cm　口径15cm　高台径5.3cm〕

朝鮮王朝時代初期の作品。正面の口のあたりの大きな割れを金継してあり、それが景色ともなっている。銘の「野分」は、小堀遠州の三男篷雪（権十郎）によるもの。

堅手茶碗　逸翁歌銘「曙」（逸翁美術館蔵）

〔高さ6.6cm　口径14.5cm　高台径5.4cm〕

昭和22年、逸翁が勅題「あけぼの」に寄せて詠んだ和歌が銘となっている。朝鮮の陶土の鉄分が口縁部で赤く発色しているさまを、富士山頂に降り注ぐ陽光が雪を赤く染めた景色に見立てたものとされる。「堅手」は、高麗茶碗のうち磁器のような堅い質感のものをいう。

五彩蓮華文呼継茶碗　逸翁銘「家光公」（逸翁美術館蔵）

〔高さ6cm　口径10.5cm〕

元時代の古赤絵茶碗。「呼継（よびつぎ）」という手法で、大きな破片1つに小さな破片6つを見事に金継してある。逸翁はこの呼継の技術に感心し、難しいとされる三代目を見事に継いだ将軍徳川家光に重ね合わせて「家光公」の銘をつけた。

逸翁見立て 竹彫梅鶯茶器（逸翁美術館蔵）

〔高さ7cm 口径3.3cm 底径5.2cm〕

竹筒に梅とウグイスの彫刻を施して漆塗りしたものに、牙蓋（げぶた）を添えて茶器に見立てたもの。

逸翁見立て 草花文緑ガラス小壺 茶器（逸翁美術館蔵）

〔高さ 5.9cm 口径 6.3cm 底径 6.3cm〕

緑色のガラスにエナメル彩を焼き付け、その上に唐草模様や草花が貼りつけられた18世紀の小壺。昭和15年に遣伊経済使節としてイタリアを訪問した際に購入。逸翁は晩年、牙蓋をつけて茶器に見立てて使用した。

逸翁見立て 風雨図 ガラスカップ茶器 ドーム兄弟作

〔高さ9cm 口径5cm 底径4cm〕

19世紀末～20世紀初頭フランスのアール・ヌーヴォーのガラス工芸で知られるドーム兄弟による作品。逸翁は牙蓋をつけて茶器として使用した。外国からの来客を迎えた茶会での使用記録がある。

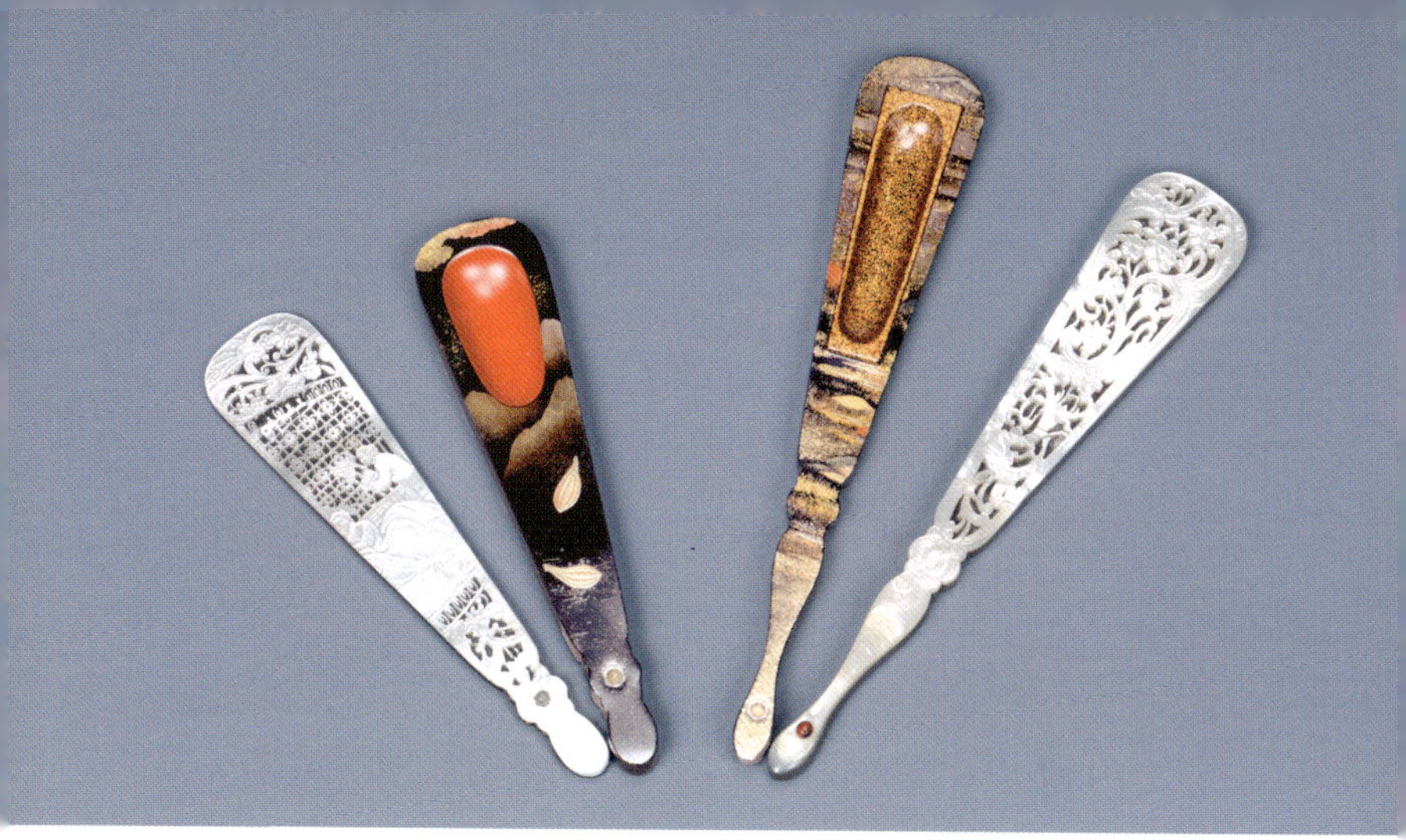

逸翁見立て 扇子親骨香合 スペイン製（蒔絵・仕立）三砂良哉作（逸翁美術館蔵）
〔右：高さ1.5cm 径18.8×3.3cm、左：高さ1.3cm 径14.3×3.3cm〕

外遊時に求めたスペイン製の扇子の親骨部分を利用し、逸翁が後援した漆芸家三砂良哉に依頼して蒔絵を内部に施し、香合に仕立てた。

逸翁見立て マンドリン形花生 マイセン窯製（逸翁美術館蔵）
〔総長52.5cm 径18.6cm〕

19世紀ドイツを代表するマイセン窯制作の磁器の花入。マンドリン形の器面いっぱいに草花の色絵が華やかに施されている。

逸翁見立て 蓋置 8種（逸翁美術館蔵）

逸翁が外遊などの際に各地で求めたナフキンリングやエッグスタンドを、蓋置に見立てたもの。

上段右より 鼈甲（べっこう）薔薇文ナフキンリング、フランス色絵エッグスタンド、
竹彫文ナフキンリング

中段右より 骨細工蛇文ナフキンリング、ビーズ繋ナフキンリング

下段右より 水牛角製ナフキンリング、銀透ナフキンリング、四ツ面角細工ナフキンリング

逸翁見立て コバルト釉人物図蓋物 皿付 マイセン窯製（逸翁美術館蔵）

〔蓋物：高さ14cm 口径12.4cm 底径6.9cm、皿：高さ4.5cm 口径22cm〕

昭和11年の外遊時に買い求めた19世紀ドイツマイセン窯の食器。本来はスープ皿と考えられるが、逸翁は茶道具に転用、菓子器として用いた。

逸翁見立て 白地色絵薔薇文壺水指 セーブル窯製（逸翁美術館蔵）
〔高さ14.2cm 口径16.3cm〕

昭和11年の外遊時にパリで購入した19世紀フランスセーブル窯の磁器。白地に色絵で薔薇(ばら)が施してある。逸翁は、塗蓋をあつらえて水指として用いた。

木彫小鳥網彫風炉先（逸翁美術館蔵）〔縦54cm 横87.8cm〕

広間で道具畳の向こう側を囲う風炉先屏風。窓のように区切った中央部分に、網に捕らえられた小鳥に見立てたかのように、網と小鳥が精緻に透かし彫りされている。

逸翁好 黒地歌劇雛祭楽譜蒔絵棗 三砂良哉作（逸翁美術館蔵）
〔高さ6.5cm 口径6.3cm 底径3.5cm〕

逸翁自作の歌劇「雛祭」の主題歌の楽譜が、黒地に金で施された棗。宝塚歌劇20周年記念の茶会で用いたが、その意味を理解する人がおらず残念に思ったことが、著作に記されている。

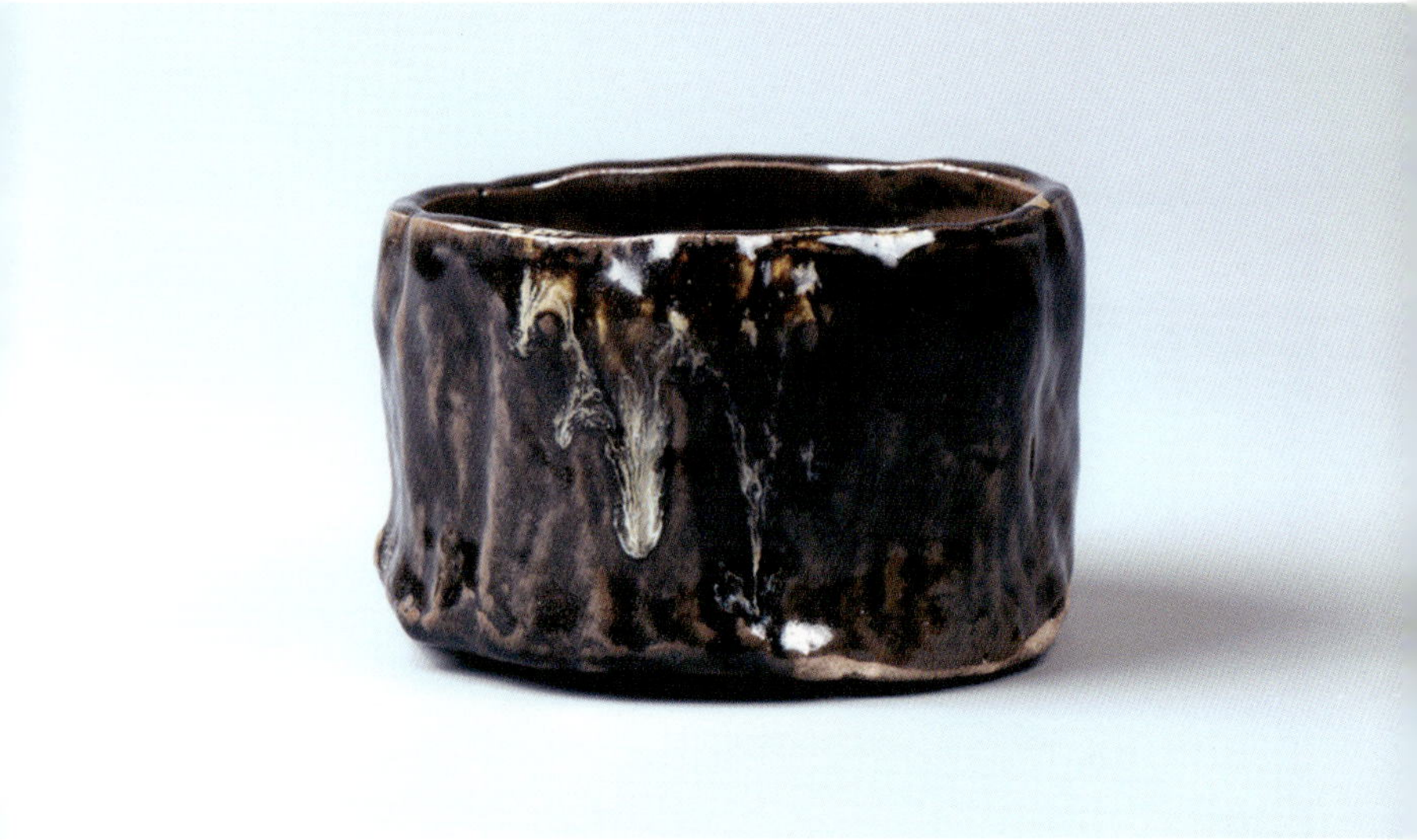

逸翁手造 膳所半筒茶碗 銘「老松」（逸翁美術館蔵）
〔高さ7cm 口径11.5cm 高台径5.5cm〕

逸翁は滋賀県の膳所（ぜぜ）焼の窯元を何度も訪れ、岩崎真三に喜寿祝の作品を依頼するなどしている。これは、逸翁自作の茶碗を岩崎真三の窯で焼造した作品で、「老松」の銘がある。

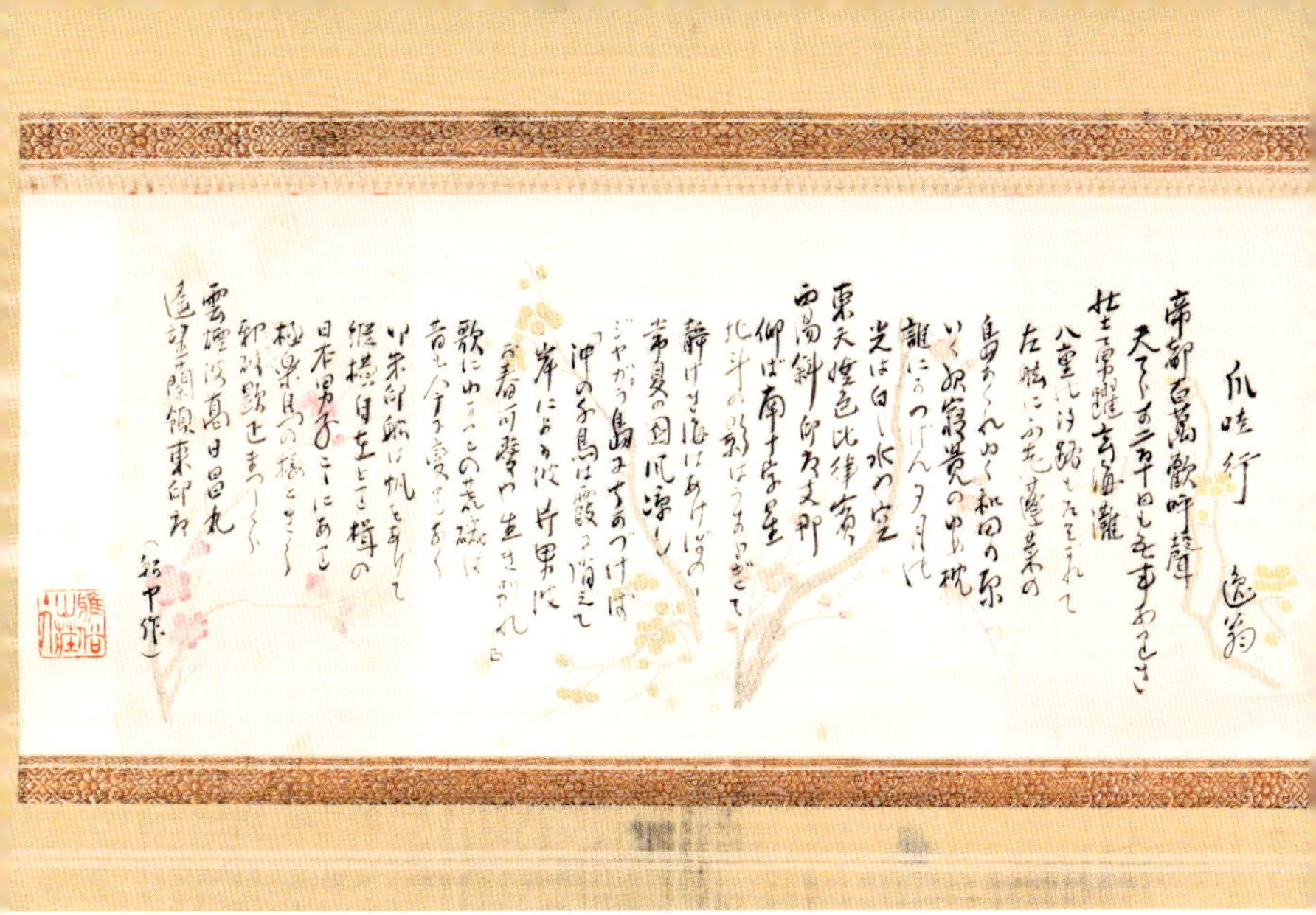

逸翁筆 詠草「爪哇行」（逸翁美術館蔵）

昭和15年、蘭領印度特派使節としてインドネシアへ渡航した逸翁が、船中で詠んだ詩を「爪哇（ジャワ）行」と題し、翌年の記念茶会で軸装に仕立て、床の掛物に用いた。茶友の一人に抽選で贈られ、受贈記念に開かれた茶会が、後に「芦葉会」として発展する。

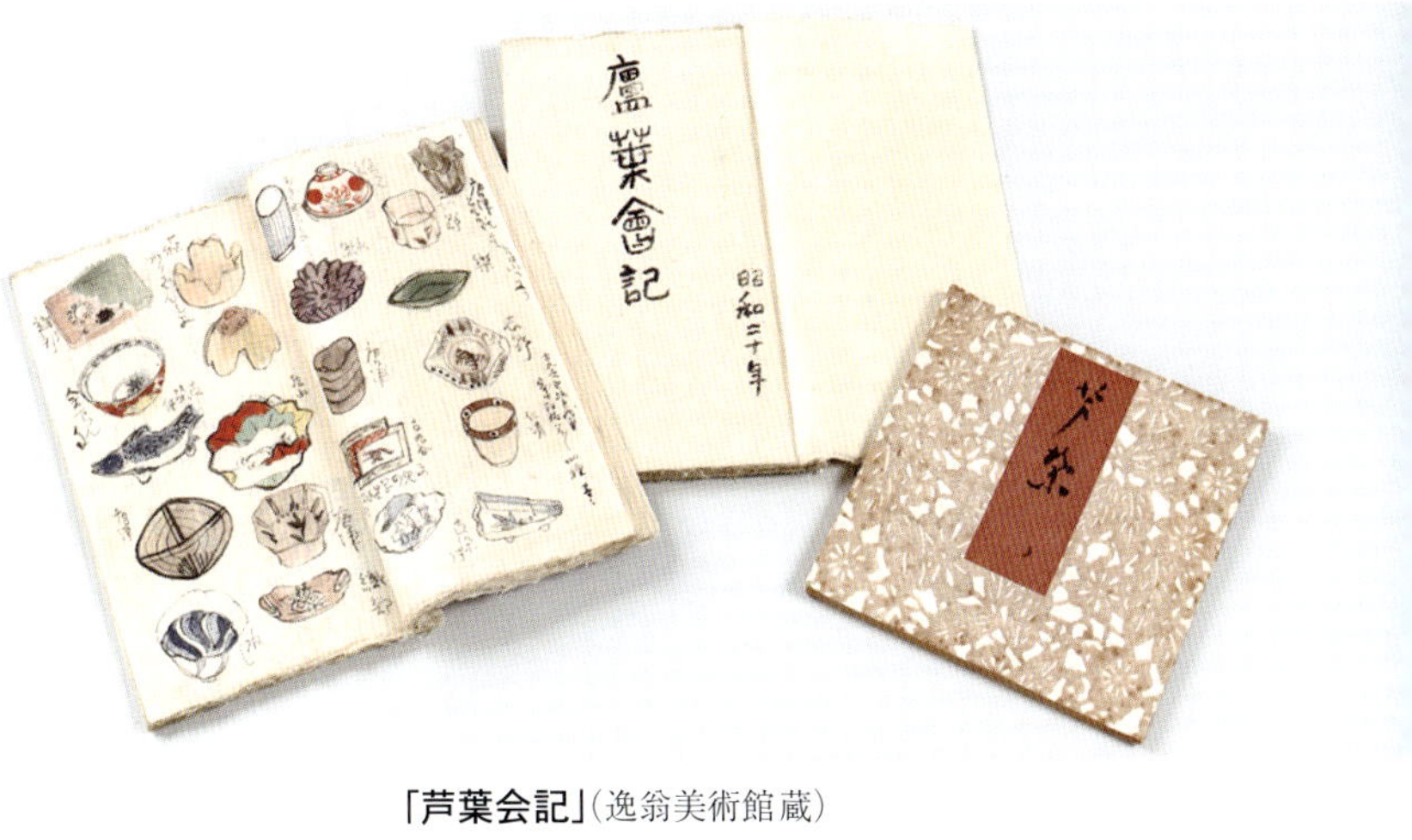

「芦葉会記」（逸翁美術館蔵）

昭和16年に発足した茶会「芦葉会」の茶会記。昭和18年まではガリ版刷り、それ以降昭和32年までは手描き。茶会の道具立てや会話などが記録され、印象に残った道具類などが色鮮やかに描かれている。逸翁の書入れもいくつか見られる。（112～119頁参照）

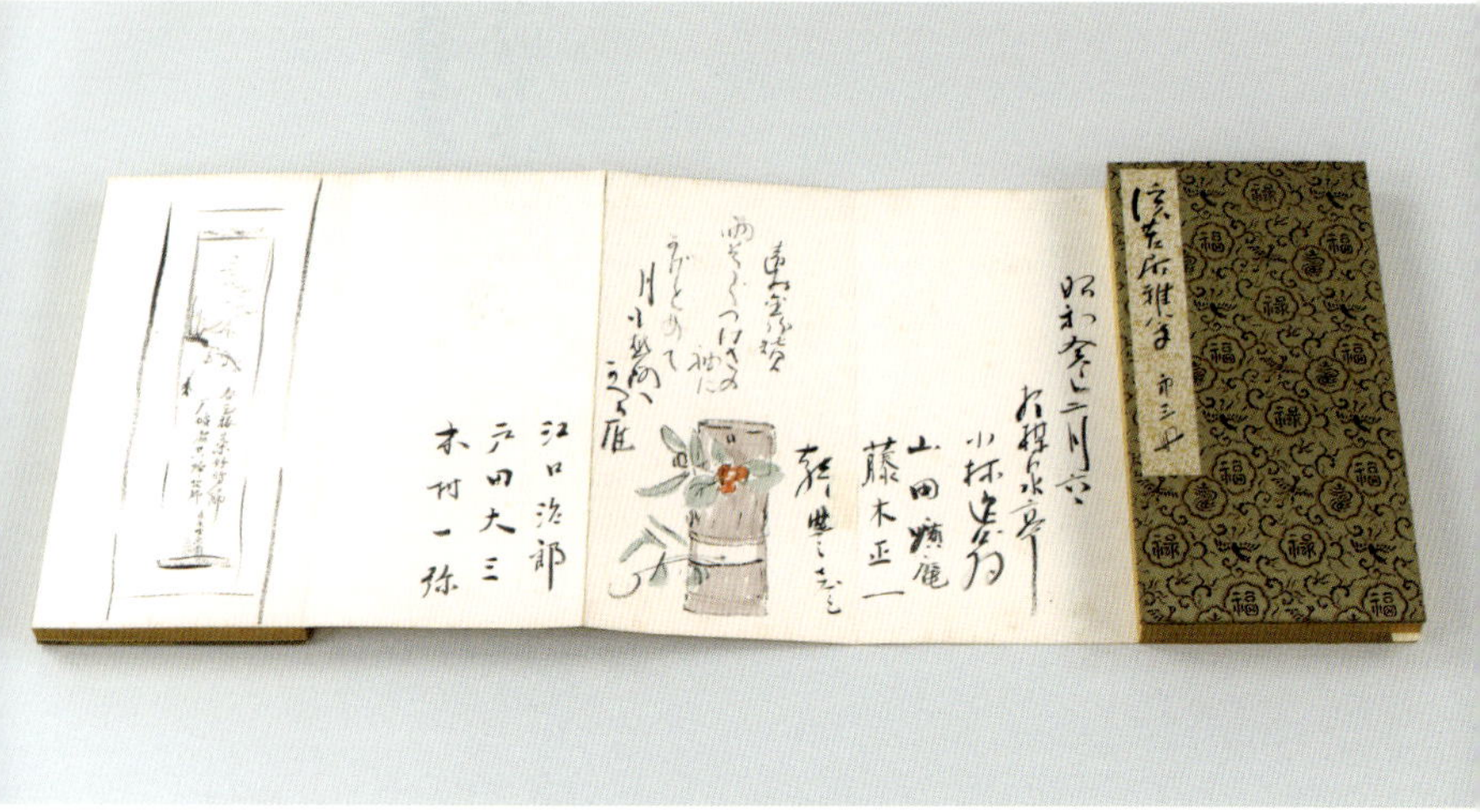

「渓苔居雅会」会記（逸翁美術館蔵）

昭和22年発足の「渓苔居雅会」の茶会記。全三冊ある。出席者名が書かれ、茶碗や鉢の精密な模写が見られる。（126～128頁参照）

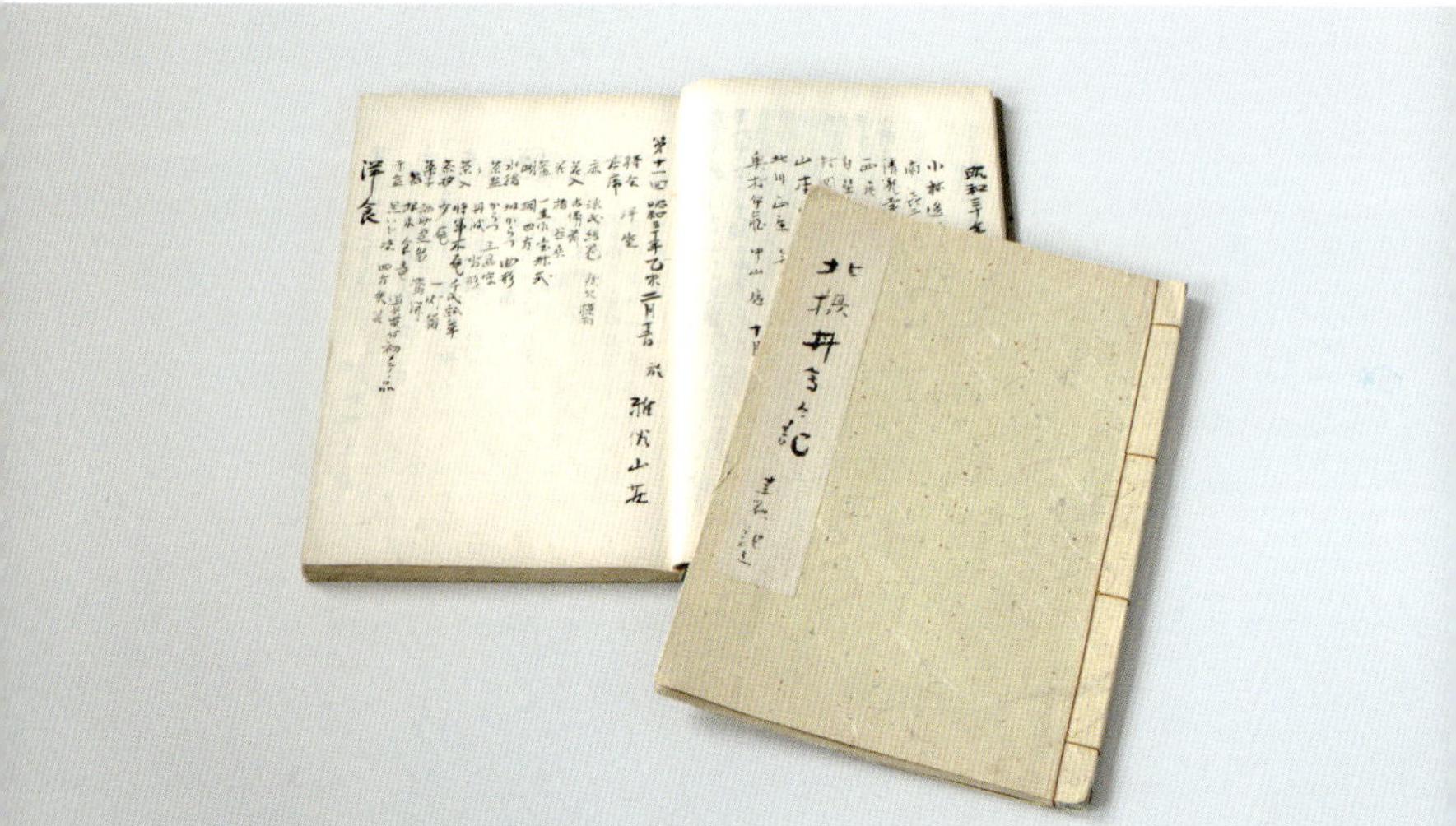

「北摂丼会々記」（逸翁美術館蔵）

昭和29年に発足した「北摂丼会」の茶会記。表紙見返しに会員名が記され、挿絵は少なく、会員の写真や感想などの頁がある。（128～131頁参照）

小林逸翁——一三翁の独創の茶

目次

序　章 ………… 7
一、課題と方法
二、小林一三の生涯
第一章　数寄の世界へ ………… 21
はじめに
一、高橋義雄との出会い
二、益田鈍翁と三井華精
三、「新画」のネットワーク
四、美食家小林一三
第二章　小林逸翁のネットワーク ………… 81
はじめに
一、関西での出会い
二、小林逸翁の茶界
三、小林逸翁と諸会

四、道具商との交流
第三章　茶友の群像 …… 155
はじめに
一、先人根津嘉一郎
二、親友松永安左ヱ門
三、東都の茶友たち
四、関西の茶友たち
第四章　小林逸翁の茶の湯 …… 239
はじめに
一、逸翁の好み
二、「目利き」の茶
三、茶会批評
四、懐石料理改革

第五章　小林逸翁の茶道観……319
はじめに
一、小林一三の茶の湯の著作
二、茶界の批判
三、家元批判
四、新茶道論の提唱
おわりに……373
年　譜 379
参考文献 383
あとがき 387
人名索引

〔凡　例〕

1、本書で頻出する小林一三（逸翁）の著作および関連する図書に関しては、随時次のように省略した。

『雅俗山荘漫筆』→『漫筆』
『雅俗三昧』→『三昧』
『逸翁自叙伝』→『自叙伝』
『大乗茶会記』→『大乗』
『小林一三日記』→『日記』
『小林逸翁全集』→『全集』
『小林一三翁の追想』→『追想』

2、引用文でも原則として新字体を用いた。

序 章

一、課題と方法

日本を代表する実業家

小林一三（のちの逸翁）の、明治四十年（一九〇七）から、前身の箕面有馬《みのおありま》電気軌道経営にはじまる阪神急行電鉄を中核に沿線での宅地開発、大阪市梅田へのターミナルデパート建設、宝塚少女歌劇団の創設などの独創的な経営手法は、西武鉄道の堤康次郎や東急電鉄の五島《ごとう》慶太に受け継がれ、戦後の私鉄経営のモデルである。昭和二年（一九二七）に阪急電鉄取締役社長に就任した小林は、同七年の東京市麹町区有楽町への東京宝塚劇場開設で東京へ進出し、同九年の日比谷映画劇場建設、さらには、同十二年の東宝映画創業、翌十三年の江東楽天地開業など、大衆娯楽分野

にウィングを広げた。(1)

大正中頃から波状的に挑まれる「電力戦」の影響で、経営が悪化し、関東大震災が追い打ちを掛けた東京電灯の立て直しを考えていた、三井銀行常務取締役の池田成彬に懇請された小林は、昭和二年(一九二七)、阪急電鉄取締役社長在職のままで東京電灯取締役にも就任し、翌年、副社長となる。余剰電力解消のために昭和電工の前身昭和肥料の設立にも関わり東京電灯を立て直し、昭和八年には社長に就任する。(2)

その後、昭和十五年(一九四〇)に第二次近衛文麿内閣の商工大臣となり、戦後は昭和二十年(一九四五)十月から幣原《しではら》喜重郎内閣の国務大臣兼戦災復興院総裁をも務める。翌二十一年三月の公職追放による五年半の雌伏を経て、追放解除後の昭和二十六年八月に宝塚音楽学校校長に復帰し、十月には東宝社長に就任する。没する前年の昭和三十一年(一九五六)には、東京に新宿コマ・スタジアム、大阪に梅田コマ・スタジアムを設立し、社長に就任した。(3)

最後の近代数寄者

みてきたように、小林は関西実業界の重鎮であるばかりでなく、日本を代表する実業家であり、その独創的な手腕で「今太閤」とも称された。しかし、小林の実像はそれだけではない。明治三十年代半ばに、松本重太郎(双軒)、村山

晩年の逸翁（阪急文化財団提供）

龍平（香雪）、住友吉左衛門（春翠）らの関西の著名な茶人たちが活動した大阪の風流十八会の会員であった樋口三郎兵衛（不文）から手ほどきを受け、大正四～五年頃には表千家流の茶匠生形《うぶかた》貴一（朝生庵）と出会って茶の湯をはじめ、「逸翁」という茶号を有する近代数寄者としての顔である。近代数寄者の第四世代に属する松永安左ヱ門（耳庵）や畠山一清（即翁）と並び、最後の近代数寄者と称されている。

少ない本格研究

ところが、茶人小林一三（逸翁）の本格的な研究はない。近代数寄者に関説した文献に小林の名前は登場するものの、いずれも茶人小林逸翁の総体像を描くまでにはいたっていない。

二〇〇頁を超える原田伴彦『近代数寄者太

平記』では、小林の記述に八頁を割いているが、茶人逸翁の扱いは「新茶道論の提唱」の二頁足らずで、「逸翁も一目おく」と題された嘉納治兵衛（鶴庵）の部分を加えても、三頁を少し超えるだけである。(4) また、熊倉功夫『近代茶道史の研究』では、敗戦以降の茶の湯の世界を扱った「改革と遺産」で比較的まとまった記述があるが、小林に関しては断片的な記述に止まっている。(5) さらに、近代数寄者に一一〇頁余を割いている井尻千男『男たちの数寄の魂』では、一八頁が小林の記述に当てられている。なお同書の近代数寄者は一〇人を数える。(6)

これらに共通する、紙数が限られる問題は理解しているが、近代数寄者小林逸翁の総体像を描くところまでいっていない。総体としての逸翁論は無い。

多様で大胆な茶の湯

逸翁の茶の湯の活動は多様であった。事実、小説家たらんとしたように筆まめであった小林の著作、日記、茶会記などで確認できたものだけでも、薬師寺会、芦葉会、北摂丼会、渓苔会、細流会、半七会、三客一亭会、十七日会、十八日会、など、関西で主宰した茶の湯グループは一五にもおよぶ。さらに、松永安左ヱ門、畠山一清、五島慶太（古経楼）、長尾欽弥（宜雨庵《ぎうあん》）などの近代数寄者が参加した東京の延命会や、神奈川県の鎌倉を舞台とする好日会の有力メンバーでもあった。

茶室「即庵」外観
（阪急文化財団提供）

お茶を点てる晩年の逸翁
（昭和28年・阪急文化財団提供）

筆者の集計によれば、小林の茶会に招かれた茶客（茶会の客）数は三五〇人に垂《なんな》んとする。一方、小林を招いた亭主は、複数回登場する著名な茶人として松永安左ヱ門、畠山一清、五島慶太、湯木貞一（吉兆）など一七〇人を超える。近代数寄者の第三世代根津嘉一郎（青山）も、小林を三回自会に招き、小林の茶会に四回出席し、昭和七年（一九三二）四月二十九日に大阪府池田の小林本邸に招かれた際に「大小庵茶会」を執筆している。[7]

小林の茶の湯の神髄は、旧来の「型」にとらわれず、「新機軸」を打ち出した点である。三畳台目の茶席即庵には敷瓦の土間を付随させ、椅子で茶が楽しめる和洋両用茶室とする工夫がある。また、千利休は見立てで茶道具の世界を豊かにした。小林も伝統的な茶道具を使う一方で、海外で入手した美術工芸品を大胆に茶道具に見立てている。また、三宅雪嶺筆「復興」の新聞紙を中回りにした表具や、懐石料理も親子丼、鰻丼、洋食を取り入れるなどの創意工夫を試みている。さらに、合理主義の立場から、家元制度の改革、箱書不要論など従来の茶の湯のあり方を鋭く批判した『雅俗三昧』（以下、『三昧』と略記）や『新茶道』も著している。

本来日本経済史研究が専門であって茶道史研究は門外漢である筆者の目からすれば、これまでの小林の論考にも問題がある。

先行研究の難点

従来は、小林の総体像ではなく、論者の都合の良い部分にスポットを当てて小林一三論としていたといっても過言ではない。そのため、「厳しい茶の現実への批判が、そこだけ氏（小林一三：齋藤）の文脈から抜き出され、強調されている」[8]という批判を生んだ。しかも、読み物風のスタイルが多く、先行研究の焼き直しや、先行研究の成果を繋ぎ合わせたような作品も目に付く。記述の厳密さや論拠という点での難点も少なくない。看過できないミスも目立つ。

学術論文ではないが、逸翁美術館が平成二十四年（二〇一二）春の展覧会に際して発行した図録『茶会記をひもとく　逸翁と茶会』では、小林が慶應義塾に入塾した際の「塾監」益田英次を益田孝（鈍翁）の弟としているが、[9]益田孝の弟は益田英作であり、二人は別人である。また、出典が示されておらず、史料引用に厳密さを欠いている。[10]

茶論・茶会記・日記

小林一三（逸翁）の特異性は、自ら執筆した「茶論」と「茶会記」、それに戦後が中心であるが『小林一三日記』（以下、『日記』と略記）の三つが揃って残されているという点にある。これほどの記録があるのは、大正初年から昭和十年代初頭までの茶会記である『東都茶会記』『大正茶道記』『昭和茶道記』と、大正期の一〇年間の克明な日記『万象録』を残した高橋義雄（箒庵《そうあん》）の他にはいない。小林と同時期の近代数寄者として著名な松永安左ヱ門には「茶論」と「茶会記」、畠山一清には「茶会記」があるものの、資料的な広がりは小林に大きく劣る。

小林が「茶会記」を執筆したのは、『雅俗山荘漫筆』（以下、『漫筆』と略記）第四に収録された昭和八年（一九三三）四月十日の「歌劇茶会記」が初めてであろう。[11]それより前、昭和六年に高橋義雄を招いた初陣茶会を行っている。その際の「茶会記」は高橋『昭和茶道記』から『漫筆』第一に転載されている。[12]その後、高橋の「茶会記」は昭和十年代の初頭に終わった。また親友であった松永は昭和九年に初陣茶会を行い、わずか数年で『茶道三年』を上梓《じょうし》した。このような背景の中で高橋の茶の湯の継承と、松永への対抗意識から高橋型の「茶会記」の執筆と刊行をしたと考えられる。特に小林が目指した茶の湯の「大衆的基盤」は小林のビジネスと一致しており、「啓蒙的」立場に立っていた高橋の後継者の位置に立とうとしたのではないだろうか。

事実、高橋型の「茶会記」を書いた者は他にいない。強いて挙げれば仰木政次（政斎）の『雲中庵茶会記』と松永であるが、生前に刊行しているのは松永のみである。小林は阪急電鉄と宝塚歌劇団の経営でマスメディアの力は知っていたのである。松永への対抗意識があったと書いては、小林に対して厳しすぎるだろうか。ただし、小林は関西と関東という二つの茶界（茶道界）に身を置いた点で松永より優位であった。

三井銀行時代の一三
（阪急文化財団 提供）

茶会への出席はプライバシーに属する。事実、筆者も、阪急池田文庫で資料請求して、閲覧を断られたことがある。そこで小林が残し、活字化されている『漫筆』、『雅俗三昧』、『新茶道』、『逸翁自叙伝』（以下、『自叙伝』と略記）、『大乗茶道記』（以下、『大乗』と略記）、『小林一三日記』（以下、『日記』と略記）などを基本的データソースとする。また、『阪急美術』にはじまる「会誌」、さらには、逸翁美術館から公刊された『茶の湯文化と小林一三』などの図録類を使用して小林の「言葉」で、小林の茶の湯を語らせようとするところに、本書の狙いがある。ところで、小林の研究や資料類の翻刻は現在も続けられている。筆者が利用した資料類は二〇一五年を下限とする。

なお、引用史料中の差別用語は歴史状況を正しく確認し、その解消に資すべくそのまま掲載した。

二、小林一三の生涯

生いたち

明治六年(一八七三)一月三日、甲州街道韮崎《にらさき》宿であった巨摩《こま》郡河原部村の豪農商「布屋」に生まれた。同年八月に母親が亡くなると、父甚八は離縁となり、一三は本家に引き取られた。同二十一年(一八八八)、慶應義塾に入学するも、芝居や小説に親しみ、役者になろうとさえした。在学中に執筆した小説「練絲痕」は『山梨日日新聞』に掲載された。卒業時は小説家たらんとし、また、新聞記者を希望するも実現せず、三井銀行に入行する。本店勤務後、大阪支店に転ずる。抵当流れの長田作兵衛家の道具調査を命ぜられて茶道具の面白さに開眼したという。支店長高橋義雄は小林一三を茶の湯の世界に導いた。

鉄道事業への参画

その後、東京本店に転じたが、岩下清周に誘われ、北浜証券会社設立の夢を描いて一四年六ヶ月勤めた三井銀行を退社した。ところが、家族を連れて梅田駅に降り立った明治四十年（一九〇七）一月二十三日、株式市場が暴落した。日露戦後恐慌である。会社設立は頓挫し、小林は浪人となった。小林は一先《ま》ず阪鶴鉄道の監査役清算人に就任し、箕面有馬電気鉄道に関わっていく。小林には沿線に広がる住宅適地活用の目論見があった。同年六月、発行株総数一一万株のうち、引受未定であった五・四万株余を全て引き受けるという条件で、事務の専行を認め異議を唱えないという契約書を交わして、追加発起人に加わる。なお、株の一部は根津嘉一郎や小野金六にも引き受けてもらった。同年十月、社長空席のまま専務取締役に就任した。

分譲住宅・観光開発

工事進捗で資金需要も増加したが、景気は好転しなかった。小林一三は『最も有望なる電車』と題する本邦初の宣伝パンフレットを出し、翌年、分譲住宅を紹介する『如何なる土地を選ぶべきか　如何なる家屋に住むべきか』を配布して宣伝に努めた。明治四十三年三月、宝塚本線の梅田―宝塚間と箕面支線の石橋―箕面間が開業した。同年六月、沿線の池田室町住宅地の二万七千坪が分譲された。一区画約百坪の二階建て電灯付き建て売り住宅二〇〇戸である。販売方法は、サラリーマン層でも購入可能な頭金五〇円で残金を一〇ヶ年で支払う割賦方式であった。次いで、箕面村桜井の五万五千坪の売り出しも成功した。乗客がいなければ作り出すというのが小林の発想であった。明治四十三年、箕面動物園、翌年、宝塚新温泉を開業した。宝塚新温泉は大理石大浴場が人気を呼び、室内プールや娯楽施設を備えた宝塚新温泉パラダイスとして拡充された。開業当初の年間入場者数は四五万人に達した。また、婦人博覧会、婚礼博覧会といったイベントを立て続けに打った。そこに新たな魅力を付与したのが宝塚少女唱歌隊である。大正三年(一九一四)、宝塚新温泉パラダイスを改造した劇場での第一回公演は大評判をとった。その年の秋季公演で自作歌劇「紅葉狩」を上演した。

大正五年に灘《なだ》循環線の敷設権を買収し、宝塚本線の十三《じゅうそう》駅から分岐して神戸にいたる神戸本線、その支線の伊丹支線の敷設計画を打ち出して事業を拡大し、七年には灘循環電気鉄道を統合し社名を阪神急行電鉄とする。神戸本線と伊丹支線の開通は大正九年であるが、開業当日に「綺麗で、早うて、ガラアキで、眺めの素的によい涼しい電車」と意表を衝く新聞広告を出した。勿論、新路線沿線でも分譲住宅地を造成した。翌八年、宝塚音楽歌劇学校を設立して校長となり、歌劇新劇場が完成する。これは大正十二年に全焼し、翌年、四千人を収容できる宝塚大劇場が竣工する。さらに、同十四年には日本初のターミナルデパートである直営マーケットを開業させる。昭和二年(一九二七)に小林は阪神急行電鉄の社長に昇格し、その後、日比谷映画劇場、梅田娯楽街、江東楽天地など大衆娯楽にも進出する。

関東への進出　東京電灯の立て直しを考えた三井銀行の池田成彬に懇請された小林は、昭和二年に東京電灯の取締役に就任し、翌年、副社長となる。「商売人精神」を標榜して電気器具の販売に取り組ませ社員の意識改革を行い、同八年に社長に就任する。この間、昭和七年には観客席数三千の東京宝塚劇場を創設し、社長に就任して東京進出を果たす。

政界への進出　昭和十五年、第二次近衛文麿内閣で商工大臣となった。しかし、統制経済を唱える革新官僚の代表岸信介次官と資本主義的財界人である小林は対立し、岸は馘首《かくしゅ》される。その後、「機密漏洩問題」が起こり辞職に追い込まれ、雑誌に『大臣落第記』を寄稿したが途中で連載中止になった。終戦後は幣原喜重郎内閣で国務大臣を務め戦災復興院総裁となる。しかし、昭和二十一年三月に公職追放となった。追放期間の五年間が近代数寄者小林逸翁としての本格的な活動期である。

昭和二十六年(一九五一)八月に追放解除となると宝塚音楽学校校長と東宝社長に復帰し、三十一年には新宿コマ・スタジアムの社長に就任する。翌三十二年一月二十五日、翌日の芦葉会の道具組みを用意して就寝し、午後十一時過ぎに急性心臓性喘息《ぜんそく》で死去する。

註

(1) 三宅晴輝『小林一三伝』(東洋書館、一九五四年)。
(2) 齋藤康彦『地方財閥の近代』(岩田書院、二〇〇九年)。
(3) 『日記』(阪急電鉄、一九九一年)の「小林一三年譜」による。
(4) 原田伴彦『茶道文化史』(思文閣出版、一九八一年)、三四一～三五四頁。
(5) 熊倉功夫『近代茶道史の研究』(日本放送出版協会、一九八〇年)、三三一～三三八頁。
(6) 井尻千男『男たちの数寄の魂』(清流出版、二〇〇七年)、八九～一〇六頁。
(7) 『漫筆』第二(小林一三、一九三二年)、三六～四三頁。
(8) 生形貴重「逸翁と祖父生形貴一のこと」(『茶道雑誌』第六八巻第二号、河原書店、二〇〇四年)、四六頁。
(9) 逸翁美術館『茶会記をひもとく 逸翁と茶会』(思文閣出版、二〇一二年)、七八頁。
(10) 『茶会記をひもとく 逸翁と茶会』、七五頁。
(11) 『漫筆』第四(小林一三、一九三三年)、一九～二六頁。
(12) 『漫筆』第一(小林一三、一九三二年)、六〇～七〇頁。

第一章　数寄の世界へ

はじめに

茶の湯との関わり

昭和七年（一九三二）から翌八年にかけて刊行された小林一三（逸翁）の著作である『漫筆』の四冊は、政治・経済論、茶の湯、美術論、思い出話、「茶会記」など多彩である。その中に昭和八年四月に開かれた、宝塚少女歌劇の創立二十年記念の「歌劇茶会記」が収録されており、「如此計画すらも実は十数年の予備行為があるので俄かに道具を集めたのではない(1)」とある。「十数年」を逆算すると大正前期となるが、小林がいつごろから茶の湯と関わったのかは記されていない。

また、戦後に刊行された小林の「茶論」を中心とした『三昧』や『新茶道』の記述内容は、例えば、「茶論」ではないが、『三昧』に収録された最も古い論稿である「新画追憶の話」の執筆時期が、昭和十三年（一九三八）一月で、基本的には昭和以降に重点がある。したがって、『三昧』や『新茶道』からも、さかのぼって小林と茶の湯との関係を明らかにはできない。

茶会初め

ところで逸翁美術館『茶会記をひもとく 逸翁と茶会』では、大正十三年（一九二四）十一月、大阪府豊能郡池田町の小林本邸で開かれた、京劇界のスター梅蘭芳《メイランファン》を招いた「梅蘭芳観劇茶会」を、小林の「茶会の始まり」としている。使用された茶道具は写真と解説が付され詳しく判明するものの、茶会の様子は、はっきりしない(2)。茶室大小庵は、『漫筆』第二に収録された「三つの茶会記」で、次のように紹介している。前述した梅蘭芳の名前もみえる。

> 我大小庵は、軒端古りて、あはれにも朽ちたるまゝ、繕ひもせず二十有余年を経て、いまだ一度も改まりたる茶事に恵まれたる事もなく、嘗て支那の名優梅蘭芳が初めての渡来に、宝塚公演を試みたる折柄（中略）友人数十人の一会を催したることあるのみ(3)

本章では、『自叙伝』や明治期の『日記』―をデータソースとし、若き日の小林にスポットを当てる。

一、高橋義雄との出会い

小林一三と数寄世界との触れ合いを語る時、第一に取り上げなければならないのは、高橋義雄（箒庵）との邂逅《かいこう》であろう。

高橋義雄との邂逅

『自叙伝』によれば、小林は、慶應義塾に在塾中、慶應義塾からそう遠くはない麻布十番の森元座、開盛座、寿座といった芝居小屋や、木挽町に新設された歌舞伎座などで芝居見物をしていた。(4) 後年、宝塚少女歌劇を創設する片鱗がうかがえる。入塾直後から、童子寮の機関誌『寮窓の燈』の主筆を務めている。さらに、明治二十三年（一八九〇）四月には、「靄溪学人」のペンネームで『山梨日日新聞』に、東洋英和女学校校長殺人事件を題材に「練絲痕」を連載した。この小説は警察から詰問を受け、九回の連載で終わった。慶應義塾在学中から芝居好きの文学青年であった。

三宅晴輝『小林一三伝』によれば、典拠は明示されていないが、小林は慶應義塾在学中に日本橋本町の書肆《しょし》金港堂の原亮三郎と懇意となり、原の周辺にいた高橋義雄、渡辺治、石河幹明らとも交際したという。[5] 同書には、小林の明治二十五年十二月の三井銀行入社に際して高橋が保証人になったとある。[6] しかし、『自叙伝』や高橋義雄の『箒のあと』では、触れられていない。高橋は、明治二十年（一八八七）五月に時事新報社を退職して、同年九月から二十二年九月までアメリカとイギリスに留学し、三井銀行への入行は帰国後の明治二十四年一月で、二十六年五月には三井銀行大阪支店長として赴任する。

明治二十五年（一八九二）十二月に慶應義塾を卒業した小林は、小説家を志望して渡辺治のつてで都新聞への入社を考えたが、頓挫し、卒業時に決まっていた三井銀行へは翌二十六年四月に入行、本店秘書課に勤務する。同時期に「逸山人」のペンネームで『上毛新聞』に時代小説「お花団子」を連載していた。その後、同年九月に三井銀行の大阪支店に転勤する。『自叙伝』に「支店長高橋箒庵先生にお願ひして」[7]とあるところから、高橋の尽力がうかがえる。ただ、高橋が「箒庵」と号するのは明治三十一年（一八九八）からである。

長田作兵衛家道具整理

明治三十年代の『日記』一からは、上野にあった博物館や日本美術院での展観、俳画や書画の購入などは散見されるものの、茶の湯にまつわる記録はない。史料的な裏付けが提示できる小林と茶の湯との出会いは、『自叙伝』が伝える明治二十七年（一八九四）に勤務先である大阪支店において高橋支店長に命じられた、長田作兵衛家の道具整理である。『自叙伝』には次のようにある。なお、当日、小林は道頓堀弁天座の芝居見物を予定していた。

明治天皇の御機嫌伺候に、東京を出発した三井八郎右衛門氏一行が、途中、大阪支店に立寄り、献上品の選定をする必要から、高橋支店長は私に日曜日出勤を命じた。それは抵当係として保管して居つた長田家の書画、骨董、茶器類の虫干を、八月一杯、二階、三階の広間に陳列してあつた其中から選定するといふ（中略）長田家の道具の中には、茶道具が沢山にあつた。何十本かある箪笥の抽出しには、香盒や、茶入や、蓋置、徳利、杯など数へきれないほど雑然として詰込まれてあつた。目録と引合はして整理せよと命ぜられたが、引合はせると、足らぬものが多くて困つた。然し、私はそれによつて茶道に対する知識と興味を養はれたことを感謝してゐる。(8)

小林は二一歳で大阪支店に転勤して、一年たっていなかった。一方、高橋が刊行した『近世道具移動史』の長田作兵衛家道具整理の記述は、小林とはかなり異なっている。

長田作兵衛の所蔵品が封印の儘抵当流れとなつて居た、処で如何に之を処分せんかと考へつつ翌二十七年に至つた処が、日清戦争も日本の勝利に帰して三井の家運は益々隆昌に向ひ、（中略）長田の抵当品を大阪で入札売却に附した所で格別の金額にも上らぬであらう、夫れよりも後来三井家は日本の大家として相当の蔵器を所有する必要があらうから、之を三井本店に引上げて、同族十一軒に分配するのが得策であらうと考へ明治二十八年の春、三井物産会社首脳の益田孝男を見込んで、其意見を細々と具陳した処が、益田男も之を尤もと思はれた者と見え、三井重役の評議は遂に余の建議を採用する事となつて、(9)

小林によれば、長田作兵衛家の道具整理の目的は、明治天皇の御機嫌伺いのために広島へ赴く三井八郎右衛門が、献上品を選定するためとあるが、時期には言及していないものの、小林の記録とは異なっている。下級行員であった小林が長田作兵衛家の道具整理の全体像を知らなくてもやむをえない。

長田作兵衛家の道具整理の目的を明らかにする主眼はない。『自叙伝』の「茶道に対する知識と興味を養はれた」が確認できればよい。この時、小林には茶の湯への興味関心が芽生えたのであろう。しかし、明治三十年代の『日記』―には茶の湯の記述はみられない。

一方、高橋は、後に「箒庵」という茶号を有し、『東都茶会記』『大正茶道記』『昭和茶道記』といった「茶会記」を著して、近代数寄者のスポークスマンともいうべき役割を果たす。

高橋義雄の戒め

小林と高橋との関わりはこれにとどまらなかった。高橋は明治二十八年(一八九五)十一月に、三井呉服店理事に転出し、後任には岩下清周が着任した。しかし、明治二十九年に岩下は三井銀行を辞して、大阪財界の大立者藤田伝三郎らと北浜銀行設立を企画する。小林にも貸付課長のポストが用意されていた[10]。その際、上柳清助大阪支店長に「新銀行に行くのか、ゆかぬのか、態度をハッキリして貰ひ度ひ[11]」といわれ去就に迷ったと書いている。『自叙伝』に「北浜銀行へ行くことは、大阪人として永久に大阪に在住すべき決心を必要とする。その決心が私にはどうしても出来なかつた[12]」と、東日本出身の小林は非常に迷っている。上京して高橋に東京本店への転勤を願い出たという。この時、高橋からは次のような手紙が送られてきた。

御希望の件に就ては上柳支配人並に本店秘書記へも一応相談致置候処本店転勤とありては余り本人の言ふが儘に相成り後例とも相成候ては如何と申す懸念より名古屋支店

詰に相成候由名古屋支店は温順なる平賀氏の主管につき万端好都合と奉存候併し上柳其他の評判に貴下は我儘なる人物なりとの評あり畢竟年少気鋭の致す所と存候へ共今回の挙動の如き決して再びすべからざる事と存候若し之を再びする時は愈々右評判を実にする次第につき貴下の前途の為めに名古屋支店に於ては能く銀行の僚属たる本分を御尽し被成様(13)

小林は高橋の忠告をいれ、北浜銀行入行を思い止まって名古屋支店に転勤する。なお、名古屋支店への転勤にも高橋のはたらきがあったという。名古屋支店長平賀敏は後に岩下清周の後任として箕面有馬電気軌道の社長となる。

歳末懐旧茶会

昭和三年(一九二八)に東京電灯副社長に就任して上京した小林は、昭和五年に東京市麹町区永田町二丁目の別邸の一郭に、仰木敬一郎(魯堂)の設計で二畳台目の茶室を新築した。そして昭和六年十二月十五日の「歳末懐旧茶会」に際して、高橋を第一の賓客として招いた床には、高橋の書簡が表装され、掛けられていた。「全く失念して何等の記憶を留め」なかった高橋は出座した主人に「如何にして斯かる手簡を保存せられしかと問(14)」う。この時の小林の答えを、高橋は『箒のあと』の「在阪知友の思出」

に次のように綴っている。

拙者〔小林一三：齋藤〕が若し当時御忠告に依つて、三井銀行に止まらず、北浜銀行に転職して居たとしたら、兎に角岩下氏の部下と運命を共にすべきは当然の成行で、私が今日あるや否を知らず、之を思へば人生の岐路に立つた時、右するか左するかは、禍福の因て分る、所で、拙者などは幸に魔の手を免る、事を得たやうな心地がして、実に感慨無量であると述懐せられた。(15)

引用にある「岩下氏の部下と運命を共にすべき」とは、大正三年（一九一四）に突発した北浜銀行破綻である。『昭和茶道記』では、小林のその後に書簡に触れ、

多年此手簡を保存して追懐の記念と為し居たる次第なるが、偶ま此歳晩に当りて一回の茶会を催し、感謝と共に懐旧の情を叙せんが為め、此茶席第一の賓客として今夕余を迎へられたのだと云ふ。其友誼の敦きを聞くに付け、余も亦大に感激して、斯る心掛なればこそ畢竟今日の成功を贏ち得たる(16)

と、三五年も前の書簡を保存し、茶席での「追懐の記念」として床掛けにしたことを高橋は激賞している。人生の大恩人高橋を招いた茶会での、これに優るおもてなしがあるだろうか。新人茶人小林の非凡な才能を見る思いである。

小林が三井銀行の大阪支店から名古屋支店に勤務した明治二十六年から三十一年は、高橋義雄、岩下清周、平賀敏といった、小林の生涯にとって忘れられない人々との出会いがあった。

「歳末懐旧茶会」の相客は、庵室設計者仰木敬一郎（魯堂）夫妻と道具商平山堂の斎藤利助（寿福庵）であった。なお、「歳末懐旧茶会」では「笑美子夫人(17)」が薄茶代点とあるが、「仰木美代（宗美）」の誤りである。高橋は「歳末懐旧茶会」を、次のように結んでいる。

茶道に乗り出して其初陣の陣頭に立たれたのは、斯界の為め誠に慶賀すべき事で、余は主人が実業上に於て関の東西に活動するが如く、茶事に於ても亦双方に跨り、今や追々凋落しつゝ、ある旧茶人の欠を補ひ、其斬新なる才略を此方面にも発展せん事を希望して止まぬ(18)

あたかも、昭和前期から昭和三十年代初頭の期間、関東と関西の茶界を舞台とし、最後の近代数寄者の一人として頭角を顕す小林の、茶の湯の世界における活動を予言するかのようである。大阪支店長時代に長田作兵衛家の道具整理を命じ、小林に茶の湯に対する目を開かせた高橋の満足は、いかばかりであっただろうか。

『昭和茶道記』第一巻「歳末懐旧茶会」には、当日使用された「香合　仁清作、蜜柑」について、「是れは君（小林一三：齋藤）が二十年前に大阪にて手に入れた者だと云へば[19]」との記述がある。「香合　仁清作、蜜柑」は、野々村仁清作の「柚香合」と同一のもので、大正十三年（一九二四）の「梅蘭芳観劇茶会」でも使用された。なお、逸翁美術館で編集された『茶の湯文化と小林一三』では「平瀬家旧蔵[20]」としている。しかし、『茶会記をひもとく　逸翁と茶会』にはその記述はない。異説が存在しているのであろうか。

小林一三の茶歴

「香合　仁清作、蜜柑」の旧蔵先の詮索はともかく、高橋の「茶会記」には、「香合　仁清作、蜜柑」の購入時期は、昭和六年（一九三一）の「二十年前」としても、大正初年、あるいは明治末年であろう。また、高橋も「君が今日茶会を催さるゝ其由は、一朝一夕の事に非ず[21]」とも書いており、小林の茶歴は長いとみている。

これを裏付けるのが、翌昭和七年四月に、大阪府豊能郡池田町の小林本邸にあった大小庵の茶会に招かれた、根津嘉一郎（青山）が執筆した茶会記「大小庵茶会」である。根津は、「聞けば此茶席は既に二十年前の構築に係り[22]」と書いている。大小庵建設時期は明治四十年代末にまで遡れる。小林が大阪市天王寺烏ケ辻町から池田町へ転居するのは、明治四十二年（一九〇九）十一月である。ところで、根津の「大小庵茶会」には、「未だ一回も使用した事のない[23]」とあるが、大正十三年十一月の「梅蘭芳観劇茶会」で使用しており、誤りである。なお、根津と家族は、高橋義雄と仰木敬一郎夫妻を招いた「歳末懐旧茶会」が開かれた八日後の十二月二十三日に、永田町の別邸の茶席に招かれている[24]。

「歳末懐旧茶会」では、中立後に入席した床中にあった「伊賀耳付花入」を高橋は「目下東都に於ける著名の伊賀花入は故益田紅艶所持擂座伊賀を首として、之に亞ぐもの数点あれども、今夜の花入は此中に於て当然五指に算へらるべきもの[25]」と誉め上げ、鴻池《こうのいけ》分家の草間家旧蔵と聞かされ、「是れなん主人が道具道楽の処女的獲物なりし[26]」と紹介している。高橋は「処女的獲物」としているが、肝心の「伊賀耳付花入」の入手時期と入手方法は、述べておらず、不明である。

「歳末懐旧茶会」の新席は、高橋に「山王の森を包みたる暮靄の間より赤坂市街の灯火が明滅し、旧暦七日の弦月が恰もお誂へ向きに樹間に懸つた光景」から「弦月庵」と命名され

た。(27)

二、益田鈍翁と三井華精

小林一三が就職した三井銀行は、近世期に幕府の御為替御用を請け負っていた特権的商人で、茶の湯を嗜《たしな》んでいた三井一族の経営企業であり、三井財閥系の実業家からは、高橋義雄（箒庵）をはじめ、益田孝（鈍翁）、馬越恭平（化生）、団琢磨（狸山）、藤原銀次郎（暁雲）といった多数の近代数寄者が輩出している。日常の様々な機会に見聞きしたであろう彼らの動静が、小林の数寄世界への興味関心を醸成させた。その代表的人物は、前節の高橋であるが、本節では益田孝（鈍翁）と三井高保（華精）に触れたい。

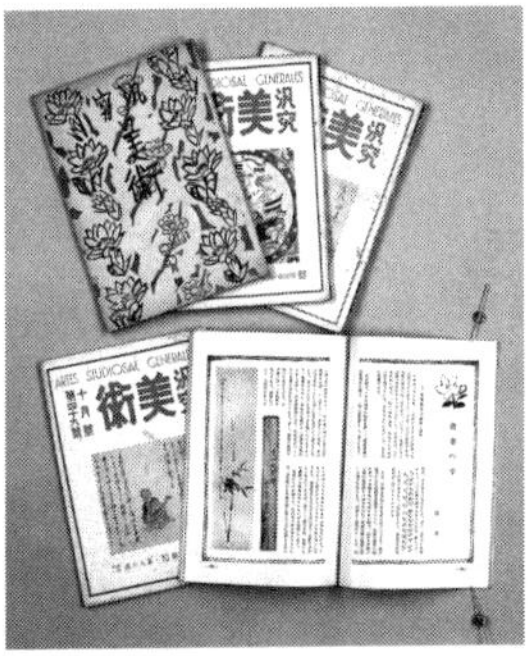

『阪急（汎究）**美術』**
（逸翁美術館蔵）

鈍翁と逸翁

小林は『阪急美術』に連載された「芦葉の雫」で「私と翁（益田孝：齋藤）とは、身分、位置、経歴等長い年月の間其距離が甚だしく眼立つので、親しく近寄れないのも一つの原因であらう(28)」と書いている。嘉永元年（一八四八）生まれの益田と小林とは、年齢が二五歳も離れており、小林の三井銀行へ入行時には、益田は三井系企業の大幹部であった。さらに、近代数寄者の第四世代の小林からみれば、第二世代である益田は「雲の上」の存在であった。前述した「芦葉の雫」の「（七）益田鈍翁の画賛」に、小林の三井銀行入行時の益田のことが書かれている。

私が初めて三井に奉公した時は、鈍翁は三井物産の本城を木村正幹氏に渡して、一生の中一番不遇の時代であつたときいてゐる（中略）西の部屋には鉱山会社の社長三井三郎助氏と理事として益田孝氏が控へてゐる。（中略）而かも益田さんは毎日の御出勤でなく時々お顔が見えるだけで、其事務室は銀行の重役室の繁忙に引換へ、いつも閑古鳥の静寂さであつた。(29)

当時の三井銀行二階の見取り図は、『自叙伝』の一二〇頁にある。小林は明治二十六年九月に大阪支店に転勤するので、引用箇所は二十六年四月からの半年足らずの動静である。

小林が三井銀行に入行する直前の明治二十四年に新聞各紙に三井銀行の内情を暴露する記事が掲載され、取付騒ぎに発展した。その時、井上馨のお声掛りで三井改革に乗り出した福沢諭吉の甥中上川彦次郎は、藤原雷太、池田成彬、藤原銀次郎など多くの慶應義塾出身者を三井に入れた。小林もその一人であった。中上川が死去した明治三十四年の『日記』は公刊されてはいないが、翌三十五年十月七日に、「明日は中上川さんの一周忌だ、銀行の退け後に青山墓地へ詣でた。立派な石碑が出来た、どんなエライ人でも早死をしては駄目だ(30)」と記されている。

中上川は三井の「工業化路線」を進め、三井物産をバックに「重商主義路線」の益田とは対立した。益田は明治二十一年(一八八八)に三池炭鉱の落札に成功し、三井の銀行・物産・鉱山の三本柱体制を構築するが、中上川の改革に遭い、三井物産社長を木村正幹に譲って一定程度の後退を余儀なくされた。小林が目撃したのはその頃であった。益田が茶の湯を始めるのは明治二十二年頃であるが、一介の給仕の小林はその辺の事情は不明であった。

小林は、昭和二年(一九二七)から東京電灯取締役に就任して東京電灯の経営再建に取り組み、「時々お目にかゝる機会があつたけれど、いつも不甲斐なき俗用のみにて、不幸にして深蘊なる雅談に接し得なかつた(31)」と、益田との茶の湯の交流はなかった。昭和十一年(一九三六)の雅俗山荘の竣工に際し「雅俗山荘」の揮毫《きごう》を益田に願い出て、即庵に掲げている。小林は大正四年(一九一五)頃に生形貴一に入門し、茶の湯の世界に入り、昭和六年に

は東京市麹町区永田町二丁目の別邸に茶席を設け、高橋義雄を招いた。これに対して、

益田さんや原さんを呼ぶ勇気がなかつた（中略）益田さんから、きびしい催促で東京で「茶を出して居られるさうな《ママ》が僕を呼ばないのか」と申込みがあつて恐縮したが、自分の心持がピタリと来ないといふひけ目があるので、どうしても来て頂くといふ勇気が出なかつた。(32)

「原さん」とは、近代数寄者の第二世代の原富太郎（三溪）である。小林には「〔益田孝の：齋藤〕御尊来を得て、拙なきお点前を御覧に入れお笑草に供し得る希望(33)」はあり、近代数寄者のリーダーである益田の強い催促があったにもかかわらず、小林は益田を茶席に呼んでいない。「他の事には随分心臓が強いが、お茶となるとなんとなく気おくれがして、到底斯界の元老を草庵にお招き申上げる勇気が出ないので困つてゐる(34)」と書く小林は、「その原因はどこにあるだらうか(35)」と自問し、「自身を顧みると、私はその皮切が大阪の茶人仲間の空気を吸つて来た影響では無いだらうか(36)」と結論付けている。昭和八年（一九三三）に『瓶史 陽春号』に記載され、『漫筆』第四に再録された「呉春の話」で唐突に登場する、「茶は何

と云つても東京の方が上方よりも進んで居ますよ」[37]という、東京の茶界の方が上方のそれより優れているという一文と通底する。小林の著作で益田に言及している論稿は多くない。しかし、『汎究美術』の「（七）益田鈍翁の画賛」には、三井財閥のリーダーとはまったく違った益田孝像が記されている。

誠堂翁〔岩下清周：齋藤〕の御案内によつて、山県含雪公爵閣下並びに令夫人と、益田鈍翁と其お伴役として、私は、電車のお世話から桜なみ樹の道案内、折柄秋の紅葉狩、箕面公園の帰るさを武庫川の流にのぞむ花外の二階座敷で軽い夕飯のひと時、誠堂翁は公爵閣下に対して諧謔戯語、面白くおとり持をしてゐるのに拘らず、鈍翁は襖の外、敷居越に座つて膝も崩さぬ応対、丁重なる言葉づかひを以て公爵を尊敬してゐるのである。大阪へ帰る最後迄、従者の如くにかしづく鈍翁の態度に対して、平素お行儀のわるい私はどんなにか教訓を得たことであらう。[38]

同じ話は『自叙伝』にもある。箕面動物園の廃止後とあるので、時期は大正五年（一九一六）から山県有朋が没する大正十一年の間であろう。小林は大正五年十月に箕面有馬電気軌道専務取締役に復帰していた。大正三年に「北浜銀行事件」が突発し、岩下清周は背任などで起訴されていた。山県の側室貞と益田の後妻多喜は姉妹であるにもかかわらず、山県に臣従している益田の態度から、「平素お行儀のわるい」と自認する小林は学ぶところがあったのであろう。

三井高保と逸翁

三井高保(華精)との関わりは、小林が次のように書く三井銀行秘書課時代からはじまる。

入社すると同時に、秘書課の重役附給仕として働かされたのであるから、存外早くから上役に御挨拶申上げ得るやうになり、それが又得な事もあれば損な事もあつた。従つて今になつても残念であつたといふやうな思ひ出話もある。[39]

三井高保は、三井室町家一〇代目であり、三井銀行設立に際しては発起人の一人で、小林入行時には社長であった。茶の湯の造詣も深く、近代数寄者の第二世代であり、実兄の三井八郎次郎(松籟《しょうらい》)とともに和敬会の創立メンバーであった。小林のいう「残念であつたといふやうな思ひ出話」とは、「芦葉の雫」の「(八)三井華精男の歌」にある東京の三井銀行箱崎倉庫への転勤にまつわる一件であろう。

私は其箱崎倉庫の主任として赴任する内命を受けたのである。（中略）（上京した：齋藤）私は村上秘書課長に遇ふと、辞令を見せて頂き、お喜びを言はれたが『社長に御挨拶に行き給へ。いづれ君ばかりではない、大分交迭がある。それが発表されてから辞令をお渡しするから。』との事であつた。私はおそる〳〵社長高保男爵にお眼通りした。其時男爵は、小さい私の体を、上からジツと見下して、一寸軽く会釈をした丈で、別段にお言葉も給はらなかつたので、『昨日到着いたしました。』と言つただけでそう〳〵に引下つた。（中略）村上君は社長に呼ばれたと見えて、入口で行違ふ。暫くして帰られてから言はれるには『君、支店長の交迭発表は明日に延びたから、今日は帰り給へ明日になれば判る。』との話であった(40)

なお、「社長高保男爵」とあるが、三井高保が男爵となったのは大正四年（一九一五）であり、昭和十七年という「芦葉の雫」の執筆時期による表現である。翌日になると、内命を受けていた「箱崎倉庫主任」は高津盛次となり、小林は次席と発表された。「辞令」まで出来上がっていた人事が、たった一晩で変更されたのである。『日記』一によれば、前年の十二月二十四日に本店の村上定秘書課長から「東京深川支店倉庫係長ヲ申渡サルベキ」(41)私信が届いていていた。三井高保社長への「御眼通り」前後の状況を勘案すると、この変更には三井高保の「意向」が働いたといわざるをえない。社長としては明治二十九年の北浜銀行に関わる動静や、高橋からの手紙にある「上柳其他の評判に貴下は我儘なる人物なりとの評」を耳にしていたのかもしれない。この時を境に、小林は、「只だ食ふ為の月給取りとして、毎年昇給するだけで、快心の立場を得ることは出来なかつた」(42)という状態で三井銀行での勤めを続け、家族も呼び寄せ、東京芝浦の三井社宅から通勤するという生活がはじまった。翌年、三井銀行本店調査係調査主任という「閑職」(43)に異動した。その後「芦葉の雫」の「(八)三井華精男の歌」によれば、三井高保から「肝大小心」の額を書いてもらったという。小林は次のように書いている。

直接私がうかゞつた話ではないが『小林にはこの肝大小心といふ心がけが大切である。』と言はれたといふ事を、男爵家へ出入してゐる同僚の一人から聞いた時、自分は初めて、肝大小心といふ意義を考へさせられた。(44)

時期は明治三十七年（一九〇四）である。「肝大小心」の意味は、「肝っ玉は大きく、細かいことにも注意を払うこと」である。小林は社宅の居間に掲げて仰ぎ見たという。そして続ける。「若し私に対し訓戒を與へたものありとせば、此四文字こそ、空前にして恐らく絶後であり、これあるによつて私の運命は拓かれ得たものと喜んでゐる」(45)。小林の言葉に偽りはないだろう。明治四十年（一九〇七）一月に一四年六ヶ月勤めた三井銀行を退社し(46)、北浜証券会社設立の夢を描いて家族を連れて梅田駅に降り立ったその日、日露戦後恐慌で株価が惨落した。会社設立は頓挫し、小林は浪人となったが、その後箕面有馬電気軌道の創立に関わって、明治四十二年、大阪府豊能郡池田町に転居して茶席大小庵を新設する。昭和七年（一九三二）四月に茶会に招かれた根津嘉一郎が「大小庵茶会」に「聞けば此茶席は既に二十年前の構築に係り(47)」と書いていることは前に紹介した。「お茶室を造つた時、此一棟を大小庵と名附けやうと思つて、肝大小心の額の因縁から華精翁の御揮毫をお願ひしたところ、お快よくお喜び下すつて、早速に頂戴した(48)」とあり、小林は自邸の一郭に茶室を建築し、「大小庵」と命名し、三井高保に揮毫を求めた。「大小庵」はその後、小林の茶の湯の舞台となった。

三、「新画」のネットワーク

近代日本画家と逸翁

明治三十一年（一八九八）から三十九年までは、三十二年、三十四年、三十八年が欠け、他の年も途中で空白があるも、『日記』一が公刊されている。明治三十年代の『日記』には、東京上野の博物館や日本美術院での展覧会展観、俳画や書画の購入などが頻繁に登場する。しかし、茶道具購入の記録はまったくない。それら美術関係の記事を丹念に拾うと、小林の「新画」をめぐるネットワークが浮かび上がる。これは後年、阪急百貨店に古美術街を造る素地となったであろう。ところで、宮井肖佳は「小林一三の愛した画家・鈴木華邨」で、小林と鈴木華邨との交流を明らかにしているが、(49)同じ時期の小林を囲む近代日本画家たちのネットワークには言及していない。本節では『日記』一をデータソースとし、小林を囲む「新画」ネットワークを検討したい。

第1表は『日記』一で確認できた、明治三十五年（一九〇二）以降の、小林が見学、あるいは参加した展覧会や絵画会の記事の一覧表である。(50)

第1表　展覧会の見学記事　※〇二〇二〇四＝一九〇二年二月四日

年月日	会場	事項	場所	感想等
〇二〇二〇四	常盤木倶楽部	寺崎廣業門下美術研究会	日本橋	
〇二〇三〇五	美術協会	川端玉章翁還暦祝翁の画陳列	上野	随分沢山なものだ　此翁当代の大家タルニ相違ナイガ何分思想が古い、何レモ千篇一律の旧態を免レナイノハ残念だ
		美術院展覧会	谷中	出品未ダソロハズ平々凡々ノ物ガ十中ノ九分九厘迄だ　雅邦其他大家の傑作(?)は未だ出来ない、何レ亦一度見に行く考へだ
〇二〇三一六		美術院展覧会	谷中	中々盛なものじや
〇二〇三二一	日本橋倶楽部	野村文挙画塾展覧会		
	伊勢平楼	鬼頭道周百画会		一寸行つて見て余り面白くなかつた
〇二〇三二三	伊勢平楼	小林永濯十三回忌	両国	
〇二〇四〇三	常盤木倶楽部	烏合会		
		画を見た	上野	何れもクダラナイものばかりだつた
〇二〇四〇五	常盤木倶楽部	烏合会		
〇二〇四〇六	伊勢平楼	日本画会大会		
〇二〇四〇九	常盤木倶楽部	堀川光山焼物抽選会		

○二〇四一〇	伊香保	小林永濯十三回忌記念絵画抽選会	上野□《ママ》坂	永興ノ彦火々出見尊が当ったが余り感心しない
○二〇四一四	弥生館	トモエ会洋画展覧会	芝公園	
○二〇四二〇	伊勢平楼	鷗盟会春季大会		中々盛会だ
○二〇五一一		絵を見る	上野	
○二〇九二七	常盤木倶楽部	金鱗画会		クダラナイモノバカリダッタ
○二〇九二八	百尺	文華会		
○二一〇〇四	常盤木倶楽部	烏合会		
○二一〇一九		白馬会展覧会	上野	白馬会は甚だ盛会で見るべきものが沢山あるのに引換へ日本画の方は両方共くだらないもの許りだ
		美術協会展覧会	上野	
		日本美術院展覧会	谷中	
○二一〇二六		鷗盟会秋季大会		面白クなかったけれども勢ヒ能い会じゃ
○二一二〇七		郁田丹陵百画会	上野	
		橋本雅邦会		
		日月会		
○三〇二〇八	松本楼	竹田会		中々盛会
(日時不明)		下村観山氏送別画会		

○三○二二五	岡野	富岡永洗画会	根岸	余り盛会でない
○三○三○二	常盤木倶楽部	江児会		クダラナイモノ許りだつた
○三○三○五	常盤木倶楽部	烏合会		不相変だ、静方の「花」が一番よい出来じや
○三○三○八	伊勢平楼	鷗盟会	両国	
○三○三一五		屏風画展覧会	上野公園	
		東京百美人写真展	上野公園	
○三○三二五	伊勢平楼	鈴木華邨画伯揮毫予約会		
○三○三二九		日本画会	上野公園	一向に下らない品ばかりだ、彼なものでは日本画の前途も気支はしい話だ
		真美会	上野公園	
○三○四二六	博物館	博物館特別展覧会	上野	美術院派の画の陳列を見た　余り感心しないものゝ、中々見事だ
○三一二二七		セントルイス博覧会出品美術		余リ感心シナイ
○四○七○三		戦争国画会	上野	
○六○一二一	岡田	鼎会発会	浜町	矢張華邨先生は中々うまいものだ
○六○一二四	松田宅	鈴木華邨画会		

○六○一二八	花月亭	俳諧もの、入札会	上野	一寸集つたけれど余り上等な物は無い、兎に角俳諧もの、売立てなぞは恐らく之が空前であらう
○六○二二五	竹芝館	榎本其角二百回忌		一寸行つて見たが余り感心したものはない
○六○三一八	松本楼	竹田敬方画会		中々盛会だ 渠の画はマヅイが、中々商売気の在る男だからイツモ繁盛だ 但し渠の前途は知るべきのみだ
○六○三二一		美術院、二葉会、天真会、巽会の四絵画展覧会	上野公園	美術院は流石に大家揃ノコトゝテ新意匠画はないけれど一寸見られる 其次ハ二葉会、天真会、巽会ト云ふ順序だ、どうも感心したものはない
○六○三二五	植半	第二回鼎会	向島	華邨は中々ウマイ、近キ将来に於テ彼ハ断然と群をぬくに違ない
○六○四○八		美術協会	上野	クダラヌものだ
○六○四二二		鼎会の舟遊会		こんな風に派手な馬鹿気たことをしては此会の前途発展は六ケ敷い、真面目にしなくては困る
○六○四二七	上野公園	日本画会、真美会、太平洋画会、巴会の和洋絵画展覧会	上野公園	日本画には少しも感心したものがない
○六○五一三	上野	南画会	上野	自分は南画はすきで在るけれ共、かゝる拙画のみでは南画の振はざる勿論で在る
	上野	研精会	上野	前途有望の連中の見えないのは残念で在る

	伊勢平楼	鷗盟会	両国	清水の義理で行つたけれどこれもくだらないものだ
○六○五二○		博物館特別展覧会	上野	雲谷派の逸品が陳列せられて在る　随分見もので在るが惜しい事に自分には未だ、画のうまい、まづいが分らないものが中々多い
○六○五二三	金龍亭	鈴木華邨先生を招待	浜町	席書だけれども中々軽妙にうまく出来た
○六○六一六	日本橋倶楽部	鈴木松僊展覧会		一、二枚一寸うまいのが在つたけれどまだ〱中々覚束ない
○六○七二二	州崎館	鼎会例会		
○六○八○一	桜館	富岡永洗画伯追悼会		
○六○八○九	日本橋倶楽部	劇画会第二回		出席連中の気ザな奴許りで大閉口して引去つた
○六○九三○		五二会		
○六一一一八	福井楼	書画入札会		
○六一一二三		五二会		
○六一二○二		滝和亭遺墨展覧会	上野	ウマイのも有るが同じやうなもの許りだ
○六一二二八	常盤木倶楽部	骨董陳列会		欲しいものが在つたけれども買ふ勇気がない

表作成の手順を説明しておく。まず、年月日を西暦の下二桁と月日の六桁の数値で表現する。なお、明治三十六年（一九〇三）二月二十日の記述に「下村観山氏送別画会の画が出来

て来た」[51]とあるが、『日記』からは下村観山氏送別画会の年月日は確定できなかった。とりあえず、同年二月二十日としておく。次に、会場、事項、場所、さらには、展観に関わっての感想などがあれば書き上げる。ただ、すべての項目に感想が記されているわけではない。また、日記の常として、例えば、明治三十五年三月二十一日に「日本橋倶楽部に文挙画塾の展覧会が在つて」[52]とあるように、人名や会場名の省略が多かった。例示した「文挙」とは日本画家で、本名は野村松太郎である。第1表では「野村」と苗字を補った。以下、画号だけの作家も同様に処理した。さらに、「関口の店員」などと表現されている「関口」は生秀館とし、会場の表記も統一した。ただ、煩雑さを軽減するために、括弧による明示はしなかった。なお、個別の美術作品の感想は、後に検討するので略した。

展観などは六五項目を数えるが、明治三十九年四月二十七日の「日本画会、真美会、太平洋画会、巴会の和洋絵画展覧会」のように、同日に複数の展覧会を見学しているが、分離できないケースを個別的にカウントすると、展観した展覧会の数は七一となる。ところで日記の記述は、明治三十五年は九ヶ月、三十七年は二八日のみであり、翌三十八年の「日記」は刊行されていないので、第1表での実質的な記録期間は二年一〇ヶ月である。したがって月平均にすると二・一回となる。銀行勤めのかたわら二週間に一度は美術の展覧会などに足を運んだといってよい。しかも、日本画、洋画、俳画とジャンルは問わない。後年の茶の湯にかける小林の執念を垣間見るようなエネルギーに圧倒される。

感想が綴られているのは四九・三パーセントの三五回で、半ばを下回るが、辛辣なコメントが多い。特に、日本画への風当たりが強いが、親しんだ日本画家達への「期待」の表明であったともいえよう。そのことは『三昧』に収録されている。昭和十三年（一九三八）一月の「新画追憶の話」に書かれた新画を核とするネットワークにも示されるだろう。なお、明治三十四年の『日記』は刊行されていない。

生秀館

「新画追憶の話」によれば、「新画に没頭した時代は明治三十四年と記憶してゐる」(53)とあり、東京の箱崎倉庫へ転勤した後の通勤に利用した東京馬車鉄道で目にした次のような生秀館の広告に接したのを契機とする。

一口十八円、尺八絹本一枚、東都の大家十名、申込三円、残金十五円は毎月一円五十銭づゝ、月賦払ひで十ケ月に完了する。発会当日は両国壬生村楼において粗飯を差上ぐ、籤引きにて先生の揮毫画を配布し、なお席上画の余興がある。(54)

「大家十名」とは、小林の記憶によれば、川端玉章、村瀬玉田、松本楓湖、野口小蘋《しょうひん》、野村文挙、荒木寛畝、富岡永洗、望月金鳳、熊谷直彦、鈴木華邨であった。「新画追憶の話」には、この広告を契機に京橋区銀座三丁目の生秀館に足繁く通うようになるとある。『銀行会社要録』第一〇版によれば、合資会社生秀館の設立は明治三十七年(一九〇四)九月で、「諸彫刻品鉱物幷陶磁器等其他美術品販売」(55)を営業目的とし、資本金は一万円、出資社員は六名であった。日本画家川端玉章の子息である川端虎三郎(玉雪)が四万円を出資し、無限責任社員を務めていた。ちなみに、川端玉章も七、五〇〇〇円を出資している。小林が目にしたのは合資会社への改組以前の広告であったかもしれない。しかし、「新画追憶の話」には、「生秀館の主人といふのが不思議に無欲恬淡な芸術家で、当時美術院の審査員かなにかして居つた、関口一也といふ彫刻家であつた」(56)とあるが、関口一也も二、五〇〇〇円を出資しているものの、「主人」というのは小林の記憶の誤りであろう。また、「新画追憶の話」に、

〔生秀館は:齋藤〕商工銀行といふやうな銀行から借金をして居つた。ところが、この銀行が潰れ、(中略)整理を岩下清周氏、即ちその当時の北浜銀行が引受けたのであるが、

第２表　美術関係者の登場回数集計

回数(回)	人数(人)	氏名
22	1	**鈴木華邨**
21	1	伊藤松宇
18	1	平林鳳二
9	1	**竹田敬方**
6	1	**関口真也**
5	3	大賀川均一郎　**鏑木清方**　生秀館の国
4	1	清水信夫
3	3	**寺崎廣業**　**川合玉堂**　飯島風香
2	7	松永多吉　川村清雄　舟尾栄太郎　**立松輝石**　**野村文挙**　阿部　生秀館の店員
1	16	**鷲見春嶽　榊原蕉園　三島蕉窓　山岡山泉　大野静方　池田輝方　尾形月畊　望月金鳳**
合計	35	

太字＝画家

その結果として私が書画骨董、殊に新美術に興味をもつて居ると云ふ点から、君が生秀館の面倒を見てやつてくれと云ふ頼みを受け[57]

とある「商工銀行」とは資本金一〇万円の東京商工銀行で、四六、二五〇円で生秀館の筆頭出資者で芝区の米穀商山田忠兵衛が頭取であった。明治四十年（一九〇七）十一月に山田忠兵衛が自殺し、同銀行が休業に追い込まれた時のことである。ちなみに、生秀館の残り二人の出資者は野村文挙と伊藤半次郎（松宇）であった。

美術ネットワーク

第２表は『日記』一から確認できた明治期の小林の美術ネットワークである。数値は『日記』への登場回数であり、小林との親密度を示す指標ともなろう。集計は実際に会っている場合のみをカウントし、不在や手紙などの交流、絵画の売買の仲介などは除いてある。前述したように、氏名に省略が多かったが、可能な限り『日記』の他の箇所や『美術家人名事典』などの資料で補った。

三五人を数えるが、二回以上は全員の、一回であっても画家の場合は氏名(画号)を書き上げた。二回の「阿部」は、『日記』では「阿部君」「阿部さん」と表現されており、俳画をもらったことは判明するが[58]、名前は不明である。また、「生秀館の国(五回)」「生秀館の店員(二回)」「生秀館の番頭(一回)」が同一人物であれば、回数は変わる。

最も多いのは二三回の鈴木華邨で、宮井肖佳論文のいう小林との親密な交際を追認した恰好である。これに次ぐ二一回の伊藤松宇は俳人である。本名は伊藤半次郎で、小林によれば、王子製紙中部工場支配人を経て深川倉庫支配人であった[59]。なお、伊藤は生秀館には一、二五〇円を出資していた。小林は伊藤に入手した俳画の鑑定を依頼し、また、伊藤宅を訪問し俳諧幅を拝見している。俳句や俳画を通じた交流と考えられる。

一八回の平林鳳二は、店舗名は不明だが、小林がしばしば絵画や俳画を購入し、美術商と思われる。平林については後に触れる。

上位三人には水を空けられているが、九回の竹田敬方は、本名を源次郎という日本画家で、小林の評価は次のように高くない。

此画工大俗にて到底ものになるまい、こんな現金な男も少ないだらう　然し先生玉章流だから無理もないが、達筆の点はよみすべしだ(60)　渠の画はマヅイが、中々商売気の在る男だからイツモ繁盛だ　但し渠の前途は知るべきのみだ(61)　困つた俗物だ　到底見込のある画工ではない、彼は恐らく団扇の絵でも書く位が落ちであらう(62)

六回の関口真也は、『日記』では「真也」と名前でしか記されていないが、関口一也の子息であり、関口真也が描いた絵画の購入の約束をしている記述から判断すると、日本画家と考えられる。それ以外でも小林の周囲には多くの日本画家がいた。ちなみに、第2表に明示しただけでも、一六人が確認できる。その中で、「私は友人に鏑木清方先生を有つて居た。この清方先生が今日東都第一の画伯として存在して居られることは、特に愉快に思ふのである」[63]と書いているように、五歳年少であった鏑木《かぶらき》清方との親交は「発見」である。なお、鏑木との関係であろう、小林は青年画家達の美術団体烏合会にも顔を出している。

日本画家との交流で特筆すべきは、「新画追憶の話」にもある鼎会への参画である。鼎会は明治三十九年（一九〇六）一月に発足した鈴木華邨、寺崎廣業、川合玉堂の三人のための会で、会員は一五人、会費は月一五円であった。[64]小林は翌年一月に大阪へ転居したために、鼎会の記事は七回しか確認できなかった。鼎会事務所にも頻繁に寄っているが、三十九年四月二十二日の『日記』一に、

葉桜会といふ名を以て鼎会の舟遊会が在る　日本橋の浜町河岸から船二隻で芸者、噺方、幇間を引連れ中々盛なものだ　華邨、廣業、玉堂の画伯と会員が七、八名、其他取巻が十五、六名向島にゆく　奥の植半の側で休む、風雨になりそうだから自分は其所から帰つた　こんな風に派手な馬鹿気たことをしては此会の前途発展は六ケ敷い、真面目にしなくては困る。[65]

とあるように、一定の距離を置いた冷めている一面もあった。

絵画の購入

入手作品もみておきたい。第3表は『日記』一をデータソースとする明治期の絵画の入手記録である。購入先、作家、作品は『日記』一に従ったが、前表と同様に苗字や名前は補った。

第3表　絵画の入手記録　※○二○二○四＝一九○二年二月四日

年月日	入手先	作家	作品	コメント
○二○二○四	寺崎廣業門下美術研究会	寺崎廣業	夕暮、外四点	よせばよいのに見ると遂ひ買ひたくなつて（中略）買つた　買つた後では馬鹿らしくてたまらないが是れも道楽だらう
		寺崎廣業	牧童	
○二○二一五	生秀館	村瀬玉田	月下桜花の図	
○二○二一六	生秀館		玉章、玉田合作額	余り高くはない積りだ、が然し成るべく如此ものは買はぬがよかろう
○二○二二一	関口真也	野村文挙	山水	亦か！よせばよいのにと自分ながら考へる
○二○三○五	鏑木清方	鏑木清方	画	鏑木清方画伯（?）を訪フテ一枚注文した
○二○三一一	小松宇兵衛	郁田丹陵	画	
		尾形月畊	画	月畊の分を表具屋へ廻はした
		小林清親	画	

〇二〇三一八	関口真也	村瀬玉田	月下松花	表具が出来て居たから持帰つた、中々美しく立派になつた
		関口真也	画	松に孔雀の大画が出来上つて居つたが此春の美術協会ノ会へ出品するそうだが自分が買ふて上げる約束をした
〇二〇三二一	野村文挙	野村文挙	藤の花	尺三寸
〇二〇三二三	三島蕉窓	三島蕉窓	菖蒲に亀	外二枚を画いてもらうた
〇二〇四〇六	日本画会大会	山名貫義	緘が二本	其外ハツマラナイモノダガ兎に角運強かつた
		望月金鳳	一本	
〇二〇四〇九	生秀館の番頭	尾形月耕	桃太郎	一寸気に入つたから預かつて置いた　十七円だそうな、少し高い
〇二〇四一〇		小林永興	彦火々出見尊	当つたが余り感心しない
〇二〇四二〇	鷗盟会春季大会	鈴木百年	山水	頗ル拙画の籤を引いた
		鈴木華邨		席画は華邨と月耕と外三、四枚書いて貰ふたが中々好く出来た
		尾形月耕		
〇二〇五〇七	生秀館の国	鈴木華邨	月にほとゝぎす	
〇二一〇〇四	烏合会	竹田敬方	山水	賛助費三円で一枚敬方の山水が当つた、くだらないものだ
〇二一一〇四	清水信夫			依頼の廣業、観山等の画を受取ル、六枚

〇二一一一三				玉章の山水春秋小蘋の額、牡丹に蘭出来上ル中々ウマイ
〇二一一二二	生秀館	鈴木華邨	梅に鶯	十円とは高いものだ〳〵
〇二一二〇一	生秀館の国	渡辺省亭	双幅	六十円とは高いものだ
〇三〇二〇八	竹田会	川端玉雪		玉雪の額で籤が当つた、つまらないものだ
〇三〇二一〇	下村観山送別画会	下村観山	バラの花に小鳥	甚だ粗なものだ　是れで拾壱円五十銭とは
〇三〇三二一	鷗盟会	鈴木華邨	猪	雑つとしたものだ
〇三〇三二五	華邨揮毫予約会	鈴木華邨	菊花の下のチン	尺五寸で十五円だ、余り安くない　自分は菊花の下のチンを注文した
〇三一一〇八	清水信夫	梶田半古		半古ノ画ガ出来テ居つたけれど甚ダマヅイ
〇四〇七〇五	生秀館	鈴木華邨	花鳥一幅	二十円
〇六〇一一一		鈴木華邨	梅に鶏	中々能く出来た
〇六〇一一九	温故叢社	高桑蘭更	扇面の額	予て買つて置いた（中略）持つて帰つたが、どうも疑問ノ部類のものである、もう少しよく見ていよ〳〵にせと自分で断案を下したならば直に返そう
〇六〇一二一	鼎会	川合玉堂	春景山水	籤運がわるい
		鈴木華邨	花鳥及動物	唐紙全紙（二枚折に仕立る積りだ）の花鳥及動物が出来て居つた、矢張華邨先生は中々うまいものだ

○六○一二三			動物	岡本君に華邨先生の唐紙二枚画を籤でお渡した、動物が僕に当つた、いづれにしても上出来じや　何れ二枚折の屛風を誂へよう
○六○一二四	華邨画会	鈴木華邨	菜の花に狗児	一寸軽妙に出来た
○六○一二八	俳諧もの、入札会	各務支考		五円六銭
○六○二一九		鈴木華邨	桜に雉子	どうも出来がわるい　桜が余り平たい　もつとこんもりと咲いた所がほしい
○六○二二一	大賀川均一郎	其角、嵐雪	双幅（色紙短冊）	二十円で買ふことにした、安いやうな高いものだ、けれど欲しい
○六○二二三	平林鳳二	野沢凡兆	幅	五円五十銭で買ふ
○六○二二八	内藤利太郎	加藤暁台	画賛	
○六○二二八	平林鳳二	鶴田卓池	画賛	これは義理的である
		藤森素檗	画賛	
○六○三○一	鈴木華邨	鈴木華邨	紙本の十二ケ月	六月十一月が出来がわるいから書直して貰ふつもりだ
○六○三○四	平林鳳二	建部巣兆	画賛	宅へ帰つて見るといやになつた、返すつもりだ
○六○三一○	平林鳳二	榎本其角	五元集	二円で買ふ

〇六〇三二二	飯島風香	杉山杉風	画賛	商売の元手にする積りだとかで義捐的の意味を以て買ふことになつた（中略）五幅で、勧業債券一枚、貯蓄債券三枚、ザツと三十円位だ安くはないけれど余り高くもないだらう
		与謝蕪村	短冊	
		井上士朗	画賛	
		内藤東甫	画	（横井：齋藤）也有賛
		中川麦林	画賛	
〇六〇三二五	鼎会（第二回）	鈴木華邨	鷸	半折を三枚許り席書をして貰つた、華邨は中々ウマイ、近キ将来に於テ彼ハ断然と群をぬくに違ない
〇六〇三二五	平林鳳二	依田竹谷	画賛	
		円山応震	画	
〇六〇四〇三	平林鳳二	小林一茶	画賛	七円だ、中々高い〳〵
〇六〇四〇四	平林鳳二		俳画	クダラナイ俳幅を売つたがあやしいものだ
〇六〇四〇八	平林鳳二	建部巣兆	画賛	五円五十銭で買ふ
〇六〇五二三	鈴木華邨	鈴木華邨		今夜浜町の金龍亭に華邨先生を招待して居るので出掛けた　五十円のお礼で八枚書ひて貰つた　席書だけれども中々軽妙にうまく出来た
〇六〇六一〇	鈴木華邨	鈴木華邨	唐紙半折三枚	書ひて貰つた

○六○六一七	平林鳳二	山田抱玉	鶴の軸	
○六○六二四	飯島風香			華邨の狗児と広業、華邨合作の五月掛の二幅を差上げて、甫尺、三升、楞良の中どれかと交換する筈だ
○六○七○六	加藤照次			兼てお願いをして置いた蕪村の書版二十四通来た　欲しいものだ、買ひ度いものだ
○六○七一二	生秀館	川端玉章	短冊	しかし高いものだ
		島崎柳塢	短冊	
○六○七二一	加藤照次			越後柏崎の加藤照次サンへ白絽を一反進物として送つたこれは蕪村翁書簡を一通頂いた返礼のおしるし迄
○六○七二三	鼎会	川合玉堂	山水	
○六○八○一	永洗画伯追悼会	尾竹国観	羽衣	ひいた、一寸した出来だ
○六○八○二	内藤利太郎	加藤暁台	俳幅	三円半で買ふ
○六○九○二	平林鳳二	上島鬼貫	四季の句	鬼貫の二十円は高い〳〵けれ共中々よい出来だ
		中村芳中	画	(成田：齋藤)蒼虹賛
○六○九○九	平林鳳二	小林一茶	短冊	
○六○九二一	鈴木華邨	鈴木華邨	み丶づくの画	

〇六一〇二七	鈴木華邨	鈴木華邨	紙本を六枚	紙本を六枚許り書て貰つた　二枚折四枚書いたが二枚はどうもまづい、書直して貰ふことにしやう
〇六一〇二八	温故叢社	高井几董	短冊	四円五十銭で買ふ
〇六一一〇二	鈴木華邨	鈴木華邨		画を拾弐枚持つて来た、一寸ウマイのが在る
〇六一一二八	骨董陳列会			欲しいものが在つたけれども買ふ勇気がない
〇六一二三一	鈴木華邨	鈴木華邨	松に鶴	
	川村清雄		古い名画	古い名画をもつて百五十円貸せといふ、酒井君の代理として仕払フ

八〇項目が確認できたが、二年一〇ヶ月という期間を考えると、絵画蒐集は月二・四枚というペースである。小林も、

よせばよいのに見ると遂ひ買ひたくなつて（中略）買つた　買つた後では馬鹿らしくてたまらないが是れも道楽だらう(66)

余り高くはない積りだ、が然し成るべく如此ものは買はぬがよかろう(67)

亦か！よせばよいのにと自分ながら考へる(68)

と繰り返し述べている、「数寄者振り」を彷彿とさせる。すべての絵画にコメントはないが、辛口のコメントが一九件であるのに対して、評価したケースは一一件と、相対的に厳しい。特に、金額で「高い」としているのは六件を数える。「銀行マン」の眼が言わせているのであろう。その中にあって、二回ほど書き直してもらうとのコメントもあるものの、鈴木華邨の技量を評価するコメントは五回あり、鈴木の評価が高い。

新画から俳画へ

第3表の作家欄を一瞥《いちべつ》すると、浮かび上がってくるひとつの傾向を読み取れる。明治三十九年(一九〇六)の年頭の高桑蘭更にはじまる俳人の登場である。しかも、同年は、小林と同時期の画家と、俳人の「日記」への登場回数は同数で、さらに、近世の作品の購入も五件確認出来る。第4表は第3表に登場した書画の作家ごとの集計である。ただ、『日記』一から確認できたデータであることは、改めて断っておく。

四五人であるが、三種類から構成されている。すなわち、太字の小林と同時代の日本画家、下線が施された近世の画家、さらには、アステリスク(＊)が付してある俳人の三種である。一九回登場する鈴木華邨が他を圧倒しており、同じ鼎会に属していた寺崎廣業や川合玉堂が二回に甘んじていることは、小林の鈴木への傾倒を示している。しかし、第3表と第4表を同時に検討すると、第4表では三分の二を超えた同時代の作家は、明治三十九年に

第4表 作家集計

回数(回)	人数(人)	作家名
19	1	**鈴木華邨**
3	1	**尾形月耕**
2	9	**川合玉堂**　**寺崎廣業**　**野村文挙**　**川端玉章**　**村瀬玉田** *加藤暁台　*建部巣兆　*小林一茶　*榎本其角
1	34	**小林永興**　**小林清親**　**尾竹国観**　**島崎柳塢**　**川端玉雪** **山名貫義**　**渡辺省亭**　**下村観山**　**梶田半古**　**鈴木百年** **鏑木清方**　**三島蕉窓**　**野口小蘋**　**竹田敬方**　**望月金鳳** **邨田丹陵**　**関口真也**　円山応震　山田抱玉　中村芳中 内藤東甫　依田竹谷　*藤森素檗　*井上士朗 *上島鬼貫　*各務支考　*野沢凡兆　*与謝蕪村 *杉山杉風　*中川麦林　*鶴田卓池　*高井几董 *高桑蘭更　*服部嵐雪
合計	45	

太字＝同時代の画家　下線＝近世の画家　＊＝俳人

入ると比重を低下させている。「新画」への興味関心の希薄化と言ってもよいだろう。このことは『三昧』に収録された「新画追憶の話」の、

私は明治三十七、八年の日露戦争当時まで、さう云ふやうな生活に遊んで居つたのであるが、その頃から俳諧の方面より蕪村、月渓などの絵を買ふことを覚えて、新画を売つて古い方に乗替へはじめた。[69]

という記述を裏付けている。小林は明治四十年（一九〇七）に大阪へ行くが、その際、新画は売ってしまったという。

絵画の入手先

最後に第5表を使用して絵画の購入先や入手先を検討した

第5表　絵画の入手先集計

枚数(枚)	人数等(人)	人名等
14	1	平林鳳二
7	2	**鈴木華邨**　生秀館
6	1	飯島風香
5	2	鷗盟会　鼎会
3	3	**関口真也**　小松宇兵衛　清水信夫
2	8	内藤利太郎　加藤照次　不明　温故叢社　生秀館の国 生秀館の番頭　日本画会大会　寺崎廣業門下美術研究会
1	12	**鏑木清方**　**野村文挙**　**三島蕉窓**　川村清雄 大賀川均一郎　鳥合会　竹田会　鈴木華邨画会 俳諧もの入札会　鈴木華邨揮毫予約会 下村観山送別画会　富岡永洗画伯追悼会
合計	29	

太字＝画家

い。ただ、購入先や入手先が記入されていない二件は「不明」とした。判明した絵画は二九枚であるが、繰り返し述べているように『日記』一から判明したケースのみである。

　枚数では美術商と思われる平林鳳二が一四枚で購入先の首位に位置する。しかし、平林に対する小林の評価は「信用の覚束ない道具屋サンだ、あれで商売が出来るから不思議だ[70]」と、高くはない。他に生秀館（七枚）、温故叢社（二枚）などが美術商を通じた購入であろう。ただ、「生秀館の国」や「生秀館の番頭」のケースも生秀館からの購入とすれば、生秀館を通じて絵画を一一枚買ったことになる。

　日本画家の鈴木からは七枚購入しているが、鼎会でも華邨を二枚購入しており、購入先が「不明」

であった二枚は、鈴木の絵である。さらに、「鈴木華邨揮毫予約会」や「鈴木華邨画会」での購入などを加えると、購入あるいは入手した鈴木の絵画は一三枚となる。

なお、関口真也や鏑木清方といった日本画家からの直接購入も確認出来る。これと関連して「日本画会大会」や「寺崎廣業門下美術研究会」といった日本画家の催しに参加しての購入もみられる。また、鷗盟会（五枚）、鼎会（五枚）、烏合会（一枚）など日本画家の美術団体を通じての購入も同じ範疇《はんちゅう》にいれてよい。

これまで名前が出てこなかった飯島風香、内藤利太郎、加藤照次などは俳画の収集家である。飯島風香は神戸という株式仲買店にいるという以外人物像は不明だが、杉山杉風などの画賛を五枚購入している。(71) 加藤照次は『漫筆』第一の「蕪村の手紙」に登場する「越後の某氏(72)」である。ただ、「蕪村の手紙」では蕪村の手紙二通を譲られたとあるが、『日記』一では、「越後柏崎の加藤照次サンへ白縮を一反進物として送つたこれは蕪村翁書簡を一通頂いた返礼のおしるし迄(73)」とあり、「蕪村の手紙」の記述は小林の記憶違いであろう。また、内藤利太郎は名古屋在住で、小林は明治三十九年二月十七日に、三井銀行の長崎、下関両支店への出張帰りに訪問して、俳諧の幅ものを多数拝見している。(74)

ところで、「一寸集つたけれど余り上等な物は無い、兎に角俳諧もの丶売立てなぞは恐らく之が空前であらう[75]」との感想を綴った「俳諧もの、入札会」や、購入にはいたらなかったが、「欲しいものが在つたけれども買ふ勇気がない[76]」と記されている「骨董陳列会」などには小林の「新画」に代わる新たな興味関心の萌芽をみる。

四、美食家小林一三

明治期の『日記』には、簡潔な言葉ではあるが、日常が淡々と綴られている。特に、「食」に関しては後の「美食家小林一三」を彷彿とさせるように非常に豊かである。ところで、茶道学大系第四巻『懐石と菓子』に収録された小菅桂子「小林一三と洋風懐石[77]」は、小林の「食」にスポットを当てた論稿である。その中で、小林が早くから洋食を取り込んだのは、神戸というハイカラな居留地があったからだとしている[78]。しかし、この点を裏付ける小林の「文言」といった根拠は示されていない。また、『自叙伝』にある明治四十年(一九〇七)の大阪転居に際しての「愛惜の書画骨董」に、小林が昭和十年(一九三五)のヨーロッパ旅行で入手した骨董品がふくまれるという決定的なミスを犯している[79]。さらに、小菅論文では、出典が明示されず、引用も恣意《しい》的であり、小菅論文の主張点を再確認する手段が与えられない。一言でいえば、杜撰《ずさん》である。これでは茶道学大系への信頼性をも揺るがしかねない。

明治期逸翁の外食

小林一三の懐石料理改革については、第四章「小林逸翁の茶の湯」の第四節「懐石料理改革」で検討するが、本節では『日記』一をデータソースとして、「外食」という側面から明治期の「食」の実像にスポットを当てる。分析に先立ってデータベース構築の作業手順を説明したい。

まず、『日記』一の「外食」に関する記述を、年月日、時間、場所、店舗名、食事内容、同行者、帰宅時間、書かれていれば食後の感想などを書き上げる。その際、出張の旅館等への宿泊は、食事の記述がなくてもカウントした。なお、小林の自宅における友人との食事は除いた。ただし、明治三十五年（一九〇二）二月十二日の、「杉本君と高橋君が来た　見晴から料理をとり、松金からうなぎめしをとり御馳走した(80)」のように、自宅への来客に際して、料理屋から出前を取った所謂《いわゆる》「中食」のケースは書き上げた。また、同日に二店舗以上を訪れたケースは個別にカウントした。さらに、「夕方に銀座へ西洋料理を食ひに行つた、自分はパンとソツプだけだ(81)」と、店舗名がない場合は「不明」とした。

第1図は、明治三十三年（一九〇〇）から三十九年にかけての、月別の利用店舗数を棒グ

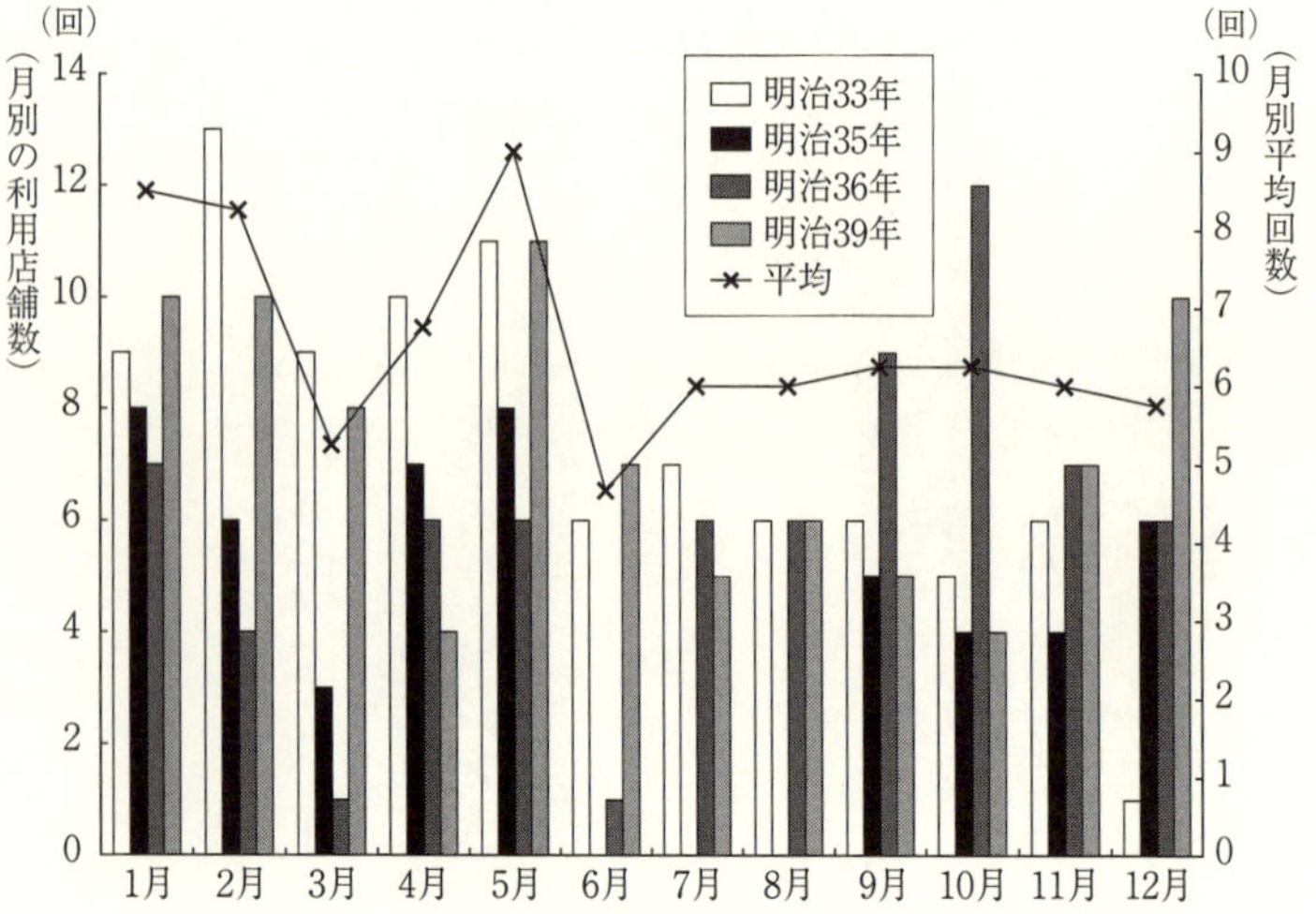

第１図 明治期外食グラフ

ラフ（目盛は左軸）で、また、四年間の月別の平均値を折れ線グラフ（目盛は右軸）で表示した。既に述べたように明治三十四年と三十八年は日記が刊行されていない。明治三十五年六月から八月にかけての三ヶ月間は記述がなかった。また、三十七年は記述の空白期間が長いので、除いた。[82]ただ、本節で検討するデータは『日記』一の記述によるもので、悉皆《しっかい》調査でない点は改めて確認しておきたい。なお、小林は明治三十三年十月に家庭を築いている。

個人宅でご馳走になったケースまでカウントして全期間を通じてみると、月平均で七・四回「外食」をしている計算である。およそ週二回のペースである。なお、個人宅を除いて再計算すると六・六回となる。

明治三十六年の九月と十月は、一ヶ月で月の約三分の一の九回と一二回の「外食」をしているが、これは同年六月に箱崎倉庫から本店調査係へ移動し、(83)支店調査へ出張する機会が増えたためである。ちなみに、八月から十月にかけては和歌山、広島、小野浜、北海道、名古屋、四日市、大津への、翌年二月には長崎、下関の各支店へ出張している。小林としては、『自叙伝』に、

全国の支店検査に旅行するのは嬉しかつた。旅行に出かけると、半ケ月以上は名所古跡の巡覧や行く先々の道具屋に下手《げて》物の掘出しを楽しみ、暢気にくらせるので、この五六年間は、不平があつても辞職する勇気はなかつた(84)

と述べているように、後年の外国旅行での骨董店廻りを彷彿とさせるように、旅先の道具屋を見て回ることを楽しみとして、満足していた。週二回以上すなわち月八回をひとつの目安とすると、それを上回る月が全体の四四・四パーセントに当たる二〇ヶ月を数えるということは、かなりの頻度といわなければならない。これに個人宅の食事を加えれば、週

第6表　名古屋時代の飲食店集計(明治31年)

回数(回)	店数(店)	店　名
7	1	清崎
5	1	近直
2	5	河弥　藤柳　秋琴楼　金波楼　偕楽亭
1	6	
合計	13	

当たりの「外食」回数はさらに増加する。

小林の転居した名古屋、大阪、東京を一括して検討しても意味はない。煩雑となるが、ここでは都市ごとに検討する。

第6表は、明治三十一年(一八九八)の名古屋時代の店舗集計である。同年は二月十六日までの一ヶ月半の記録のため、店舗数は一三店と少ない。その中にあって毎週のように顔を出している清崎と近直への集中は際立っている。日記の記述内容から両店とも料亭と考えられる。他も店名などから推測して料亭であろう。偕楽亭では西洋料理を食している。ただ、料理のコメントは皆無であった。

大阪時代の特徴

第7表は、大阪時代の店舗集計である。明治三十三年(一九〇〇)の一年間である。店舗数は四一に増加したが、二回以上で店名が書き上げられている一三店が馴染《なじ》みの店舗といえようか。一九回でトップに立つ得田屋は、明治二十六年(一八九三)の三井銀行大阪支店への転勤時から顔を出していた料亭であった。『自叙伝』によれば、数寄者平瀬亀之助(露香)の

第７表　大阪時代の飲食店集計（明治33年）

回数(回)	店数(店)	店　名
19	2	得田屋　川亭
10	1	三好亭
4	2	堺卯楼　河村
2	8	淡路屋　瀧光　大清　菱富　鮒付　岸松館　豊秋　大坂倶楽部
1	25	
不明	3	
合計	**41**	

宿坊として有名であり、小林は襖越《ふすま》しに二、三度、平瀬を見たという。(85) 同じ一九回の川亭の性格は不明だが、小林は所帯をもって以降、妻幸を一六回同道している。一〇回の三好亭は同僚や知人との昼飯や夕飯に際して利用している。大阪時代も料理のコメントは皆無であった。

東京時代の特徴

第８表は、明治三十五、三十六、三十九年の三年間の東京時代の店舗集計である。ただ、明治三十五年の六月七日から九月四日にかけての記述はない。なお、煩雑さを軽減するため店名は東京の店舗のみとした。また、日記の記述や、織田純一郎他『東京明覧』下、津田利八郎『最近東京明覧』、春曙居士編『東京番附案内』などと突き合わせて西洋料理店と判明したものは太字で表示した。さらに、日記の常として略称が多いが、西洋料理店のツボ屋は壺屋、日本料理店の見晴は見晴亭、蒲焼屋の竹葉は竹葉亭とした。なお、「海水浴」とは、小林が住んでいた芝区の

第8表　東京時代の飲食店集計（明治35、36、39年）

回数(回)	店数(店)	店名
13	1	**有楽軒**
11	1	**吾妻亭**
10	1	三友倶楽部
9	1	**壺屋**
7	1	見晴亭
5	2	**精養軒**　大金
4	3	大又　松金
3	6	中華亭　冨貴亭　海水浴　橋善
2	28	星岡茶寮　伊勢源　小鳥屋　大野屋　偕楽園　紅葉館　洲崎館　資生堂　福井楼　八百勘　竹葉亭　天金　花月　亀清　大七　社長宅　メトロポールホテル
1	85	
不明	33	
合計	**162**	

店名は東京のみ。太字＝西洋料理店

三井社宅の南側で営業していた芝浦館という料亭であり、海水浴場を併設していた。「社長宅」とは三井銀行社長邸で開かれた園遊会である。一六二店と店舗数が急増しているが、単に記録期間が長くなっただけではない。

第8表を一瞥して名古屋や大阪時代と大きく違うのは、有楽軒、吾妻亭、壺屋、精養軒と上位に西洋料理店が並んでいることである。なお、一〇回で三位に位置する三友倶楽部は料理屋ではないが、三井銀行に隣接した「集会貸席」であり、小林は機会あるごとに訪れては西洋料理を食べていた。それに対して日本料理店の見晴亭、芝浦館、大野屋、紅葉館などは三井社宅に隣接する芝区内で営業している店舗であり、特に見晴亭と大野屋は隣り合っている。同様に社宅に近隣した店として蒲焼屋の松金や亀清を上げることができる。

橋善と天金は天麩羅《てんぷら》屋である。また、松金と竹葉亭は蒲焼屋であり、店名は不明だが、池の端の鰻屋では三回うなぎ飯を食べている。

『日記』一によれば、記録期間の二年九ヶ月で個人宅を除いた外食回数は二六五回を確認出来る。その二六・四パーセントに当たる七〇回は西洋料理であった。明治四十年に刊行された津田利八郎『最近東京明覧』の第十五章「旅館及飲食店」には、東京市の一五区内にあった四二三店の料理店が掲載されているが、そのうち西洋料理店は一二・三パーセントの五二店であった。二六・四パーセントというのは、小林が如何に西洋料理を好んでいたのかを示す。

ところで『日記』一を使用したデータベース構築過程で、天麩羅屋、蒲焼屋、鮨《すし》屋は散見されたものの蕎麦《そば》屋がまったく登場しない点に気付いた。『最近東京明覧』では、西洋料理店より一店多い、五三店の蕎麦屋が確認出来る。「西洋料理好き」の小林は、「蕎麦嫌い」であったのであろうか。興味の湧くデータである。

逸翁の料理評

東京に移ってからの『日記』には名古屋や大阪時代にはまったく見られなかった料理屋や料理のコメントが記述されるようになった。それを書き上げたのが第9表である。四三件を数える。

第9表　料理店・料理コメント　※〇二〇二二七＝一九〇二年二月二七日

年月日	都市	コメント
〇二〇二二七	東京	帰途新橋で西洋料理を食つた、うまかつた
〇二〇三二〇	東京	番頭サン二人見晴へ案内して御馳走した、イツモながら見晴のまづいのには閉口だ
〇二〇四一三	東京	芝浦大野屋で昼飯、然しまづかつた、矢張り見晴の方が上等だ
〇二〇五二〇	東京	新橋の橋善でテンプラを加藤君と一緒に食べた　甚だ不味のには閉口した　名高い宅で在るのに何かの拍子だつたらう
〇二〇九一二	東京	帰途資生堂にてソーダ水を一杯十五銭、美味甘露！
〇二一〇一九	東京	昼飯を西洋料理中々うまかつた
〇二一一〇四	東京	有楽軒で西洋料理の晩食ウマカツタ〱
〇三〇一三〇	東京	夕方、有楽軒で西洋料理を食ふ、うまかつた
〇三〇六二一	東京	白木にて昼飯　中々ウマカツタ
〇三〇八〇九	東京	夕方、お幸と冨佐雄と銀座へゆく　新橋前ノ有楽軒で晩食、中々うまい
〇三〇八二五	大阪	宿屋ノ小娘三人ト築地ニ散歩シタ、アイスクリームヲ食つた、安イケレドマヅイ

〇三〇九〇一	広島	夜、柳君ニ栄亭ニ招待サル、田舎ニ似合ハヌ甘イ料理を食ハセラレタ
〇三〇九一八	室蘭	七時頃船中ニテ日本食甚ダ不味シ
〇三〇九二〇	札幌	茂世庵ニテ昼飯　茂世庵トハ札幌名代ノ侠女いくが女主人との事、田舎ニ珍ラシイ広大ナル建物寧ろ馬鹿気た話だ
〇三一〇〇四	福島	藤金支店ニ一泊　甚ダ見スボラシキ旅舎ニテ大閉口　夕飯ノ箸モトレヌ始末、即チ西洋料理ニユク
〇三一〇三〇	名古屋	夜、名古屋ホテルニ銀行ノ連中ニ招カル　中々ウマイ
〇三一一〇四	東京	帰途、金森君、伊沢君ヲ誘ひ中華亭ニテ晩餐　中々ウマイが頗ル高イ
〇三一二三〇	東京	夜、瓢屋へ専務理事ニ招カル　芸妓ハ非常ニ沢山デアツタガ食ヒモノハマヅイ
〇六〇一〇四	東京	新橋のツボ屋で「子ツトケーク」（ジヤガ芋の油揚）といふ菓子を買つた　中々うまい菓子だ
〇六〇一一六	東京	紅葉館に夕飯にゆく（中略）料理はマズイが女中が普通の料理屋と変つて一寸乙だ
〇六〇一二七	東京	中華亭で（中略）晩飯　中々うまいが値段が高い、気軽に一寸行ける所ではない
〇六〇二〇六	長崎	花月に遊ぶ、余り感心しない所だ
〇六〇二〇八	長崎	冨貴亭にゆく　料理ハ到底モ藤屋紅葉亭ニ及バザルコト遠しだ、芸者も来たけれど感心しない
〇六〇二二一	下関	裏町ノ長十ニ遊ブ　大坂ノお茶屋と少シモ変ラナイ中々便利なよい所だ
〇六〇三一七	東京	紅葉館で送別会を開く（中略）料理は不相変まづいものだ
〇六〇三二七	東京	三十間堀の冨貴亭で晩食をたべる　大阪料理だが中々ウマイ、それに一人前一円とキチンときまつて居るから有難い

○六〇四一八	東京	お幸と三十間堀の冨貴亭といふ大阪料理をたべにゆく、中々うまかつた
○六〇五二二	横浜	千歳で米山君に御馳走になつた（中略）料理も余り感心しない
○六〇五二四	京都	田原屋に泊る（中略）宿が混雑で料理がまづくて閉口だ、こんな宿屋はいやだ
○六〇五二五	京都	袋町の月の家に移る　家は古いけれど中々静で丁寧な一寸うまいものを食はす宿屋だ
○六〇五二八	京都	八新で晩めしを食つて（中略）八新の料理も余りうまくなくなつて来た、自分の口が追々奢つて来たからで在らうか
○六〇六二九	京都	さい石の「ちもと」に夕飯をたべにゆく　此家は川添で景色もよく一寸うまい
○六〇五三〇	京都	祇園の鳥井本にゆく　どうもまづい
○六〇五三一	京都	大一といふ、すつぽん料理へ案内された、中々うまい　家は古く小ぎたないが料理はうまいものだ
○六〇六一三	東京	大又は料理はまづい方ではないが高くてゆかぬ
○六〇六一六	東京	浜町の何とかいふ小意気な鳥屋で飯を食つて
○六〇六一七	東京	あげ出しといふ所へ初めて行つて見たが、中々安くてうまい、値段の割合に
○六〇六二六	東京	夜、銀座を散歩す　喉が渇いたから生ビールの小瓶を一杯、中々うまいものだ
○六〇八一〇	東京	赤阪の八百勘にて（中略）送別会を開いた　赤阪は矢張り赤阪だ　どうも下等だ
○六〇八二三	東京	夜、銀座にゆく　エビスビールの冷こいのを呑むのは中々うまい
○六〇九一七	横浜	千歳にて米山君に御馳走になる　不相変の芸妓で御馳走もうまかつた
○六一〇二一	秋田	小林旅館に泊まる　宿もよろしい、うまいものを食はせた

〇六一〇二六	東京	中華亭にゆく　イツもうまいけれど値段も高い（ママ）には驚かざるを得ない訳だ

「うまかった」は二三件、「まずかった」は一七件である。明治三十九年五月二十八日に京都の八新で食べた際に、「八新の料理も余りうまくなくなつて来た、自分の口が追々奢つて来たからで在らうか[86]」と感想を綴っている。小林の「食」の「進歩」ともいえよう。

さらに、中華亭では「中々うまいが値段が高い、気軽に一寸行ける所ではない[87]」、「イツもうまいけれど値段も高いには驚かざるを得ない訳だ[88]」とか、大又では「まづい方ではないが高くてゆかぬ[89]」との感想を述べており、銀行家らしいコストパフォーマンス意識が読み取れる。富貴亭の「中々ウマイ、それに一人前一円とキチンときまつて居るから有難い[90]」という口吻《こうふん》からは、後年の阪急百貨店食堂における経営姿勢の片鱗が垣間見られる。

註

（1）『漫筆』第四、一九頁。
（2）逸翁美術館『茶会記をひもとく 逸翁と茶会』（思文閣出版、二〇一二年）、六〜一一頁。
（3）『漫筆』第二、三四頁。
（4）『自叙伝』、八頁。
（5）三宅晴輝『小林一三伝』（東洋書館、一九五四年）、一八〜一九頁。
（6）『小林一三伝』、一九頁。
（7）『自叙伝』、二四頁。
（8）『自叙伝』、三二〜三三頁。

(9) 高橋義雄『近世道具移動史』(慶文堂書店、一九二九年)、一〇一頁。高橋義雄『箒のあと』上巻(秋豊園出版部、一九三六年)には内容は微妙に異なっているが、ほぼ同様の記述がみられる。

(10) 『自叙伝』、五三頁。

(11) 『自叙伝』、五三頁。

(12) 『自叙伝』、五三頁。

(13) 『漫筆』第一、六五頁。

(14) 高橋義雄『昭和茶道記』第一巻(淡交社、二〇〇二年)、八五三頁。

(15) 『箒のあと』上巻、二四〇頁。

(16) 『昭和茶道記』第一巻、八五三頁。なお、松永安左ヱ門『わが茶日夕』(河原書店、一九五〇年)によれば、昭和二十四年四月二十四日に延命会の九人が招待された「雅俗山荘喜寿茶会」の際にも、楳泉亭縁側腰掛に掛けられていた(二八三頁)。

(17) 『昭和茶道記』第一巻、八五六頁。

(18) 『昭和茶道記』第一巻、八五七頁。

(19) 『昭和茶道記』第一巻、八五四頁。小林も『漫筆』第一に、『昭和茶道記』に発表された「歳末懐旧茶会」を転載している。なお、小林の解説記事によれば、同じ年の十二月二十三日には根津嘉一郎の家族と川部太郎を招いて茶事を行っている。

(20) 逸翁美術館『茶の湯文化と小林一三』(思文閣出版、二〇〇九年)、一三頁。

(21) 『昭和茶道記』第一巻、八五四頁。

(22) 『漫筆』第二、三八頁。

(23) 『漫筆』第二、三八頁。

(24) 『漫筆』第一、六〇頁。

(25) 『昭和茶道記』第一巻、八五五頁。

(26) 『昭和茶道記』第一巻、八五五頁。また、東京美術倶楽部百年史編纂委員会『美術商の百年』(東京美術倶楽部、二〇〇六年)においても、鴻池分家草間家の入札会は確認できなかった。入札という方法によらない入手であるかもしれない。

(27) 『昭和茶道記』第一巻、八五二頁。

(28) 『汎究美術』五二号、二四頁。

(29) 『汎究美術』五二号、二五〜二六頁。

(30) 『日記』一、八一頁。なお、記述は簡単だが、翌三十六年十月七日にも「帰途、青山ニ中上川サンのお墓参り、夫レヨリ星ガ岡茶寮ニテ追悼会、出席者二十五、六名」とある(『日記』一、一二三頁)。

(31) 『汎究美術』五二号、二七頁。

(32) 『三昧』、一四〇頁。

(33)『汎究美術』五二号、二七頁。
(34)『三昧』、九三頁。
(35)『三昧』、九三頁。
(36)『三昧』、九三頁。
(37)『漫筆』第四、三八～三九頁。
(38)『汎究美術』五二号、二六頁。『自叙伝』、一九六～一九八頁。
(39)『汎究美術』五三号、三一頁。
(40)『汎究美術』五三号、三一頁。
(41)『日記』一、五二頁。
(42)『汎究美術』五三号、三二頁。
(43)『汎究美術』五三号、三二頁。
(44)『汎究美術』五三号、三〇頁。
(45)『汎究美術』五三号、三〇頁。
(46)『日記』一によれば、十二月十八日に「銀行ニテ早川理事に辞職ノコトヲ話ス、見合スベキコトヲ注意セラル」(一七六頁)とある。ただ、明治三十九年一月七日には「近頃独立論の話が中々盛んなものじゃ、僕は出来るならば株式仲買をやりたいものだ、相場師としてではなく勿論商売として」(一三六頁)ともあった。
(47)『漫筆』第二、三八頁。
(48)『汎究美術』五三号、三三頁。
(49)宮井肖佳「小林一三の愛した画家・鈴木華邨──逸翁美術館収蔵品をめぐって──」(『阪急文化研究年報』、阪急文化財団、二〇一二年)、一三～二五頁。
(50)『日記』一によれば、明治三十三年(一九〇〇)三月十一日に「博物館ニ行ク、南画陳列会ヲ見ル、拙劣ノ技見ルベキ値ナシ」(二七頁)とあり、大阪在勤中から絵画鑑賞を行っていた。
(51)『日記』一、九七頁。
(52)『日記』一、六八頁。
(53)『三昧』、六九頁。
(54)『三昧』、六九頁。
(55)東京興信所『銀行会社要録』第一〇版(東京興信所、一九〇六年)、四一八頁。
(56)『三昧』、七〇頁。
(57)『三昧』、七〇頁。
(58)『日記』一、六一頁。
(59)『三昧』、七一頁。
(60)『日記』一、八五頁。
(61)『日記』一、一四六頁。
(62)『日記』一、一五九頁。
(63)『三昧』、七三頁。
(64)『日記』と『三昧』の「新画追憶の話」では、鼎会の説明に若干の齟齬がある。
(65)『日記』一、一五一頁。
(66)『日記』一、六一頁。
(67)『日記』一、六三頁。
(68)『日記』一、六四頁。
(69)『三昧』、七四頁。
(70)『日記』一、一六一頁。さらに、別の箇所では「どうも平林は人格のわるい安心して交際の出来ない男だ、可成遠かるべしだ」(同、一四九頁)とまで記している。
(71)『日記』一、一四四頁、一四七頁。
(72)『漫筆』第一、一七頁。
(73)『日記』一、一六二頁。
(74)『日記』一、一四二頁。
(75)『日記』一、一三九頁。
(76)『日記』一、一七七頁。
(77)『懐石と菓子』(『茶道学大系』第四巻、淡交社、一九九九年)。
(78)『懐石と菓子』、二二八頁。
(79)『懐石と菓子』、二三〇～二三一頁。
(80)『日記』一、六二頁。
(81)『日記』一、五四頁。
(82) 明治三十一年の名古屋時代は、一月と二月の二ヶ月間の記述のみであるので、第1図の作成には利用しなかった。
(83)『日記』一、一一一頁。
(84)『自叙伝』、一一〇頁。
(85)『自叙伝』、三六～三七頁。
(86)『日記』一、一五五頁。
(87)『日記』一、一三九頁。
(88)『日記』一、一七一頁。
(89)『日記』一、一五七頁。
(90)『日記』一、一四八頁。

第二章　小林逸翁のネットワーク

はじめに

本章の狙いは、近代数寄者小林一三（逸翁）の茶の湯の人的ネットワークの析出にある。しかし、資料類の残存状況に制約され、時期により精粗が生じることはやむを得ない。

第一節「関西での出会い」は、『自叙伝』を主なデータソースとし、三井銀行大阪支店在勤中にその姿を見かけた平瀬亀之助（露香）の他、関西地域における小林の茶の湯の師匠筋に当たる樋口三郎兵衛（不文）や生形貴一（朝生庵）との出会いを中心に見ていく。

第二節「小林逸翁の茶界」は、小林の自会に招かれた茶友たちが書き残した「茶会記」や『日記』を使用して自会の茶客や、小林の執筆した「茶会記」や『日記』から小林が招かれた他会の亭主や相席者のデータベースを構築し、データの大量処理という手法で小林を取り巻く茶の湯の人的ネットワークの総体像を析出する。本章の中核となる節である。

小林は多くの茶会を主宰した。第三節「小林逸翁と諸会」は、主に『日記』を使用して、小林が関わった諸会の実態を明らかにする。なお、南一会は、茶の湯を主とする会ではないが、ここで取り上げておく。ところで、延命会は茶の湯を軸にした会ではあるが、関東を活動の中心とする性格を考え、第三章第三節「東都の茶友たち」で検討する。

昭和七年(一九三二)十一月、阪急百貨店六階に美術商街が開かれた。しかし、従来の研究では、小林と関わった道具商は斎藤利助(平山堂)や児島嘉助(米山居)など、一部しか明らかとなっていない。第四節「道具商との交流」は、充美会に止まらない、関西や関東の道具商との交流を、主に『日記』を使用して明らかにする。

一、関西での出会い

平瀬露香

『自叙伝』で、小林は、日時は記されていないが、次のように平瀬亀之助(露香)に触れている。

平瀬露香翁を、私は二三度襖越しにぬすみ見た。まことに上品な痩形の老人で、（中略）勿論まのあたり見たのではないが、小説的に感興し得る私の想像力は、春信の浮世絵のやうな夢の世界を描いて、その法悦を味ひ得る嬉しさを禁ずることが出来なかつた。(1)

場所は、平瀬が宿坊としていた、大阪南地の茶屋得田屋である。小林は、平瀬家の大番頭の子息である甲谷長三郎と慶應義塾での学友で、得田屋に出入りしていた。三井銀行大阪支店に勤める銀行員ならば、平瀬が、江戸時代から続く大阪の両替商千草屋の主人で、大阪第三十二国立銀行の頭取と知っていたであろう。ちなみに、明治維新期の千草屋の幕府や諸大名への貸付残高は、七四万両を超えていたという。(2)『日本全国諸会社役員録』によれば、平瀬は、明治二十六年（一八九三）に大阪第三十二国立銀行頭役、日本火災保険社長、大阪貯蓄銀行取締役を兼任していた。同三十一年に、浪速銀行の監査役にも就任した。しかし、第一回目の平瀬亀之助家入札会があった明治三十六年（一九〇三）にはすべての役職から退任し、実業世界から引退した。平瀬家入札会の評判は高く、「平瀬相場」という名を得ている。高橋義雄は『近世道具移動史』の中で、平瀬家入札会の背景を次のように述べている。

道具鑑識に於ては関西に比肩する者なき程の堪能で、実業上には銀行頭取を勤められたが、事務は番頭任せにして自身は茶事風流に日を送つて居たので、日清戦後財界膨張の反動に際し、番頭共の不手際より遂に大損失を醸して、其整理の為めに道具を売却せざる可らざる境遇に立至つた。(3)

番頭に任せていた銀行経営で生じた損失の穴埋めで、急遽、実施された道具売却であった。「自身は茶事風流に日を送つて居た」とあるように、平瀬の本来の姿は、茶事、能楽、和歌、俳諧、音曲といった遊芸の世界にあった。また、高橋は、『箒のあと』で、平瀬を次のように紹介している。

謡曲を好まれた大阪の紳士では、平瀬亀之助氏が群を抜いて偉く、氏は金剛流の家元を補佐した程の玄人であつたが、痩せぎすの体格に似ず、例の勧進帳などを謡へば、音吐朗々として一座を圧するの概があつた。(4)

明治三十二年（一八九九）には、平瀬が一一代目の千宗守（一指斎）没後の武者小路千家官休庵家元を一時的に預かっている。[5] 平瀬は、「旦那芸」水準をはるかに超えた広範囲の遊芸の世界に生きており、また、近世以来の千草屋の財力で集められた道具類の売り立ては、大きな評判を呼んだ。高橋が、

大阪紳商中道具収蔵の大家とて、殆ど空前の人気を惹き、札元としては戸田弥七、春海藤次郎、山中吉郎兵衛等を主として、関西知名の道具商が之に当つたので、京阪の好事家中藤田伝三郎翁の如き一手を以て其優秀品を買収せんとする気勢を示し、名古屋、東京方面の数寄者等も大挙して現場に馳せ参じたる[6]

と書くように、全国から多数の数寄者が集まった。益田孝（鈍翁）の末弟である益田英作（紅艶）は、東京の同好者の注文を引き受けたという。また、益田孝の次弟の益田克徳（非黙）が、入札の下検分のために大阪へ向かう途中脳溢血で倒れ、急逝したのも、明治三十六年の第一回平瀬家入札の時であった。[7] なお、明治三十九年十一月に開かれた平瀬家の第二回売り立てに際し、大阪の近代数寄者藤田伝三郎（香雪）と争い、一万六、五〇〇円の破格値で大

名物「花白河蒔絵硯箱」を落札したのは、根津嘉一郎（青山）であった。小林は、このニュースをどのように聞いたであろうか。『日記』には記録はない。

また、小林の『自叙伝』では、年月日は不明だが、平瀬といえどもお店には内々で三井銀行に借金を申し込んでいる話が紹介されている。平瀬の秘書兼番頭格の前田与三吉が、得田屋の廊下で小林を呼び止め、「人様には言へない内緒で、主人がお金がいるので（中略）主人の名前を出すわけにはゆかない、借り主は私の名義にして、勿論担保品は入れますが、この担保品も内々にしてほしい」[8]と頼み込まれ、小林が平瀬亀之助名義の大阪第三十二国立銀行株を担保として二万円を用立て、六〇日切替の手形が、半年以上も継続されたという。

樋口三郎兵衛と坂田作治郎

小林が茶の湯をはじめるに当たり、樋口三郎兵衛（不文）が関わったのは、『自叙伝』から裏付けられる。

大正二年（一九一三）の夏頃、小林は、北浜銀行頭取で箕面有馬電気軌道の社長でもあった岩下清周から頼まれて、『大阪新報』の経営の立て直しに関わった。岩下は、小林がかつて三井銀行大阪支店在勤中の上司であった。また、岩下は、明治二十九年（一八九六）に藤田伝三郎などと北浜銀行創立に際して、貸付課長のポストを用意して小林を誘った。この時は、高橋義雄の忠告を入れて断ったことは、すでに述べてある。さらに、明治四十年（一九〇七）になると、岩下は島徳蔵らと北浜証券設立を企画し、小林には支配人のポストを用意した。これを機に、小林は一五年勤めた三井銀行を退職し、一家を挙げて大阪へ転居する。日露戦後の反動恐慌の煽《あお》りを受けて北浜証券設立は頓挫し、小林が浪人となったことは既述の通りである。

『自叙伝』によれば、『大阪新報』と関わる中で、年月日は不明だが、『大阪新報』で経済部長や編集長を歴任していた古内省三郎から茶道具を売却する話が持ち込まれた。古内は、仙台藩にあっては岩沼城主を務めた家柄の出身であった。茶道具類売買の内容なので、長くなるが、『自叙伝』の該当個所を引用したい。

〔古内は：齋藤〕先代が大茶人で、お茶道具は山ほどあるとの話をきいた。その道具を売りたいと、大阪に取寄せたのであるが、長持に一杯の道具を新報社の二階の広間に陳列した。伏見町の茶道具商春海敏女史の番頭熊三君が来て、ずらッと一見して二つ三つ取上げて見る、そして「全部で二千円で頂きませう」と言ふのである。その頃の私には、お茶道具に対する自信がない、樋口不文翁に師事してから、表流に入門した当初で、千家十職程度の綺麗なものを弄つて居つた時代だから、古い大さびの道具はわからない、竹の花入、茶碗、茶入、その他五六十点近くもあつたと思ふ。安い高いと批評する資格も知識もない、もつと高く買へないものかと歎願的に言ふけれど、てんで取合わない。(中略)たうとう二千何百円かで売つたが、今日になつて考へると何さま田舎道具であつたとしても、ウブの秘蔵品ばかりだから、相当のものがあつたに違ひない。其中の一品に「柿のへた」があつたことを覚えてゐる。柿のへたといふ名前が珍しいので忘れない。今日ならば恐らくこの茶碗は二十万円以上の品だと思ふ。(9)

「樋口不文翁に師事してから、表流に入門した当初で」とあるように、小林は大正初年には表千家に入門していた。なお、逸翁美術館の『茶会記をひもとく 逸翁と茶会』には、「実際に逸翁が茶の湯を始めたのは大正四、五年頃、四十二、三歳になってから」(10)とある。また、同『茶の湯文化と小林一三』には、大正四、五年頃に表千家の生形貴一(朝生庵)と出会ったともある。(11)

一方、『小林一三翁の追想』(以下、『追想』と略記する)に収録された、昭和三十五年(一九六〇)九月十二日に生形貴一邸で行われた「逸翁先生のお点前」という対談で、小林が主宰した芦葉会会員で『阪急美術』の編集長を務め、宗偏流の茶人でもあった山内金三郎（神斧《しんぷ》）の「逸翁先生とは随分、古くからのおつき合いと存じますが[12]」という問い掛けに対して、生形は、「今、私は八十一でございますが、三十五―六の頃、樋口三郎兵衛さんのお宅でお会いしたのが多分初めて[13]」と答えている。この生形の記憶に間違いがないならば、二人の出会いは大正三、四年となる。小林の茶の湯の開始時期を確定しようとは思わないが、『自叙伝』には「古い大さびの道具はわからない」とあり、後に茶道具類の見立てについては第一人者ともなる小林の若き日の実像を見る思いがする。茶の湯を実際にはじめた時期における小林の言動として興味深い。

なお、社会経済史研究者としては価格には敏感にならざるを得ない。引用にある大正初年の二、〇〇〇円は、消費者物価指数を用いて現在の価格に換算すると五四〇万円となる。また、『自叙伝』が執筆された昭和二十八年（一九五三）当時でも、二〇万円以上の「柿のへた」茶碗は、茶碗の価値を別にしても、現在の一四〇万円以上になる。ところで、『自叙伝』の引用にある、「番頭熊三」とは、大阪市の道具商の春海商店（調古堂）に勤めていた三尾邦三のことである。

『自叙伝』のいう樋口不文翁と、『追想』に収録された「逸翁先生のお点前」と題する対談で名前が挙がる樋口三郎兵衛は同一人物である。文久二年（一八六二）の生まれで、小林より一〇歳年長である。大阪の実業家で、加島屋と称していた樋口家の養子となり、明治十三年（一八八〇）に魁新聞を創刊し、樋口銀行も創設している。樋口は、明治十七年には大阪に浪華画学校を設立し校主を務めているように、古美術の世界で知られていた。小林と樋口との最初の接点は古美術であったかもしれない。事実、先の座談会で、生形も、「小林さんのお好きだった応挙や呉春は、樋口さんもお好きだったようです。まあ、樋口さんとの御交友で、茶道具の方面の眼がお出来になった」[14]と述べている。また、小林も『三昧』のなかで、「書画骨董に就ては、私達同人の先輩でありお師匠さんであつた、故人樋口不文翁」[15]と書いている。

樋口は、大阪の風流十八会や篠園会の記録にも登場し、大正十一年（一九二二）の光悦会の財団法人化に際して、大阪の地区評議員に名前を連ねている。なお、その時の肩書きは日本相互貯蓄銀行監査役であった。

樋口は、小林の「茶会記」に茶客として登場しないが、『漫筆』第四に収録された昭和八年（一九三三）四月十日の宝塚少女歌劇の創立二十年記念「歌劇茶会記」に名前をみることが出来る。

早川千吉郎氏の売立に清巌一行「唱起太平曲」の目録を見た時、自分は東京へ行くことは出来ないから実物を見る訳にはゆかないが、もしこれがよい品で、腹に這入る幅であつたならば、是非買ひ度いといふ希望を、坂田君にお願したところ、丁度、東京の売立へ樋口不文翁もゆかれたので、お二方の御相談で入手することが出来て(16)

引用文の「坂田君」とは坂田作治郎(日々軒)であり、小林の元に出入りしていた大阪の道具商である。早川千吉郎家売立は、東京美術倶楽部で大正十二年(一九二三)五月十四日に開札された、南満州鉄道総裁早川千吉郎の入札会であり、代表的な骨董商二三人が札元を務めている。なお、早川は明治三十四年(一九〇一)から同四十一年まで三井銀行専務理事であり、小林が三井銀行の本店勤務の時期と重なる。さて、『美術商の百年』によれば、三、三九三円で落札されている「清巌一行」が「唱起太平曲」と思われる。消費者物価指数で換算すると現在の四七三万円余となる。

東京の売り立てに出掛けた樋口と坂田によって、宝塚少女歌劇に相応しい「唱起太平曲」が手に入った。小林は、これを切っ掛けとして宝塚少女歌劇の創立二十年記念茶会の道具組みを考えながら、諸道具を集め始めたという。

末宗広『茶人系譜』によれば、小林の茶の湯の師匠は、表千家一二代千宗左（惺斎）の門弟の生形貴一である。小林本邸である雅俗山荘の茶室即庵は、三畳台目の広さでありながら、敷瓦の土間を付随させて椅子を配置する和洋折衷の工夫がなされているが、小林と生形の共作といわれている(17)。

生形貴一

しかし、小林の著作や『日記』などにおいて生形の記述は、多くない。ちなみに、生形は、小林の茶会には、重複もあるが、「茶会記」では一回、『日記』では五回招かれており、同じく、他会での小林との同席は、「茶会記」で一回、『日記』で七回が確認される。さらに、小林は、生形の茶会に二一回顔を出している。しかし、うちの一〇回は同席客は不明であり、記述は簡単である。しかし、資料的な裏付で確認できたものだけでも、合計すると生形は、小林に五回招かれ、他会では八回同席し、小林を二一回自らの茶席に招いている。

『日記』で、生形の茶会を伝える記述で最も充実しているのは、昭和二十四年（一九四九）二月十五日に開かれた「生形宗匠古稀お祝のお茶」である。相席者は「老妻、小西未亡人、坂田夫妻、銭高君、加藤、生島両君等八人也(18)」とある。老妻とは小林の幸夫人、小西未亡人とは親交のあった伊丹の清酒蔵元小西新右衛門（業精）の完子夫人で、小西新右衛門は昭和二十二年（一九四七）八月に没した。坂田は道具商の坂田作治郎、銭高君は銭高組社長銭高久吉(二松庵)で、小林が主宰する薬師寺会、芦葉会、細流会などの会員であった。なお、小西夫妻も薬師寺会にしばしば出席していた。加藤は加藤義一郎(櫟庵)、生島は生島房次(好日庵)である。長くなるが、『日記』の当該個所を引用しよう。

生形宗匠のお茶席は市内紅塵の中心地であるに不拘、イツモ清潔に掃除されてゐる。恐らくお茶席としては関西第一の小奇麗に、美しい清い立派なお茶席だと思ふ。外人を案内して『日本のお茶は斯々のものである。これこそ古風そのまゝの伝統的サンプルである』と説明すれば外人も納得するだらうと思ふ。腰掛からツクバイ、植込の下に敷く枯松葉、青竹の井戸の蓋、樋なぞ、凡てを通じて如何にもスガ〳〵しい。にじり口から宗匠が出て、ツクバイに水を張る光景から、いよ〳〵入席、濃茶、お会席なぞ展開しゆく閑寂の境に茶味清談、美術と生活の説明をしてあげたならばキット外人も喜ぶだらうと思ふ。こういふ簡素の表流のお茶がよいと思ふ。今日のお茶事は床の俊頼の継切と、与次郎のお釜と、萩の茶碗が逸品である。宗匠好芽張柳の朱の皆具も如何にも宗匠らしくてよろしい。(19)

小林の茶道観は第五章「小林逸翁の茶道観」の諸節で検討するが、引用部分からは、占領下の「国際化」の時代にあって、外国人の理解を深めるには、何を為すべきか思索している小林の茶の湯の姿勢をみることができる。ちなみに、小林は、『新茶道』に収録されている「外人の茶道観」を昭和二十四年(一九四九)十月四日に、[20]「外人の茶境」を翌二十五年二月に執筆している。[21] また、昭和三十一年(一九五六)三月二十八日に、大阪美術倶楽部で行われた生形の喜寿のお祝いの茶会に出席した小林は、次のような感想を記している。「陳列のお好のお茶に関するいろ〳〵器物には中々よいものがあつた。生形宗匠は道具鑑定眼が豊である丈にこれ等のお好の器物にも立派なものが多いと感心した」。[22] 記述が簡単で、具体性には乏しい。小林は、茶会に招かれ気に入った茶道具に出会うと、「ほしい」と書く。[23] しかし、いつも生形を誉めているわけではない。昭和二十一年(一九四六)六月十四日の、薬師寺橋本凝胤管長を正客とし、橋本と銭高久吉、山脇友三郎(三径庵)、坂田作治郎の四人と相席した生形の茶会については次のように厳しい。なお、山脇は、芦葉会会員でもある。

床は随流の一行、水指緋だすき、茶碗は白高麗宗和の箱、茶杓は覚々斎吉野川、茶入は古丹波耳付、宗全の狂歌の幅が添ふ銘みゝづく。つながれて聲をもたてずみゝづく

の　つくねんとして何をきくらん　生形宗匠は器物の目き、であるが今度の茶では、
ほしい器物は一つも無かつた。[24]

「ほしい器物は一つも無かつた」に、当日の道具類への「不満」の気持ちが込められている。さらに、昭和二十三年（一九四八）一月八日の生形の初釜の感想は、「赤味とシミの多い唐津茶碗、一寸珍らしいけれど感心せず。過ぎたるは及ばざるが如しト言ひ度い[25]」と、これまた手厳しい。

二、小林逸翁の茶界

本節では、これまで部分的には取り上げられても、[26]十分に明らかにされてこなかった、小林一三（逸翁）の茶の湯の人的ネットワークの総体を析出する。[27]しかし、データベース構築作業は、簡単ではなかった。作業手順を説明しておきたい。

第一段階として、小林が執筆した「茶会記」や『日記』で明らかとなった、小林の自会と、小林の著作類、あるいは、松永安左ヱ門『茶道三年』などの茶友の著作、また、『阪急美術』

や、その後継誌である『日本美術工芸』、さらには、逸翁美術館から刊行された各種の先行研究などによって確認できた、小林が招かれた他会の日時・場所・茶席名、小林が主宰した諸会の名称などの情報を書き上げる。なお、茶会の記録のない非茶会、茶会であっても小林が参加しない場合は除いた。ただ、南一会は、茶の湯の会ではないが、茶会記事があった会合はカウントした(28)。

第1表は、小林の自会と他会の年別件数である。『日記』が公刊された昭和二十年以降は、日記からのデータが加えられているために茶会回数が急増するが、それ以前は、小林の著作や茶友の「茶会記」などをデータソースとしているために、大きな断層が生じている。そこで横線を挿入した。小林の茶会をここまで詳細にカウントした仕事はなかったので、掲示しておきたい。

茶会デビュー

公刊されている史料的な裏付けのある小林の茶会への参席は、煎茶でありまっ抹茶ではないが、高橋義雄の『大正茶道記』が記録する、大正九年(一九二〇)六月に大阪の藤田伝三郎の三男である藤田彦三郎の長尾山荘へ、高橋と同行したのが最も早い。同席者は磯野良吉(丹庵)と大阪三越の小田久太郎であった(29)。磯野は大阪の近代数寄者として名高い。その後は、高橋を招いた昭和六年(一九三一)十二月十五日の「歳末懐旧茶会」

までが空白となる。しかし、これはデータソースの限界性に因るもので、この間、茶の湯から離れていたとは考え難い。事実、逸翁美術館の『茶会記をひもとく 逸翁と茶会』には、大正十三年十一月八日に自邸において「梅蘭芳観劇茶会」が開かれたとある。[30] しかし、「茶会記」は翻刻されず、参席者は不明である。『日記』が公刊されれば、この間の空白が埋められるであろう。

茶の湯三昧

昭和六年以降、自会、他会ともに徐々に増えている。同十七年の他会の急増は「芦葉会記」の翻刻に因り、二十年になるとデータソースとして『日記』の存在が大きい。小林一三は昭和二十一年三月から同二十六年八月にかけて六年余り公職追放となり、茶の湯三昧《ざんまい》の生活に入る。事実、昭和二十二年から同二十四年にかけては、

第1表　小林逸翁の茶会集計

（回）

年	自会	他会	合計
大正9		1	1
10			
11			
12			
13			
14			
昭和元			
2			
3			
4			
5			
6	2		2
7	4	2	6
8	3		3
9		1	1
10			
11	2	2	4
12	1	2	3
13	1	4	5
14	1	3	4
15		2	2
16	2	1	3
17	6	5	11
18	3	17	20
19	3	13	16
20	25	27	52
21	36	52	88
22	41	54	95
23	37	61	98
24	58	53	111
25	37	46	83
26	25	58	83
27	20	35	55
28	23	47	70
29	26	43	69
30	17	33	50
31	14	35	49
32	3	1	4
合計	390	598	988

週二回は茶会という計算になる。今日的にいうならば、「後期高齢者」に相当する年齢である。小林の茶の湯にかけたエネルギーには驚嘆せざるを得ない。公職追放解除後は、実業界に復帰し、茶会数は減少するが、それでも週一回のペースである。

作業の第二段階として、自会に招いた茶客、他会は小林を招いた亭主や同席した茶客の氏名や茶号、記されていれば、居住地、職業、肩書、続柄、流派、所属する小林が主宰していた諸会などを書き上げる。しかし、小林の自会であっても、薄茶席を幸夫人や三男である小林米三の妻敦子夫人に代わる場合があり、他会でも、濃茶は亭主が務めるものの、薄茶は夫人や道具商の代点も散見されたが、煩雑さを軽減するため無視した。

データベースの構築というが、亭主名や茶客名の特定には、以下の問題が存在した。

日記の限界

まず、『日記』で著しかったが、人名の省略である。他会は、亭主すら記されない場合も少なくなかった。会場となった茶席名や居住地によって類推できる人物もあったが、「亭主不明」とせざるを得なかった。また、自会と他会とを問わず出席者名が落ちていることも多かった。特に、小林が主宰した生涯一五〇回を超える薬師寺会は、出席者が一〇人を超えているためか、氏名は、そのほとんどが省略されていた。やむなく、「不明」とした。

その上、苗字や茶号のみのケースも多かった。さらに、当日の欠席者の氏名のみが書かれている場合や、逆に、例えば、「小沢渓苔会会員全部(31)」「阪急六階の美術部の連中九人(32)」と記されている茶会も散見された。しかし、開催時の該当する諸会の会員や阪急美術部の「名簿」が確定できないために、軽々に出席者名を決める訳にはいかない。なお、今回の作業は、「他三人」「茶友数人」など、個人名を特定できないケースは、最初から外した。

以上述べた諸点については、可能な限り前後する茶会の記述や、小林の「茶会記」や著作類、または、松永安左ヱ門『茶道三年』、あるいは『阪急美術』や『日本美術工芸』、さらには先行研究などで補ったが、限界が存在した。

したがって、今回のデータベースは小林の茶の湯ネットワークの悉皆調査ではないので、亭主や茶客の人数が著しく少ない点は予め《あらかじ》断っておく。表示の亭主や茶客の人数は、ダブルカウントで実際よりも多い虞《おそれ》があり、逆に、個人の出席回数が実際より少ない点があることにも、注意を促しておく。

本節の分析検討で使用するデータベースに準拠して作成された諸表には、欠陥があるといわざるをえないが、管見の限り、ここまで詳しく小林の茶の湯をめぐる人的ネットワークの全体像を明らかにした研究成果がないので、敢えて掲示しておく。

他会記と広範なネットワーク

第2表は、小林を招いた亭主の集計表である。二回以上の七六人は氏名を書き上げた。[33] 一七九人を数える小林を招いた亭主数は、小林の茶の湯の広範なネットワークの存在を物語っている。ただ、半ばを超える五七・五パーセントの一〇三人の亭主は、データベースへは一回しか登場していない。

しかし、小林を一回しか招待していないとはいえ、小西新右衛門（業精）、千宗左（即中斎）、千宗守（愈好斎）、高梨仁三郎（紫麓庵）、土橋嘉兵衛（無声庵）、野村徳七（得庵）、服部玄三、藤田彦三郎、細野申三（燕台）、横井半三郎（夜雨）など、全国的にも著名な茶人や、近代数寄者の名前を発見できる。なお、表千家家元の千宗左（即中斎）と武者小路千家家元の千宗守（愈好斎）の名前は見逃せない。第2表に藪内流家元の藪内紹智が四回で登場していることと合わせ、小林は、茶道流派にはとらわれない自由な交流をしていた。[34] 二回以上で名前の挙がっている七六人が、小林の茶の湯の世界の中核的な部分を支えていた。

掲示されたすべての人物に言及する必要はないだろうが、ひとまず見ていく。山田多計治（曠庵《こうあん》）の招待回数が二六回で首位に立ち、これに二一回の生形貴一と銭高久吉（二松庵）の二人が続く。これに二〇回の山田岸太郎（禾庵《かあん》）を加えた四人が、招待回数が二〇回を超え、第五位で一四回の藤井卯兵衛（山水居）に水を空けている。第2表に示された亭主数全

第2表 小林逸翁を招いた亭主集計

回数(回)	人数(人)	氏名
26	1	山田多計治
21	2	生形貴一　銭高久吉
20	1	山田岸太郎
14	1	藤井卯兵衛
13	2	北川正重　斎藤利助
12	1	河合幸七郎
11	1	藤木正一
10	1	松永安左ヱ門
9	1	小川堅三郎
8	2	今枝善隆　乾 豊彦
7	7	加藤義一郎　岸本貞次郎　畠山一清　五島慶太　西尾正七　坂田作治郎　前田久吉
6	4	小沢亀三郎　別府哲二郎　米島万次郎　湯木貞一
5	10	山中吉郎兵衛　山中春篁堂　古賀勝夫　戸田大三　前田福松　水谷川忠麿　渡辺丈太郎　江口治郎　岡田太郎　村岡金一
4	8	太田秀葉　沖原弁治　児島嘉助　寺田啓一　長尾欽弥　藪内紹智　森 繁夫　春海
3	15	河瀬虎三郎　田辺加多丸　南 喜三郎　山口トミ　丹羽昇　和田久左衛門　根津嘉一郎　服部章三　細見良　白壁武弥　山内金三郎　中井新三郎　白井半七　渡辺英一　山田
2	19	大鋸谷清次　山本発次郎　伊藤宗匠　磯野信威　奥村伊蔵　川中呑海楼　清滝幸治郎　小西完子　生島房次　田島正雄　善田喜一郎　平山亮太郎　橋本凝胤　団 伊能　山田嘉展　山脇友三郎　和田徳之助　小西　戸田
1	103	
合計	179	

体の二・二パーセントに相当する上位四人の茶会数は、小林が出席した他会の一六・七パーセントを占めている。特化係数を算出すると七・六となる。これに次ぐ、一〇位までの第二グループを形成している藤井以下の、北川正重（無

庵）、斎藤利助（平山堂）、河合幸七郎（宗那）、藤木正一（枕流居）、松永安左ヱ門（耳庵）の六人の特化係数が四・一である。七・六という数値は、上位四人の第一グループの、小林の茶の湯の世界における存在の大きさを示している。

トップグループの一〇人のうち、八人までが関西在住者である。亭主七六人の中で関東在住者は、前述した斎藤と松永に加えて、畠山一清（即翁、七回）、五島慶太（古経楼、七回）、長尾欽弥（宜雨庵、四回）、田辺加多丸（無方草堂、三回）、根津嘉一郎（青山、三回）、服部章三（梅素、三回）、磯野信威（風船子、二回）、団伊能（疎林庵、二回）の一〇人であった。関東在住者の多くは延命会会員であった（延命会については第三章第三節「東都の茶友たち」参照）。

以上の数値から、小林の茶の湯の活動の「場」は、基本的に関西を中心にしていたといえる。この点は、七回以上で第三グループを形成している一〇人のうちで、小川堅三郎（愛楳居、九回）、今枝善隆（半庵、八回）、乾豊彦（不鬼庵、八回）、加藤義一郎（櫟庵、七回）、岸本貞次郎（汀水庵、七回）、西尾正七（正遊、七回）、坂田作治郎（日々軒、七回）、前田久吉（七回）の八人が関西在住者である。煩雑となるので人名は略すが、六～五回グループに属する一四人は全員が関西の在住者で占められている。

第３表　他会における小林逸翁の相客（相伴者）**集計**

回数(回)	人数(人)	氏　名
53	1	加藤義一郎
35	1	小林一三夫人
34	1	銭高久吉
25以上	2	松永安左ヱ門(26)　山内金三郎(25)
20以上	3	生島房次(24)　山田多計治(22)　山田岸太郎(20)
15以上	1	坂田作治郎(19)
14	3	河合幸七郎　今枝善隆　森 繁夫
13	1	中井新三郎
12	2	田辺加多丸　藤木正一
11	2	小西完子　南 喜三郎
10	3	和田久左衛門　岸本五兵衛　古賀勝夫
9	2	別府哲二郎　服部玄三
8	5	生形貴一　畠山一清　五島慶太　北尾 清
7	6	銭高久吉夫人　斎藤利助　瀬川昌世　小林敦子　鳥井春子　荻野仲三郎
6	8	小沢亀三郎　藤井卯兵衛　八馬兼介　田辺宗英　橋本凝胤　坂田作治郎夫人　水谷川忠麿　田中茂太郎
5	7	梅沢彦太郎　篠原三千郎　仰木政次　西尾正七　湯木貞一　平山亮太郎　鈴木貞太郎
4	14	山中吉郎兵衛　小林富佐雄　土橋嘉兵衛　高原慶三　長尾欽弥　広岡久右衛門　山本発次郎　渡辺丈太郎　沖原弁治　石井光雄
3	29	
2	29	
1	168	
合計	288	

相客の分析

第３表は、小林が参席した他会で相席した茶客の集計表である。相席回数が五回以上の茶客は全員、四回でも著名と思われる茶人を書き上げてある。幸いなことに第３表では苗字だけで表示されている茶客はいないが、四回以下では、「山田（四回）」「小田（二回）」など、第３表に登場する茶人との同席回数の増減に影響を与えかねないケースがあることは記しておく。ちなみに、四回以下の相席者のうち、第2表や、後掲する第4表から落ちている人物のみを書き上げても、次のような近代数寄者や茶人を確認できる。

川喜田久太夫（半泥子、三回）、小西新右衛門（業精、三回）、田山信郎（方南、三回）、内本浩亮（宗韻、二回）、北大路房次郎（魯山人、二回）、藤原銀次郎（暁雲、二回）、梅上尊融（西庵、一回）、大野準一（鈍阿、一回）、粟田天青（有青庵、一回）、近藤滋弥（其日庵、一回）、瀬津伊之助（雅陶軒、一回）、正木直彦（十三松堂、一回）、松下幸之助（真々庵、一回）

五八・三パーセントの一六八人は、小林との同席は一回であった。さて、小林との相席では五三回の加藤義一郎（櫟庵）が群を抜いている。ちなみに、小林が出席した他会の八・九パーセントに加藤がいた計算になる。芦葉会と薬師寺会に所属している加藤は、京都在住の美術評論家で、『茶盌抄』上・下の著作がある。なお、『日記』によれば、昭和二十年（一九四五）四月二日から小林の道具目録調整を手伝っている。[35] また、同二十八年三月二十九日に広島県福山市の見仏山大念寺での「鵬程万里茶会」を小林に代わって行っている。[36]これらは、小林との茶の湯を通した濃密な交流を物語っている。また、『日本美術工芸』主幹を務め、小林の没後に開館する逸翁美術館の副館長に就任する。

家族の参会

相席者の第二位に位置するのが三五回の小林幸夫人である。『日本美術工芸』誌上における「「小林さん」のお茶と道具」と題する座談会の席上で、生形貴一が「主人〔小林一三：齋藤〕より奥様の方が先に稽古してでしたんですね」[37]と述べるように、茶の湯との関わりは幸夫人の方が早かった。小林は茶会の席に頻繁に幸夫人を帯同している。これと関連して、第3表で共に七回で並ぶ鳥井春子と小林敦子、四回の小林冨佐雄の名前は見逃せない。鳥井春子は、小林の次女で、昭和九年にサントリー創業者鳥井信治郎の長男吉太郎に嫁ぐが、吉太郎は同十五年に急逝する。また、小林敦子は三男米三の夫人であり、小林冨佐雄は長男である。なお、第3表から落ちてはいるが、春子の子供である邦枝とは三回、[38]冨佐雄の富士子夫人とは一回、[39]他会で同席している。なお、三男の小林米三は、小林の自会に茶客として一回参席している。[40]小林家では一家を挙げて茶の湯を楽しんでいた。

芦葉会ほか

加藤義一郎をはじめとして上位に名前を連ねているのは、次のような人々である。

銭高久吉（二松庵、三四回）、山内金三郎（神斧、二五回）、生島房次（丹庵、二四回）、山田多計治（曠庵、二三回）、山田岸太郎（禾庵、二〇回）、坂田作治郎（日々軒、一九回）、河合幸七郎（宗那、一四回）、今枝善隆（半庵、一四回）、森繁夫（小竹園、一四回）、中井新三郎（浩水、一三回）

彼らは、戦前から小林が主宰していた芦葉会の会員であり、昭和二十五年（一九五〇）八月二十九日に、森繁夫の追悼茶会として芦葉会が行われているにもかかわらず、一四回の同席で森繁夫が第一〇位に名前を連ねていることは、芦葉会における森の活動が如何に活発であったかを物語っている。なお、彼らに続く藤木正一（正庵、一二回）は渓苔会の、南喜三郎（帰耕園、一一回）は北摂丼会の会員であった。なお、これまで名前の出てこなかった岸本五兵衛（彩星童人、一〇回）、古賀勝夫（竹世堂、一〇回）、別府哲二郎（竹葉、九回）も芦葉会の会員である。

その中にあって一一回の小西完子（梅芳）と、一〇回の和田久左衛門（臨陽軒）の二人は看過できない。小西完子は、小西新右衛門夫人であり、薬師寺会の会員ではあるが、小林の主宰する他の諸会には加わっていない。『日記』に昭和二十五年二月に「逝去[41]」と記されるまで、同二十二年八月の小西の急逝後も、関西の著名な茶人の茶会で同席している。また、和田久左衛門は、小林の諸会の会員ではないが、「小西業精一周忌追善茶会」(42)や「白鶴翁双寿茶会」(43)など、関西を代表する近代数寄者の茶会で同席している。小林と茶の湯を通じた深い交流があったと考えられる。

延命会

関東在住者としては松永安左ヱ門が二六回で第四位に位置しており、田辺加多丸(二二回)、服部玄三(九回)、畠山一清(八回)、五島慶太(八回)が続く。田辺は小林の異母弟で、これらの人々は関東を舞台とする延命会の会員である。なお、第3表では五回以上の、斎藤利助(平山堂、七回)、荻野仲三郎(七回)、梅沢彦太郎(曙軒、五回)、篠原三千郎(五回)、鈴木貞太郎(大拙、五回)なども延命会の会員である。

逸翁の茶客

第4表は、小林の自会に招かれた茶客の集計表である。四回以上の三四人の茶客は全員、三回であっても著名と思われる茶人の氏名を書き上げた(44)。今回、構築したデータベースに限ったとしても、小林の茶客は三〇〇人を超えており、小林を囲繞《いじょう》する茶の湯ネットワークが巨大であったことを示している。ただ、全体の六七・六パーセントは一回のみの茶客であり、二回の五一人を加えると八割を超える。

第2表と第3表の検討で何回か名前の出ている人物を確認できるが、煩雑さの軽減のた

第4表 小林逸翁の茶客集計

回数(回)	人数(人)	氏名
17	1	加藤義一郎
13	1	服部章三
10	3	小沢亀三郎　生島房次　斎藤利助
9	2	山内金三郎　古賀勝夫
8	2	佐々木敬一　南 喜三郎
7	3	松永安左ヱ門　北川正重　高原慶三
6	3	藤井卯兵衛　田辺加多丸　乾 豊彦
5	6	坂田作治郎　生形貴一　銭高久吉　服部玄三 橋本凝胤　湯木貞一
4	13	根津嘉一郎　小川堅三郎　高橋義雄　畠山一清 児島嘉助　河合幸七郎　瀬津伊之助　藤木正一 堀口捨巳　西尾正七　山田多計治　小西完子　北尾 清
3	28	仰木敬一郎　磯野信威　沖原弁治　戸田大三 辻 嘉一　河瀬虎三郎　五島慶太　川部太郎 佐分雄二　細見 良　渡辺丈太郎　水谷川忠麿 矢代幸雄　今枝善隆　渡辺英一　小林一三夫人 乾 豊彦夫人
2	51	
1	236	
合計	349	

めに繰り返さない。第4表には第2表と第3表にはない、佐々木敬一（三味、八回）、高橋義雄（四回）、堀口捨巳（四回）、仰木敬一郎（三回）、辻嘉一（辻留、三回）、佐分雄二（三回）、矢代幸雄（三回）、乾豊彦夫人（三回）の八人が登場する。佐々木敬一は、『茶の道五十年』の著者である。小林の没後に『日本美術工芸』の誌上に二回にわたって「逸翁先生と私」と題する追想文を執筆しており、その内容が[45]、回数の増加につながった。高橋義雄は改めて述べるまでもない。堀内捨巳と仰木敬一郎は高名な数寄屋建築家で

ある。また、矢代幸雄は美術史家として名高い。乾豊彦夫人は夫である乾豊彦(不鬼庵)と同席が多かった。辻嘉一は加藤義一郎や佐々木らと一亭三客会を行っていた懐石料理人で、小林の茶会の料理を担当し、[46]一亭三客会のメンバーと共に小林邸に招かれている。料理人としては五回の湯木貞一(吉兆)も忘れることはできない。湯木も小林の茶会の懐石を引き受けている。[47]

三、小林逸翁と諸会

小林一三は、昭和三十二年(一九五七)一月二十五日、翌日の芦葉会の道具組を用意した後、深夜十一時四十五分に急性心臓性喘息で急逝した。[48]この会は「幻の茶会」となったが、茶人として相応しい最期であった。小林は、芦葉会の他にも薬師寺会、北摂丼会、渓苔会、細流会など、関西を中心に一〇を超える茶の湯の集まりを主宰していた。しかし、小林が主宰した諸会の総体像を明らかにした仕事はない。

芦葉会は、昭和十六年(一九四一)十月一日に第一回が開かれた。[49]薬師寺会は、奈良薬師寺の橋本凝胤管長が『追想』に収録された「逸翁奇智」で、「東京で仏教を聞く会を持ちたいと言う松永耳庵翁の発起で」[50]と書いているように、発端は、松永安左ヱ門であり、当初は東京で開催されていたが、その後、諸般の事情から大阪府池田にある小林本邸雅俗山荘で開かれるようになった。さらに、昭和十九年（一九四四）十二月五日の薬師寺会には、下阪中であった松永の参加が判明する。[51]

これら昭和戦前に発足した芦葉会や薬師寺会の活動を明らかにできる資料は、芦葉会については『逸翁美術館年報』とそれを継続した『阪急文化研究年報』の誌上で「芦葉会記」の翻刻が進められているものの、薬師寺会に関する資料は刊行されていない。そこで、本節では芦葉会については翻刻資料を使用するものの、基本的には『日記』や『大乗』など、公刊されている資料をデータソースとして、小林が関わった諸会の実態を明らかにしていきたい。ただ、南陽一日会は、『日記』によれば、席上で茶が供せられたこともあるが、池田在住の日本画家樫野菅八（南陽）を囲む会で、茶会とは性格が異なっており、別に扱う。さらに、延命会は関東での活動が中心なので、第三章第三節「東都の茶友たち」で検討する。

雅俗山荘内部（現・小林一三記念館）
（阪急文化財団提供）

晩年十二年間の諸会

ところが諸会の『日記』への登場には精粗があり、茶会へのコメントにも差が存在する。第5表は、『日記』に記された、昭和二十年（一九四五）一月十七日以降に小林が主宰した諸会に関する記事の、年別、自会・他会別の集計表である。並べ方は回数の多い順とした。橋本凝胤は『追想』の「逸翁奇智」で薬師寺会について、「毎年八月は暑中休暇、一年十一回の会合で廿数年、すでに二百五十回に及んでいる[52]」と、述べている。「廿数年」と「二百五十回」は誤りであるものの、引用にあるように、年一一回は開かれていたとするならば、それを下回っている年もある。薬師寺会をふくめて、第5表の諸会の開催数は『日記』で確認できた点は改めて注意を促しておきたい。実際はもっと多かったと考えられる。事実、『大乗』の「山田禾庵古稀茶会」には、「一月（昭和三十一年：齋藤）二十二日、伊丹扇町のあけび茶寮へ、山田禾庵君当番の芦葉会におもむく。今度で何回くらいになったろうと聞くと、百八十五回になると云う[53]」と記されている。

第5表によれば、回数では芦葉会と薬師寺会が一〇〇回を超え、五二回で第三位の渓苔会以下に差をつけている。しかも、他の諸会とは異なり、昭和三十年代初頭まで、ほぼ切れ目なく続き、戦後の小林の茶の湯活動の中心が芦葉会と薬師寺会であったことを示している。しかし、一〇五回の薬師寺会が自会であったのに対し、一〇九回と回数では首位に

第5表 諸会開催記事集計（単位〔回〕）

会名		昭和20	21	22	23	24	25	26	27	28	29	30	31	32	小計	合計	会員数
芦葉会	自会	①	②	①	①	②	②	①		③	③	①			⑰	109	25(3)
	他会	8	9	11	8	8	7	11	4	5	9	6	6		92		
薬師寺会	自会	⑦	⑦	⑪	⑪	⑪	⑩	⑧	⑦	⑦	⑨	⑥	⑩	①	(105)	105	39(4)
渓苔会	自会			①	①	③	①	②	①	①					⑩	52	10(1)
	他会			7	10	6	8	5	4	2					42		
細流会	自会							②	②	②	①	①			⑧	39	10(1)
	他会						3	6	5	5	6	6			31		
北摂丼会	自会										③	②	②		⑦	27	9
	他会										8	7	5		20		
半七会	自会					①									①	9	11
	他会	1	3	4											8		
山中世話会	自会						①								①	6	6
	他会					2	3								5		
十七日会	自会					①									①	4	7
	他会					1	2								3		
三客一亭会	自会						①			①		①			③	3	4(1)
十八日会	自会					①	①								②	2	
南一会	自会			②				①							③	33	8
	他会	7	5	4	4	4	2	2	1	1					30		
合計	自会	⑧	⑨	⑮	⑬	⑲	⑯	⑭	⑩	⑬	⑯	⑪	⑫	①	(157)		
	他会	16	17	26	22	21	25	24	14	14	23	19	11		232		
	計	**24**	**26**	**41**	**35**	**40**	**41**	**38**	**24**	**27**	**39**	**30**	**23**	**1**		**389**	

〇で囲った数字は自会を示す。 括弧内は臨時の参加者。

立つ芦葉会では、小林の自会は一七回と少なく、会員の開催した茶席に参席した他会が九二回にのぼり、二つの茶会は性格が異なっていた。

芦葉会

『日記』や小林の著作で、比較的まとまって芦葉会のコメントが書かれているケースは五回である。小林没後に逸翁美術館の副館長を務めた加藤義一郎は、『追想』に収録された「お手紙に偲ぶ」で、次のように書く。

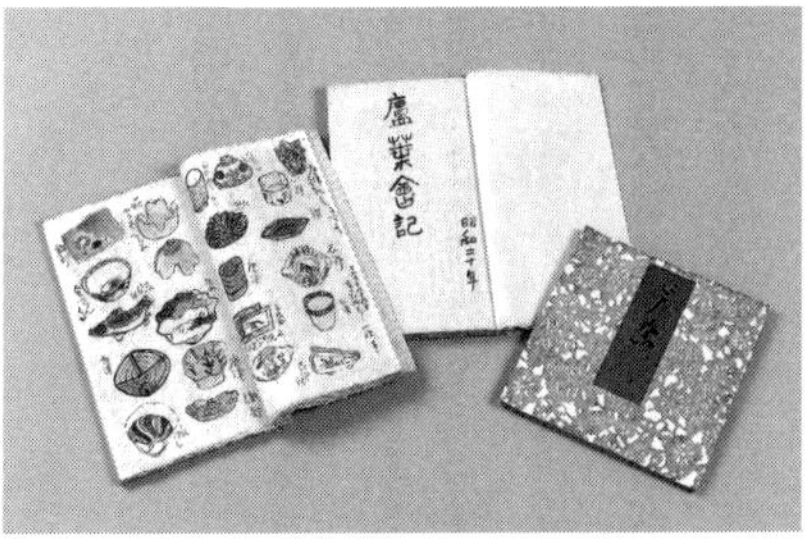

「芦葉会」会記　全16冊
（逸翁美術館蔵）〔口絵参照〕

「芦葉会」も雅俗山荘で始まった。田辺加多丸先生が焼物趣味を指導される一団体を、山荘での一会に誘引されたのがきっかけで、その時の人達が会員となって毎月一回当番廻り持ちの茶会である。『阪急美術』主幹の山内さんがずっと世話をされた。芦葉会の名は当時先生が『阪急美術』に「芦葉の雫」という題で随筆を連載されていたので、その『芦葉』を会の名に貰ったのだが、芦葉とは『ロハ』つまり『只（ただ――無償）』で貰った書画を次ぎつぎと披露されたのである。先生はそんな酒落が随分好きだった。(54)

「田辺加多丸先生」は小林の異母弟であり、昭和十八年の『帝国銀行会社要録』第三一版で、東京宝塚劇場の取締役への就任が確認できる。また、「山内さん」は山内金三郎（神斧）である。なお、加藤の追悼文には芦葉会の開始時期が記されていないが、『日本美術工芸』の二二四号には、芦葉会の生れたのはその前年（昭和十六年：齋藤）の九月一日、その日西下中の田辺さんを迎えて今枝氏斡旋の小集が竹葉亭で持たれたところ、恰もその日逸翁先生は一年前の蘭印行記念の釜をかけていられ、田辺氏に有志があれば一服献じようと云われたところからその全員が参じた。そこで生れたのである。[55]

とあり、昭和十六年（一九四一）九月一日が端緒であった。ただ、『日本美術工芸』の二二五号の山内金三郎の「逸翁先生追悼」では、「芦葉会の第一回は昭和十六年十月五日[56]」と記されている。なお、「田辺さん」とは田辺加多丸、「今枝氏」とは今枝善隆（半庵）のことである。『日記』は、公表を前提としていないために、「茶会記」には書かれない茶会の裏話や、辛辣な人物評が記されている場合も少なくない。しかし、茶客の省略も多く、茶客の確認に困難がともなった。第6表は、『日記』の記述を基本として、『日本美術工芸』や『大乗』といった資料、また、佐々木敬一『茶の道五十年』や『新修茶道全集』巻五の「昭和茶道人国記」を使用して構築したデータベースと付き合わせ作成した芦葉会会員の一覧表である。なお、煩雑さを軽減するために、同席した会員夫人は略した。以下、本節の諸会の会員表は同様の手法で作成したものである。

第６表 芦葉会の会員

氏名	雅号	居所		亭主	備考
山田多計治	曠庵	兵庫	芦屋	15	◎、＊
藤井卯兵衛	山水居	大阪	高林	10	＊、不染居ともある。大阪鋼材監査役
河合幸七郎	宗那	大阪		9	◎、＊、玄庵ともある。河合ダンス社長
銭高久吉	二松庵	大阪		8	◎、＊、銭高組会長
山田岸太郎	禾庵	兵庫	住吉	8	◎、＊
今枝善隆	半庵	兵庫	芦屋	7	◎、＊
岸本貞次郎	汀水庵		芦屋	7	＊、汀石ともある。岸本汽船取締役
加藤義一郎	櫟庵	京都		4	◎、＊、美術評論家
水谷川忠麿	紫山	奈良		4	談山神社宮司、昭和22年5月17日入会
森繁夫	小竹園		八尾	3	◎、＊、民間国文学者
中井新三郎	浩水	大阪		2	◎、＊、阪急美術嘱託
山内金三郎	神斧	大阪		2	◎、＊、『阪急美術』編集長
山脇友三郎	山径			2	＊、離艸庵、踏青庵ともある。竹中工務店社員、昭和23年4月12日死去
沖原弁治	月波庵		豊中	1	一乗庵ともある。大阪重油炉製作所社長
別府哲二郎	竹葉	大阪		1	◎、＊、割烹店主、昭和20年3月新入会
湯木貞一				1	割烹店主
生島房次	好日庵	大阪			◎、道具商
岸本五兵衛	彩星				玩具蒐集家、昭和21年3月6日死去
北尾清			宝塚		オーエス映画取締役
黒田正玄					◎
古賀勝夫	竹世		芦屋		道具商
坂田作治郎	日々軒	大阪			◎、道具商
田辺加多丸	無方庵	東京			◎、小林一三の異母弟
蜷川第一					仁清研究家
福田頼三			池田		
堀口捨巳					臨時、茶道研究家
高原慶三	杓庵		京都		◎、臨時、茶道研究家
細見良	古香庵	大阪	泉大津		来賓、毛織物商
(亭主不明)				10	

◎は『日本美術工芸』二二四号、四八頁の第七回芦葉会の写真にある。
＊は『大乗茶道記』の「春日大社神饌所茶会」に「及老生全員十四名」とある。

芦葉会への参加者は「臨時」や「来賓」と記された堀口捨巳ら三人をふくめても二八人である。芦葉会の「会員名簿」は未見であり、芦葉会会員の悉皆調査でない点は、注意を促しておく。残念な

芦葉会集合写真（昭和17年5月、銭高邸）（阪急文化財団 提供）

がら居所や職業が不明である会員も多い。今後の調査に待ちたい。

　亭主名が「山田」[57]とのみ記され、山田多計治（曠庵）と山田岸太郎（禾庵）の区別が出来ない昭和二十二年（一九四七）三月三十日のケースと、会員の別府哲二郎（竹葉）と山内金三郎の共催である昭和二十六年（一九五一）五月五日の田辺加多丸の追悼茶会[58]の二回をふくめて、亭主不明のケースは一〇回にのぼるが、小林と亭主を務めている一六人が芦葉会のメンバーであった。『大乗』に収録された、昭和二十二年五月二日の水谷川忠麿（紫山）に招かれて参加した「春日大社神饌所茶会」[59]に名前が列挙されている、小林をふくめた「全員十四名」に付したアステリスク（＊）と一致する。七回以上亭主を務めている七人が芦葉会の活動の中核となったのであろう。

　亭主を一回務めているアステリスクのない沖原弁治（月波庵）宅での例会[60]と、湯木貞一（吉兆）が割烹料理屋吉兆で開いた「河合宗那追福茶会」[61]は、ともに小林の最晩年である昭和三十一年（一九五六）のことであり、沖原と湯木の二人は後年の入会者であろう。

芦葉会の場合、敗戦直前に芦屋の山田多計治宅で開かれた昭和二十年（一九四五）八月五日の会を忘れることはできない。出席者名は不明だが、『日記』には道具組を中心に当日の様子が書かれている。一方、『大乗』には、

全員集った頃、敵機集団来襲の警報が響いた。これから席入りという時であったから、サテどうしたものかとお互に顔を見合わせる。暫く黙然として佇立する。壕へ避難したものか、とささやいている時、主人泰然として出迎えられたので、オヅ〳〵と、空を見上げながら、順次入席したが、幸いに来襲の模様もなかったので、一順終了[62]

とある。その夜、住吉、御影、芦屋、西宮方面は空襲を受けた[63]。また、翌六日には広島に原子爆弾が投下された。山田多計治は、この日を記念して翌二十一年から二十六年にかけて八月五日には芦葉会を開いた。小林も『日記』に次のように記している。

山田曠庵の芦葉会にゆく。昨年の今日こゝのお茶事中に空襲警報アリ皆々アハタヾシク退散、同夜西宮、芦屋、御影一帯の大空襲にて数十万戸爆破消滅、幸に当庵ハ無事であつたその記念として今日再び此日を選んで会合[64]（昭和二十一年）。

山田曠庵宅にゆく。戦時中空襲に遭つた記念日として毎年当日開催されるので会員全部が張きつてゐる[65]（昭和二十三年）。

山田曠庵宅の空襲記念の茶会に出席。顧みれば、早くも丸五年たツた、今月今日、空襲警報がシバ〳〵なり響く最中に、芦葉会当番幹事たる当宅にて運を天に委せて大胆にもお茶を続行した（中略）其夜から六日の朝方まで住吉、御影、西宮一帯が灰燼に帰した惨憺たる光景を追懐し、毎年此日を山田曠庵邸の記念日として炎暑もおそれず集まる[66]（昭和二十五年）。

空襲警報のなり響く終戦の年の今日は芦屋山田曠庵宅に於て芦葉会があつた。毎年々々今日を記念として曠庵のお茶事に集るのも楽みである[67]（昭和二十六年）。

なお、昭和二十二年は「芦葉会当番幹事山田曠庵宅にゆく[68]」、同二十四年は「山田曠庵当番幹事吉例芦葉会にゆく[69]」と、短い記述にとどまっている。また、昭和二十七年以降、小林は夏季には避暑に六甲山ホテルへ長期間滞在するようになり、『日記』に八月五日の芦葉会の記事は登場しなくなる。

薬師寺会

小林の戦争末期の茶の湯の活動はこれにとどまらない。芦葉会があった翌々日の八月七日には第三八回薬師寺会が開かれている。米軍機の本土空襲は前年の十一月に開始されており、『日記』でも昭和二十年三月中旬から空襲の記事が増大していた。実際、同年六月五日の薬師寺会は空襲でお流れとなった。(70) しかし、七月の第三七回薬師寺会の席上で、

例年八月は休会するのであるが会員の希望にまかせ、こういふ際であるから、イツ、何時、誰彼と言はずどうなるか判らない運命の許に於て、出来る丈、つゞけ得る丈、開会したいといふので八月七日十時から第三十八回を開くことになつた。(71)

とある。沖縄で守備隊が全滅し、敗色濃い中で、「本土決戦」が声高に叫ばれている状況下にあった。その上、八月五日夜の空襲で交通の便は悪化し、参加者は「甚ださむしかった」(72)とあるものの、第三八回薬師寺会は開かれた。小林は七月の引用文に続けて、「こう

いふ会が開会出来るといふことは何といふ幸福な事であらう」[73]と書いている。橋本管長の話は「人間の生死に関する問題」[74]であった。戦争の最終局面にあっても茶の湯に「遊ぶ」、最後の近代数寄者としての面目躍如たるところである。

さて、薬師寺会のコメントは長短二四回を数える。第7表は薬師寺会の会員一覧表である。薬師寺会には夫婦揃って参加しているケースが多く、一〇組が確認できるが、ここでは夫人を略さなかった。会員数は臨時の四人をふくめて四三人にのぼる。主宰した諸会では最大規模である。勿論、第7表に登場している会員が一堂に会したわけではない。『日記』では出席者名が記されている方が珍しく、『日記』に加えて、『追想』や『日本美術工芸』に載った橋本管長の記述に依拠している。したがって、出席回数を論じる意味はない。

会員全員の居所は判明していないが、小林が大正初年頃から店舗に出入りしていた斎藤利助と、「臨時」と記されている松永安左ヱ門や瀬津伊之助(雅陶軒)といった関東の数人を除くと、薬師寺会会員は、基本的に関西居住者が中心であった。毎回講話を行った橋本凝胤は、『日本美術工芸』二二二号の「逸翁を偲びて」で次のように書いている。

お説教には、主として人間生活と宗教の必要性、宗教特に仏教の特質、国家と宗教の

第7表 薬師寺会の会員

氏名	雅号	居所		備考
生島房次	好日庵	大阪		＊、道具商、世話人
岩崎真三			膳所	＊、陶工
生形貴一	朝生庵	大阪		＊、茶匠
賀集和三郎				◎、鐘紡社員
加藤義一郎	櫟庵	京都		＊、美術評論家
加藤春代		京都		＊、耳鼻咽喉科病院長夫人
北川正重	無庵			◎、道具商
清滝幸治郎夫人				◎、池田銀行頭取夫人
小西新右衛門	業精	兵庫	伊丹	＊、酒造蔵元
小西完子	梅芳	兵庫	伊丹	＊、小西新右衛門夫人
斎藤利助	平山堂	東京		道具商
坂田作治郎	日々軒	大阪		＊、道具商、柏樹庵ともある。
坂田作治郎夫人		大阪		＊
佐分雄二				＊、華道家
塩野義三郎				＊、塩野義製薬社長
塩野義三郎夫人				◎
銭高久吉	二松庵	大阪		＊、銭高組会長
銭高久吉夫人		大阪		＊
田岡				＊
田岡夫人				＊
田島正雄	正泉荘		新伊丹	＊、大阪商工会議所会頭
鳥井春子				＊、鳥井吉太郎夫人と表示。
中橋武一				＊、大阪建物会長
中橋武一夫人				＊
庭山女史				◎
林原兼賢	不染庵		岡本	◎
林原兼賢夫人			岡本	◎
久田宗也	無適斎			『わが茶日夕』、茶匠
平賀太郎			豊中	＊
平賀太郎夫人			豊中	＊
松岡節				松岡辰郎夫人と表示。
松岡千恵子				＊、松岡千恵子夫人と表示。
水野愚陶				＊、陶工
南 喜三郎	帰耕園		雲雀丘	＊、宝塚ホテル社長
村山長挙			御影	朝日新聞社会長
村山長挙夫人			御影	
柳生彦蔵		奈良		◎、道具商
和田徳之助			新稲	＊
和田徳之助夫人			新稲	＊
沖原弁治	月波庵		豊中	臨時、大阪重油炉製作所社長
瀬津伊之助	雅陶軒	東京		臨時、道具商
松永安左ヱ門	耳庵	東京		臨時、『わが茶日夕』
宮原夫人				臨時

＊は『小林一三翁の追想』の橋本凝胤「逸翁奇智」による。
◎は『日本美術工芸』二二二号の橋本凝胤「逸翁を偲びて」による。

関係、日本人の宗教、現代の宗教、宗教と科学、文化と宗教、将来の宗教、宗教と知性、宗教と道徳、儒教は宗教なりや、日本仏教の宗教性、近代思潮と宗教、人生一大事因縁、因果縁起の問題、死の問題、茶と人生、真の茶道など多彩なテーマを立てて話して来た(75)。

薬師寺会に対する小林の意気込みは大変なものだった。戦時下の昭和二十年四月十日の『日記』には、次のように綴られている。

この騒々しい時局に拘らず、雨を侵して集る出席者が十四名、近頃滅切り沈滞勝の生活に此会だけが光明を与へてくれるので実に嬉しいと感謝してくれるので、私の方でも、出来る丈奮発して秘蔵の名品を御覧に入れることにした。こういふ機会に一年も二年も取出したことも、見たこともない掛軸やお茶碗を持出して、倉庫の中を出たり這入つたり、腰が痛くなるまで奔走するのも我ながら苦笑を禁じ得ないほど嬉しい(76)

「高齢化」が社会問題となっている現在の日本では珍しくはない光景だが、昭和二十二年（一九四七）の日本男子の平均寿命が五〇・一歳であったことを考えると、七二歳の小林が「老骨」に鞭《むち》打って薬師寺会の準備に奔走している姿は、小林の薬師寺会への思い入れの強さを雄弁に物語っている。

逸翁の橋本批判

しかし、『日記』を見ていくと、橋本凝胤の講話に対して小林は批判的である。全てを紹介できないが、主なものを拾ってみる。

『食』のお話、印度仏典中の食に関係のある文献、唐以前の食物の話など一寸面白いと思つたが、結局、国民の長寿問題を離れて、其国々に自然に発達した径路を考えるとモット面白い物語になると思ふが、そこ迄進んで居らなかつたのは惜しい(77)

戦時中の、時機を得た話題として感心もしており、批判というよりも注文付けといった口吻だが、戦後になると俄然《がぜん》批判的な文言が増えてくる。

どうも管長サンのお話もピンとこないで困る。全体宗教家の大衆に対するお話も忠国愛国の国体感念を基調として信仰を説き、地獄極楽、神や仏を説いて来た従来からの思想がそのまゝ受入れられるかどうか、中々六ケ敷し《（ママ）》い世の中になるので、お寺の坊さんは葬式のお役目より外に用はない、従つてお寺も信仰の中心から離れて其存在が怪しくなる時が来たのではないか。世相変革、新しい日本が生れんとする時であるから、当方は薬師寺会もお茶で遊ぶのを主とすることになると思ふ。(78)

要するに、橋本凝胤の講話は時代に合わないと言っているのであり、批判のトーンは次第に激しくなり、ついには明確に「反対」を表明する。

橋本管長サンの講話は皆サンが大分感心せられた様子。加藤君にお願して「美術工藝」の原稿にしたらばよいと思ふ。然し私は此説が「美術工藝」に掲載されたならば反対の意見を言ふつもりである。(79)

「美術工藝」とは『日本美術工芸』のことで、橋本原稿の掲載と、同誌上における小林の反論は実現しなかったが、橋本批判のボルテージは一層上がる。

お話は明治天皇の「心だに誠の道に叶ひなば祈らずとても神や守らん」といふ御製に対し批評されたが、人間は自分丈正直であればよい、悪いことをしなければ、俯仰天地に愧ぢなければ、神仏にすがる必要はない。必ずしも宗教の力をかりる必要はないト言ふ近代人の考へ方ではイケナイ。どうしても、モッと深く考へて宗教の力、信仰の力によつて其安心立命を――動かぬ基礎を思想的に持たなければイケナイといふ風に説教されたがピンと来ない。病人が根絶すれば医者も病院もいらない。悪行の人が根絶すれば裁判所も監獄もイラナイ如くに、国民が至誠の大道を歩ゆんで立派な人達になれば宗教の必要もなく又信仰に基づく安心立命の感念なぞは自然に消滅するにきまつてゐると思ふ。明治天皇のお歌は国民教育のポイントであつて立派な国民を育成する為めの訓誡であるから、既に宗教の自由をみとめてその信仰の大切なることを容認してその以上のことを説いてゐるので管長さんの如き意見は間違つてゐる(80)

と断定している。そしてついには、「橋本管長の講演、学者かぶれにて悪い影響を受けて困ると思つた。坊サンにどう説教すればよいか、俗人がお寺サンを救はなくてはならぬので閉口也(81)」とまで書くようになった。一方、橋本としても小林の態度には気付いており、松永安左ヱ門に次のように語っている。

私がどんなに一生懸命、話をしても、ちっとも感心した顔をしない。知らん顔をしている。普通の人なら感激する程、調子を高めて話をしても――仏教の話、或は世間の話をするんだが、一度も質問したことがなければ、感心したこともないらしい。その代わり欠伸もしないし、居眠りもしないで、ただ、黙って聞いていて、一時間でも二時間でも知らん顔です。[82]

渓苔会

渓苔会へのコメントは三回と少ない。渓苔会は昭和二十二年（一九四七）二月に雅会としてはじまったが、世話人の道具商小沢亀三郎（渓苔堂）が二十七年五月に急逝したために、翌年四月以降は開催されなくなる。また、『大乗』に、「小河愛媒（ママ）居翁を囲んで、書画骨董に清遊する同人の集りを細流会と呼ぶ。蓋し小河にちなみて清麗なる細き流れの滾々として尽きざるを祝うての命名なりと聞く[83]」と、細流会への比較的まとまったコメントは四回であるが、『日記』では辛口のコメントが多い小林には珍しく、小川堅三郎（愛楳居）への褒《ほ》め言葉が綴られている。個人でこれほどの讃辞を受けているのは他に

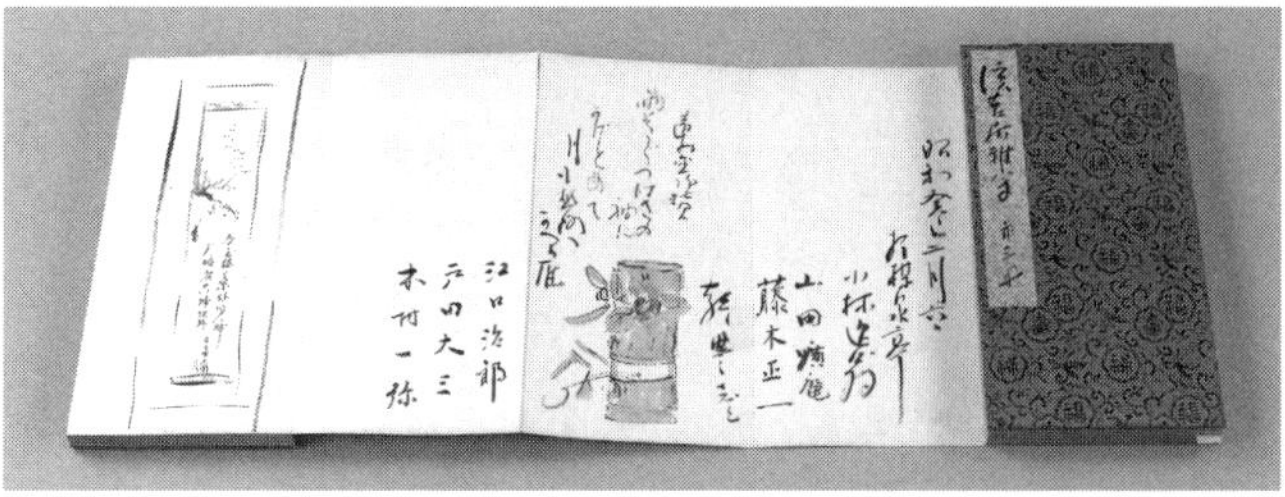

「渓苔居雅会」会記（逸翁美術館 蔵）〔口絵参照〕

はいない。煩を厭《いと》わず紹介したい。

小河《マ》謙三《マ》郎君は最高の道具持として有名である[84]（昭和二十三年三月）。

天下一品式に最高の道具を集めて居るので評判である丈、使用の器物完全無欠秀逸のもの、み也。大雅堂の翠柳山水、キヌタ青磁筍の花瓶、赤玉小丸香合、古九谷松竹梅の中皿十客、祥瑞ネジの大皿十客等いづれも無疵にて美麗也[85]（昭和二十三年五月）。

書画骨董界に於ては、最優等品を独占せんずの大手筋で、逸品の蒐集家として有名人である。（中略）使用の器物は一級品ばかりで嬉しかつた[86]（昭和二十三年十月）。

斯界の雄なるもの天下一品の名器を持つてゐる人だけに、話がはづんだ[87]（昭和二十三年十二月）。

流石に奇麗好みの御主人だけあつて使用の器は天下一品の

ものばかり、満福満腹して四時帰宅す。久しぶりで大乗茶道記に面白い茶会記がかける[88]（昭和三十年十月）。

ちなみに、最後の記述にある「茶会記」は『大乗』に「愛媒《ママ》居新邸の茶事」と題して収録された[89]。

北摂会

『日記』は昭和三十二年（一九五七）一月十九日で止まったために、小林の最後の茶会となった翌二十日の北摂丼会は第5表に登場しない。会員であった宝塚ホテル社長の南喜三郎（帰耕園）は『追想』に収録された「小林さんと観光・映画・テレビ・お茶」で、

パージを受けられた小林さんは、悠々自適の生活の中で、多年研鑽された茶の道に深く入られると同時に、私達に盛んにお茶をすすめられました。こうして池田周辺の人々がお茶事に集まることが多くなり、北摂茶会が開かれ、ドンブリ一つでもお茶はできるということから通称『丼会』が生まれました。お茶をやられる小林さんは実に良いお爺さん

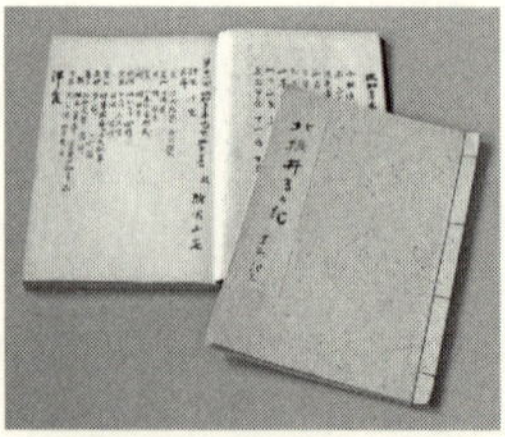

「北摂丼会」会記　全2冊
（逸翁美術館蔵）〔口絵参照〕

北摂丼会で点前する晩年の逸翁
（昭和31年3月11日）（阪急文化財団 提供）

で、仕事をされる時のあの鋭さは、何処にも見えない生来の茶人でした。[90]

と書いている。昭和二十九年（一九五四）二月九日が「発起式[91]」の北摂丼会は、小林が主宰した諸会の中で最も遅い発足であるが、第5表での年間開催数は九回と、薬師寺会に匹敵している。北摂丼会は、小林が既存の茶界に向かって行った、茶会のあり方や懐石改革を内容とする「新茶道」の呼びかけの実践の「場」という性格をもっていた。小林最後の自会が雅俗山荘の楳泉亭《ばいせんてい》における北摂丼会であったことは、因縁めいたものすら感じられる。北摂丼会の会員ではないがオーエス映画劇場社長の川端直信が、『追想』に収録された「自由の好きな小林先生」で、

丼会と云うのがある。これは先生はお茶を好むのであって、茶碗やその他の茶道具を云々すべきではない。茶碗は丼でいいんだとして自ら造られた茶会で、大いに先生の

面目が現われていて面白いと思う。(92)

と書いている。「丼会」は北摂丼会の略称ではあるが、川端の「大いに先生の面目が現われていて」という文言に北摂丼会の性格がよく現れている。

第8表は、北摂丼会の会員の一覧である。八名と少ないが、多くが雅号を有し一廉《ひとかど》の茶人の集まりであり、小林も次のように賛辞を惜しまない。

> 丼会当番南君邸也。帰耕園新席の披露にて全員参集、トテモ奮発した茶会にて丼会の精神に反するのであるが、新席開きとて不得味已か。(93)
>
> 丼会当番白壁ドクトルのお宅にゆく。丼にあらずして丁重なお会席であつた、(94)
>
> 丼会奥村君当番中山の中山荘にゆく。（中略）お濃茶、おうす共に上出来、それよりも感じたことは平素のお住ひをスツカリお茶事に出来るやうに手軽に改装し得たこと

第8表　北摂丼会の会員

氏名	雅号	居所	備考
北川正重	無庵	矢間	世話人、道具商
清滝幸治郎	平相庵	池田	池田銀行頭取
白壁武弥		池田	医学博士
西尾正七	正遊庵	山下	
南喜三郎	帰耕園	雲雀丘	宝塚ホテル社長
村岡金一	一庵	雲雀丘	京阪社長
山本発次郎	竹籠斎		籠師
奥村伊蔵		中山	

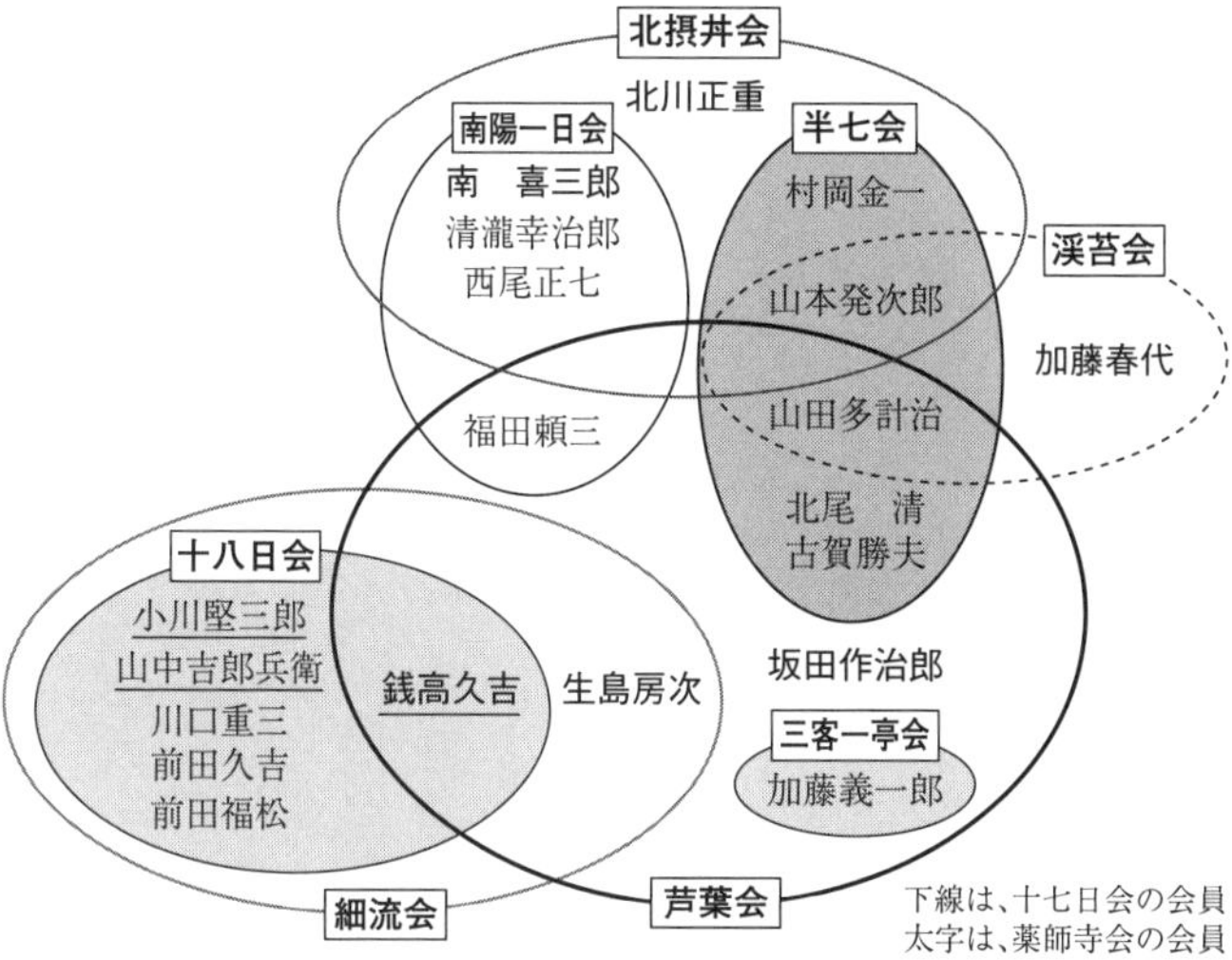

第1図　諸会の相関図

で、これは正に茶人でなければ出来ない芸当だと感心した。[95]

諸会の相関関係

細流会、半七会、渓苔会などの諸会は、会員名はある程度判明し、小林の著作に「茶会記」も散見されるが、活動実態は詳しく判らない。これまでの記述にも複数の会に名前が挙がっている会員も少なくなかった。第1図は、複数の会に参加している会員を属する会ごとにグルーピングしたものである。一〇の会の二〇名が確認できる。第1図には茶会としての性格は薄いが、次に取り上げる南陽一日会も掲げておいた。勿論、名前の挙がっている彼等を中心として諸会に所属している多くの会員が第1図の外側に展開し、主宰者である小林を囲繞しているのである。ちなみに、延べ会員数は一二九名に達する。

会員数では八名で芦葉会が首位に立ち、七名の細流会が続く。加えて三位の薬師寺会、十八日会、北摂丼会など諸会が小林の関西における茶の湯活動の中核を形成していることが確認できる。会員同士の結び付きでみると、細流会と十八日会で六名、芦葉会と半七会で三名、北摂丼会と南陽一日会で三名など、諸会での会員の顕著な重複が浮かび上がる。

第1図では、これまで名前の出てこなかった銭高組会長の銭高久吉(二松庵)が、五つの会に顔を出しており、最も多くの会に関わっている。この銭高久吉に加えて、生島房次(好日庵)、山田多計治(曠庵)、小川堅三郎(愛楳居)、山中吉郎兵衛(春篁堂)、南喜三郎(帰耕園)、山本発次郎(竹籠斎)ら三つの会に所属する六人が、関西で小林と深く関わった茶友たちであった。しかし、南喜三郎が宝塚ホテル社長、生島房次と山中吉郎兵衛が道具商であることは判明するものの、社会的地位が不明である者も少なくない。今後の調査に期したい。

南陽一日会

南陽一日会は、小林が主宰した諸会の中にあって、茶の湯を目的とした会ではなく、池田在住の日本画家樫野萱八(南陽)を囲む会である。『三昧』に収録されている昭和十三年（一九三八）一月に書かれた「新画追憶の話」や、小林の明治期の日記である『日記』一に散見された、明治三十年代の東京において関係した絵画を通じたネットワークと、同様の性格をもつものである。明治期の美術をめぐる活動は、第一章「数寄の世界へ」の第三節「新画のネットワーク」で検討した。

南陽一日会の発足の経緯を、会員の能勢電気軌道社長の松尾源良は『追想』の「奥能勢の清遊」で、次のように綴っている。

この年（昭和十九年：齋藤）も暮れようとする十二月の或日、池田の福田頼三氏が事務所にやって来て、今日、小林先生のお宅へ伺ったところ、「樫野南陽画伯の揮毫会を月一回催し、お互いに一日の清遊を心みることにしてはどうか。松尾君に相談して、できたら来春早々からでも始めたらどうだろう」というお話だった、と知らせに来ました。勿論、私に異論のあろう筈はありません。早速に手配をして、名も「南陽一日会」略して「南一会」とし、明けて二十年の一月、雲雀丘の南喜三郎氏邸で第一回を開き(96)

しかし、昭和二十年（一九四五）一月十七日から起筆されている「我国の運命」と題する『日記』二には、第一回南陽一日会は記されていない。第一回の会合は一月十六日以前であったのかもしれない。

第9表　南陽一日会の会員

氏名	雅号	居所	備考
*櫪野萱八	南陽	池田	日本画家
*清滝幸治郎	平相庵		池田銀行頭取
楠正雄		雲雀丘	昭和21年7月10日新入。
*高木繁			幹事、道具商松月堂
西尾正七	正遊庵	山下	
*福田頼三		池田	
*松尾源良		西能勢	能勢電気軌道社長。
*南喜三郎	帰耕園	雲雀丘	宝塚ホテル社長
八尾			昭和20年6月1日から出席。

*は、『小林一三の追想』の松尾源良「奥能勢の清遊」による。

昭和十九年といえば、七月にサイパン島の守備隊が全滅して陥落し、これを機に東条英機内閣は総辞職に追い込まれた。それより先に、三月には「第一次決戦非常措置令」により、小林の事業の柱の一つである宝塚歌劇の拠点であった宝塚大劇場や東京宝塚劇場は閉鎖された。学童の集団疎開もはじまっていた。情勢悪化の一途を辿る戦時下にもかかわらず、「一日の清遊を心みること」を提案している小林の真意を是非とも知りたいところである。ところが、昭和二十年以前の『日記』は刊行されていない。また、昭和十三年（一九三八）から同二十一年五月までに書かれた小林の論考を取り纏《まと》めた『三昧』にも、南陽一日会の記述はない。

第9表は、南陽一日会の会員の一覧である。西尾正七（正遊庵）、楠正雄、八尾の三名は、松尾源良の「奥能勢の清遊」には名前がない。当初は松尾の書いている六名でスタートしたが(97)、『日記』二には、昭和二十一年十月十八日に「南一会山下の西尾君宅にて開催(98)」とあり、八尾は昭和二十年六月(99)、楠は翌年七月(100)から入会している。幹事の高木繁（松月堂）は道具商である。

南陽一日会は、『日記』にしばしば登場し、コメントも二七回を数える。全てを紹介することはできないが、順を追って読んでいくと、小林の樫野南陽への評価の移り変わりが明らかとなる。四番籤《くじ》で椿の絵を得た昭和二十年四月一日には次のように書かれていた。

> 絵の出来はまだ〳〵未熟である。此先生は頭が進んで、手腕が伴はない、余程遅筆で此度の六枚を書く為めに数十枚を書きつぶしたと聞く。俳句は絵よりもウマイやうだ、俳画には一寸面白いものがあると思ふ。南陽画伯を池田の有名人にしてあげ度いと思ふが、何といつても絵が上手にならなければ駄目だ。酒ずきで、野心のない村夫子然たる田舎絵師で満足してゐるので困る、モット野心を持つて勉強してほしい。此南一会が毎月小品五六枚をならべて批評し合ひ鞭撻したならば奮発《（ママ）》するかもしれない、果して奮発《（ママ）》するだらうか(101)。

最後は「奮発するだらうか」で終わっているが、文全体では小林の樫野南陽画伯を激励したい気持ちが現れている。翌五月には「南陽画伯の作品も、精力をこめて居るから追々立派なものが出来るので嬉しいと思ふ」(102)と記されており、七月には「一番の瀧山水の小品は優作であつた」(103)と、南陽一日会の活動に満足しているようである。ところが同年の八月になると、「旧作秋景山水が秀逸で、一番籤八尾君の手に入る。新作品は余り飛離れて出来のよいものが無い。私は紫陽花を四番籤で選んだ。モット一点でもよい、力作がほしい」(104)と、やや注文めいた口吻が登場している。九月にも「今回の絵は上出来ではない。モツト力作がほしいと思ふ」(105)と綴られている。小林は、昭和二十年(一九四五)十月三十日に幣原喜重郎内閣の国務大臣に任命され、活動舞台が東京へ移ったためか、公職追放を受けた翌年七月まで南陽一日会の記事は『日記』にない。再び登場した二十一年七月十日には、「力作をほしいと思ふ。私は、アヂサイの絹本横物をひいたが、モウ一息だと感心しない」(106)と不満が述べられている。なお、「此月から会費弐百円也」(107)とある。消費者物価指数を用いて計算すると、昭和二十一年七月の二〇〇円は、現在のおよそ二万二、六〇〇円になる。敗戦後の庶民がおかれた経済状況や生活事情からすれば、決して安い会費とはいえない。

南陽一日会の会員たちは、樫野南陽を発奮させるべく、昭和二十一年と二十二年、阪急

百貨店六階を会場に南陽画伯作品個人展観を企画する。その効果か、翌年五月には、

南陽画伯の揮毫画初めて快心の作に接す。入札にて分配、春光狐の図二、一〇五円にて落札す。最高は月下狸、福田君に落札二、三〇五円、皆々大満足也。此調子ならば南陽画伯の向上期して待つべきか。(108)

と、会員「皆々大満足」という記述が見られる。しかし、展観の効果も一時的で、小林を満足させるような作品は続かなかった。それでも「高いけれども不得止買ふ(109)」、「只だ南陽画伯生活のお助にもと思つて高く買ふ(110)」という状況が続いたが、二十四年五月に、「今日は義理で何人も買はないイヤな画を高く入札して帰つたならば家内が拙づいですネといつて非難した(111)」と記されている。幸夫人に絵画を見る特別な眼があったという記述は小林の著作や『日記』には見られないが、「素人眼」にも駄作と写ったのであろう。そして二十五年一月には「傑作がないので一枚も買はなかつた(112)」とある。小林も樫野南陽に見切りをつけ始めたのであろうか。ついに二十五年六月になると、

よい絵がないので失望した。南陽先生はウデは相当にあると思ふから、モット勉強して思索して駄作を排しなければ駄目だ。イツ迄もこんな絵ばかり書いてゐるようなれば南一会も廃止すべしである。(113)

と書くにいたる。『日記』を読んでいくと、その後も南陽一日会は開かれているが、小林の南陽画伯の絵画への賞賛の言葉はない。

昭和二十八年(一九五三)十月十一日の西能勢玉泉寺での松茸狩に際し、樫野南陽の席画の記述(114)を最後に、『日記』に南陽一日会の記事は登場しなくなる。そして昭和三十一年(一九五六)七月三十一日に、樫野南陽は死去するが、『日記』には何ら触れられてはいない。

四、道具商との交流

斎藤利助

小林と道具商との交流を最も古くまで遡れる資料は、昭和三十二年(一九五七)刊行の、斎藤利助『書画骨董回顧五十年』の冒頭に小林が寄せた随想「四十年の交遊」であろう。斎藤は、かつて東京市四谷区尾張町にあった古美術商平山堂の主人で、東京美術倶楽部第五代社長を務めていた。同稿は次のように綴られている。

大正二、三年頃だと記憶する、私は、友人の高山長幸君に誘はれて初めて平山堂に行つた。（中略）中々面白いお道具があるからといはれて、私も行つたのである。（中略）私は祥瑞横瓜の香合を二千何百円で買つて大阪へ持つて帰つて今尚収蔵してゐる。其後独りで時々遊びにゆく。（中略）高麗茶碗遠州銘一葉といふ堂々たるお茶碗に黒い絵のやうな一葉の飛び釉があつて、それにもとづいて銘せられたものであらう、五千円といふ値段であつた。私はそれを大阪へ持つて帰つた。買ふことが出来ずして返却したが、惜しいことをしたと後悔してゐる。(115)

文中にある「高山長幸君」は、慶応三年（一八六七）生まれで、慶應義塾別科を卒業後、小林より一年早く三井銀行に入行し、明治二十六年（一八九三）から二十九年にかけて小林と同じく大阪支店に勤務していた元同僚である。高山は、本店営業部勤務を経て三池、大津、長崎の各支店長を歴任し、明治四十年（一九〇七）に長崎支店長で三井銀行を退職し、翌四十一年に衆議院議員に当選する。したがって、平山堂を訪ねたのは、高山の衆議院議員時代であった。丁度、宝塚少女歌劇をはじめた頃で、『大阪新報』の経営立て直しに尽力していた時期でもある。

斎藤は『書画骨董回顧五十年』収録の「明治大正数寄者銘々伝」の「小林一三氏」で、前述の「四十年の交遊」とほぼ同様の初対面の時の様子を書き、それに続けて、「偶々鹿島家の茶器が出たときのものを大部分お願いした。この中には名物の祥瑞横瓜の香合外数点がありました」(116)と書いている。しかし、二人の記述には、肝心の「祥瑞《しょんずい》横瓜香合」の売買の正確な時期は記されていない。また、小林の「四十年の交遊」にある「高麗茶碗遠州銘一葉」でも、大阪へ持って帰った時期や、返却した時期を確定できない。

しかし、これら複数の記述から推定すると、小林は大正初年には茶道具類の蒐集《しゅうしゅう》をはじめたと考えてよい。なお、「周文真山水」に一五万九、三〇〇円の破格値がつけられた鹿島精一家御蔵品入札は、大正八年(一九一九)六月である。『美術商の百年』によれば、札元には斎藤の名前はない(117)。前述の「祥瑞横瓜香合」は入札によらない茶器の移動であろうか。ちなみに、「祥瑞横瓜香合」は安政二年(一八五五)の「形物香合相撲」番付では前頭に位置し、昭和七年(一九三二)に根津嘉一郎を招いた「大小庵茶会」の際にも使用され、根津も「藍色麗はしく香合番付にも見ゆる名品なり」と記している(118)。

さらに、小林は、『漫筆』第四の「「黄瀬戸」の話」において、「初めて手に入れたのは第一図黄瀬戸半筒茶碗で、大正六年赤星家入札の品である[119]」と書いている。ちなみに、『美術商の百年』によれば、同年六月十一日に開かれた第一回目の赤星家所蔵品入札において、「黄瀬戸半筒茶碗」は一、三八八円で落札されている[120]。

試みに消費者物価指数を用いてデフレートすると、「黄瀬戸半筒茶碗」の現在の価格は三二〇万円余に相当する。なお、「「黄瀬戸」の話」でいう「赤星家入札」とは、「道具界の鰐魚《がくぎょ》」といわれた赤星弥之助の没後、東京美術倶楽部で行った都合三回におよぶ遺品入札会である。三回の入札会で、現在の価値に換算して一億二千万円に相当する五一〇万円という空前の入札価額を記録し、「赤星相場」と称された。「大正バブル」の真っただ中を象徴するような出来事であった。小林は、「「黄瀬戸」の話」の後半部分に、

私は此種の黄瀬戸に対して初めて注意を引いたのは明治四十五年三月十九日大阪網島鮒宇楼に陳列された四方入角向付五客生島嘉蔵氏の売立の時で、それが壱万三千五百円に落札されたのには一驚を喫した[121]。

と書いている。今日の価格に換算すると、明治四十五年（一九一二）の一万三、五〇〇円は現在の三、八〇〇万円余となる。「四方入角向付五客」が時価に換算して三、八〇〇万円とは、小林ならずとも「一驚」せざるを得ない。ところが、この時の生島嘉蔵家入札会ではさらに上があった。安政二年（一八五五）の「形物香合相撲」番付において最高位の大関にあった「交趾《こうち》大亀香合」は、最終的には九万円の価格で藤田伝三郎が落札した。現在の価値に換算すると二億五千万円を超える。この時、根津嘉一郎の入れた六万九千円が「交趾大亀香合」の二番札であったという。それはさておき、これらの記述から、小林が明治末年において茶道具類の入札会にも多大なる興味関心を寄せていたことが判明する。

充美会

小林と道具商との交流を語る時、昭和七年（一九三二）に阪急百貨店六階に開設された阪急美術街に集められた大阪の老舗美術商で結成された充美会に触れないわけにはいかない。これについては、宮井肖佳「小林一三と充美会・阪急古美術街」[122]において、『阪急美術』や『日記』に基づいて充美会の変遷やメンバーとの交流が論じられている。新たに付け加える必要を感じない。ここではメンバーの確認にとどめたい。『漫筆』第三に収録されている、昭和七年十一月二十六日に書かれた「充美会の設立と其陳列」の案内状によれば、充美会会員は、「井上熊太郎、池戸宗三郎、春海商店、戸田弥七、太田佐七、椰川善左衛門、山中吉郎兵衛、児島嘉助、坂田作治郎、水原金兵衛」[123]の一〇人であった。ところが、昭和十二年十月の『阪急美術』第一号の「阪急充美会とは」には、椰川善左衛門の名前は落ち九人となっている。[124]なお、宮井肖佳は「椰川善左衛門」を「柳川雨竹堂」としているが、[125]誤りである。『日本紳士録』第三六版によれば、椰川善左衛門は大阪美術倶楽部取締役であった。ちなみに、残りの九人のうち春海商店の春海敏と池戸宗三郎を除いた七人は、大阪美術倶楽部の役員である。

宮井論文にも「ここに引用したのはごく一部にすぎなく、他にも枚挙にいとまがない」[126]とあるように、これが充美会メンバーとの交流の総体像とはいえない。そこで充美会にとどまらず、道具商全体に視野を広げて検討してみたい。

道具商との人脈

『日記』の戦後をカバーする「二」と「三」をデータソースとする。小林の著作にも道具商との交流は散見されるが、ここではデータソースを『日記』のみに限定し、時期も戦後とした。しかし、日記であるために記述は厳密性を欠き、氏名が略記あるいは省略されているケースが非常に多い。それらについては、小林の著作や『日記』の他の箇所の記述で補った。それでも氏名不明の八ヶ所と、店名不明の一ヶ所は、名前を確定できなかった。

第10表 道具商との交流集計

氏名等	合計	同席・同行	店訪問	その他
生島房次	60	60		
斎藤利助	45	43	1	1
*児島嘉助	39	15	19	5
瀬津伊之助	34	18	16	
*坂田作治郎	32	29	3	
*小沢亀三郎	30	25	4	1
服部章三	29	29		
北川正重	28	28		
*山中吉郎兵衛	28	14	11	3
古賀勝夫	21	21		
福田頼三	14	10	3	1
岡田太郎	14	9	5	
*井上熊太郎	11	7	4	
繭山順吉	10	4	6	
川口重三	8	7		1
*太田秀葉	8	5	2	1
広田松繁	8	1	7	
河瀬虎三郎	7	7		
井上昌三	7	1	6	
井上	7	4	3	
小田栄作	6	5	1	
*春海	6	3	2	1
*瀬良石苔堂	5	5		
米山万次郎	5	5		
里見	5	5		
田中東次郎	4	4		
土橋嘉兵衛	4	4		
平松国治	4	4		
山中養太郎	4	4		
山中吉太郎	3	3		
藤原	3	3		
善田喜一郎	2	2		
*水原金兵衛	2	2		
横山五郎	2	2		
池田正太郎	2	1	1	
中島	2	2		
水戸幸	2			2
相原知佑	1	1		
黒田雅陶園	1	1		
砂元吉	1	1		
高木繁	1	1		
戸田政	1	1		
戸田大三	1	1		
中村好古堂	1	1		
*藪内荘太郎	1	1		
ホリス	1	1		
宮	1	1		
高見沢	1	1		
戸田	1	1		
大森	1	1		
山口	1	1		
阪急美術街	52		52	
大阪美術倶楽部	9		9	
充美会	7		7	
東京美術倶楽部	2		2	
石黒店	1		1	
玉林商店	1		1	
戸田店	1		1	
阪急山中店	1		1	
	589			

*＝充美会メンバー　氏名不明＝8　店名不明＝1

さて、第10表は『日記』から道具商との交流を集計したものである。氏名や店舗名が不明のケースまでをカウントすると、昭和二十年（一九四五）一月から同三十二年一月の一二年間で、『日記』には道具商たちとの交流を伝える記事が五九八回登場する。同表は戦後の小林と道具商との交流の総体像を示すといってよい。ここまで詳細に小林と道具商との交流を明らかにした事例はないので、煩雑ではあるが、掲示した。しかし、「井上」とのみ記されている七回は、一一回の「井上熊太郎」と七回の「井上昌三」を区別できなかった。同様に、「戸田」とだけある場合は、「戸田政」と「戸田大三」を区別できない。

道具商たちとの交流の内容は多様であり、煩雑さの軽減のために三つに類型化した。まず、自会、他会を問わず茶会で同席、旅行あるいは展覧会などへの同行は「同席・同行」とした。茶会とは関係なく小林の訪問や、小林邸への「来遊」も少なからずある。いってみれば、小林と当該道具商が直接会っていた。次に、「店舗への立寄り」や「一巡」と記された「店訪問」である。ただし、店舗を訪れても、道具商本人との接触の有無までは確認できないケースもあった。さらに、「その他」は斎藤利助を例にすると、昭和二十四年（一九四九）五月八日に小林は鎌倉の斎藤の柴庵で異母弟の田辺宗英のお茶に出席しているものの、当該箇所には斎藤の名前は登場しない(127)。当然のこととして省略されたと考えられるが、「同行・同席」にはカウントしなかった。また、児島嘉助の場合は「その他」が五回と多いが、昭和二十二年（一九四七）五月五日の児島の死去に際してお悔やみに行き(128)、翌年、

「児島米爺翁一週忌」(ママ)に参列したような、当該道具商の没後のかかわりもカウントした。なお、児島嘉助の没後も「児島」は日記に登場する。後継者と考えられるが、詳細を明らかにできない。

第10表からは、ダブルカウントも考えられるが、五〇人を超える道具商との交流の実態が浮かび上がった。小林の人脈の広さを物語っている。しかも、同表では一〇人の充美会メンバーが確認できる。小林と充美会との結び付きの強さを表現している。

回数では六〇回で首位の生島房次(好日庵)から、年に二回以上会っている計算になる二八回の山中吉郎兵衛(春篁堂)までの、生島、斎藤利助、児島嘉助(米山居)、瀬津伊之助(雅陶軒)、坂田作治郎(日々軒)、小沢亀三郎(渓苔堂)、服部章三(梅素)、北川正重(無庵)、山中吉郎兵衛の九人に、すべて「同席・同行」二一回の古賀勝夫(竹世堂)を加えた一〇人が、特に親しかった道具商といえよう。なお、一〇人中の四人が充美会メンバーである。

首位の生島は、小林の喜寿の祝いや宗旦忌などの裏方を務める一方で、小林と親交のあった生形貴一や渡辺丈太郎(常庵)といった宗匠たちの茶会に参席し、さらには、陽明文庫や光悦会に同行している。また、坂田作治郎も土橋嘉兵衛(無声庵)、小西新右衛門など近代数寄者の茶会で同席している。さらに、小沢亀三郎は渓苔会の中心メンバーでもあった。

土橋は昭和二十二年（一九四七）七月に没したため、四回しか登場しない。小林は告別式に出席すべく準備するも、疲労の為に三男の小林米三に代理を頼んだが、『日記』はそれに続けて、

土橋翁は京都唯一の道具商で八十二歳の高齢を以て大往生を遂げた成功者の一人である。若い時は大道の夜店に古道具をならべて渡世した貧乏商人であつたことを本人自慢の出世話としてよくきかされた。得意先をつかまへる機敏な性格の質で実によく勉強する人であつた。私は五、六年前、箱根冨士屋ホテルにて一夏交遊しただけで老人から商品を買つたこともない只だの友人関係であつたが毎春正月三日雅俗山荘に吉例初釜のあることを話したところ、其翌年から正月早々京都からわざ〳〵出てくる。しかも戦争中であの老体であるにも拘らず初釜が興行して居つた間はそれから毎年やつて来たのは驚いた。(130)

と綴られている。土橋は新年の恒例であった小林の初釜には、戦時下で、しかも高齢であるにもかかわらず参席していた。しかし、昭和十六年から同十九年までの『日記』は公刊

されていないために、確かめる手段を持たない。

一方、斎藤利助や瀬津伊之助のように、関東に店舗を構える道具商も、二位と四位を占めるなど上位に食い込んでいる。小林の関東と関西の両地域における茶の湯活動の広がりを示すものであろう。斎藤は先に触れたが、瀬津との交流は、小林が上京した際に日本橋通町の瀬津の店舗雅陶軒をしばしば訪問し、「徳利花生」「絵御本茶碗」「花壺」などを購入、瀬津も小林邸に道具を持参している。また、回数は少ないものの京都の福田頼三(元永堂)、川口重三、善田喜一郎(好日庵)、相原知佑、奈良の河瀬虎三郎(無窮亭)、福岡の平松国治、愛知の横山五郎など交流範囲は広い。

阪急百貨店六階の阪急美術街は『日記』に五二回登場する。小林は多忙な日常の合間を縫うようにして、開催された各種の展覧会を観《み》ている。例えば、昭和二十八年(一九五三)九月の芭蕉展は二回、同三十年(一九五五)五月の「加賀百万石展覧会」は三回も顔を出している。また、美術街に併設された福寿荘の茶会にも参席している。充美会メンバーを雅俗山荘の自会に招くと共に、充美会の初釜に参加した。なお、前述の宮井論文でも紹介されているが、敗戦から半月もたっていない昭和二十年八月三十日の『日記』に、「山中君、宮君費隠にてお茶、正午は洋食、三時帰らる。阪急百貨店六階売場の方針に就て協議[131]」とある。

敗戦後に書かれた小林のお茶に関する最初の記述である。米艦ミズーリ号上での降伏文書への調印が九月二日であったことを考えると、敗戦の衝撃が充分に収まっていない時期であり、小林の充美会への思い入れの強さを示すものである。

また、大阪美術倶楽部や東京美術倶楽部の陳列会にも足繁く顔を出している。特に、大阪美術倶楽部青年会との交流は六回も登場する。なお、同会の会誌『若美津』の題字は小林の筆になる。(132)

註

（1）『自叙伝』、三七頁。
（2）『近代茶道史の研究』、二〇一頁。
（3）高橋義雄『近世道具移動史』（慶文堂書店、一九二九年）、一三三～一三四頁。
（4）高橋義雄『箒のあと』上巻（秋豊園出版部、一九三六年）、二四九頁。
（5）『近代茶道史の研究』、二〇六頁。
（6）『近世道具移動史』、一三〇頁。
（7）大塚栄三『益田克徳翁伝』（東方出版、二〇〇四年）、一六二頁。
（8）『自叙伝』、五八頁。
（9）『自叙伝』、二三〇～二三一頁。
（10）『茶会記をひもとく　逸翁と茶会』（思文閣出版、二〇一二年）、七九頁。ただ、『大乗』の「三尾春峰君と語る」には、「明治四十二、三年頃（中略）当時私は表千家大阪出張所に通って居ったから」（三九〇頁）とある。
（11）逸翁美術館『茶の湯文化と小林一三』（思文閣出版、二〇〇九年）、一〇頁。
（12）『追想』、五六七頁。
（13）『追想』、五六七頁。

(14)『追想』、五六七頁。
(15)『三昧』、九五頁。
(16)『漫筆』第四、二〇頁。
(17)『茶道雑誌』第六八巻第二号（河原書店、二〇〇四年）、四八～四九頁。『茶の湯文化と小林一三』、一一六頁。
(18)『日記』三、三〇頁。
(19)『日記』三、三〇頁。
(20)小林一三『新茶道』（文藝春秋新社、一九五一年）、一一五～一一八頁。
(21)『新茶道』、一五八～一六六頁。
(22)『日記』三、六九七頁。
(23)兀庵の「別是一乾坤」の一行もほしい幅だと思つた。（中略）伊賀の砂金袋益田鈍翁愛蔵の水指、仁清作かと思ふ立派なものを見たが惜むらくは大破損であつた、その大破損を金粉で繕つてあるが、そんなキズものでもほしいと思つた（昭和二十一年四月十七日　延命会）。
主人が加藤君に鑑定として持出された一碗、正に古唐津の名品であるのには驚いた。森川勘一郎氏の菖蒲刀、近藤滋弥男の江戸の二碗に匹敵すべき同型の古唐津、恰かも井戸を見るが如き上品さである。箱も時代である。これ又何か適当の銘をト自から買つて出て見たほど気乗りのした逸品である。此一碗は新円に苦労して居る現在に於ても、壱万円あらば借金の上塗をしてもほしいと思ふ……ほど佳い茶碗である（昭和二十二年二月九日　藤井山水居の芦葉会）。

道風の継色紙、寸松庵色紙、空中笠香合、ノンコウ赤白雲、呉春の大幅桜鯉（藤田家より山口玄洞氏へ）等ほしいものばかりだが高いので手がとゞかない（昭和二十二年四月二十日　土橋嘉兵衛）。

茶碗伊賀、不昧公書付、朝露の歌銘中々上等也。水指経筒（鎌倉時代在銘）は逸品、茶器も上等（コマの一種か）、庸軒の竹二重。水指がほしいものだと思つた（昭和二十二年十月二十五日　山田曠庵）。

志野宝珠香合は高価だらうがほしくない。（中略）私のほしいものは此絵唐津模様の茶碗で、正に逸品だと思ふ（昭和二十五年四月二十六日　藤木沈流居渓苔会）。
(24)『日記』二、四一九頁。
(25)『日記』二、五六六頁。
(26)最近の出版物ではあるが、逸翁美術館から刊行された『茶会記をひもとく　逸翁と茶会』（二〇一二年）、『茶の湯交友録　小林一三と松永安左ヱ門』（二〇一三年）、『器を楽しむ　逸翁の茶懐石』（二〇一五年）、竹田梨紗による平成二十二年度以降の『逸翁美術館年報』誌上での「芦葉会記」の翻刻などが念頭にある。
(27)拙著『近代数寄者のネットワーク』（思文閣出版、二〇一二年)において、『日記』を使用して戦後段階の小林一三の茶の湯のネットワークを検討したが、時期が限られており不十分であった。

(28) 美術・工芸編集部『美術・工芸』五号に記された昭和十七年七月十一日の山田多計治を亭主とする芦葉会は、「芦葉会記」を翻刻した『阪急文化研究年報』でも出席者が不明でありカウントしなかった(八四頁)。また、同二十四年三月四日の江口二郎(忘路庵)の渓苔会は煎茶の会なので除いた(『日記』三、三九頁)。

(29) 高橋義雄『大正茶道記』一(淡交社、一九九一年)、一八一～一八七頁。

(30) 『茶会記をひもとく 逸翁と茶会』、六、七九頁。

(31) 『日記』二、四九五頁。

(32) 『日記』三、五四頁。

(33) 同じ苗字である場合は、記入されていた居住地や所属する諸会などから類推したが、三回の「山田」は、共に芦葉会に所属している山田岸太郎と山田多計治を、二回の「小西」は、小西新右衛門と夫人である小西完子、あるいは小西新右衛門の後継者である小西若主人を、「戸田」は、戸田大三と戸田政之助を、それぞれ区別できなかった。なお、山中吉郎兵衛は、襲名名であるが、ここでは先代を山中吉郎兵衛とし、後継者を山中春篁堂として区別した。さらに、「春海」は、大阪市の道具商春海商店の主人春海敏と考えられるが、名前が記されていないので、そのままとした。

(34) 裏千家の千宗室(淡々斎)には招かれていないが、昭和十八年(一九四三)十二月十四日に開かれた長尾欽弥の「宜春庵討入太鼓」と題する茶会で同席している(『三昧』、四〇一頁)。また、『日記』三によれば小林一三は宗旦忌を行っていた裏千家へ宗旦像を寄付している(三、二二七頁)。なお、「千宗匠は大満足でお帰りになつた」(三、二一頁)とあるが、千宗室であることは確認できなかった。さらに、『日記』三の昭和二十八年三月十五日に「三時裏千家の千宗興氏来訪、茶談。此人が米国に渡つてお茶の講義をして、外人を納得せしめたさうだ」(四五八頁)とある。

(35) 『日記』二、六八頁。なお、加藤義一郎も『追想』に収録された「お手紙に偲ぶ」で、この経緯を綴っている(五八三～五九九頁)。

(36) 『大乗』、二六三～二六五頁。

(37) 『日本美術工芸』二二三号、六八頁。

(38) 『日記』三、五六五、六八二、六九七頁。

(39) 『日記』二、四〇七頁。

(40) 『日記』二、五〇三頁。

(41) 『日記』三、一三八頁。

(42)『大乗』、七六～七七頁。
(43)『大乗』、九三～九五頁。
(44)第4表は、『日記』をデータソースとしているために、人名を確定する手掛かりすらない状況であったといってよい。例えば、「前田」も同じ細流会と十七日会に所属している前田久吉と前田福松を、さらに、「服部」も同じ延命会に所属している服部玄三と服部章三(梅素)を区別できなかったことなどは、特記しておきたい。
(45)『日本美術工芸』二二六号、五四～六〇頁、同二二八号、六五～七一頁。
(46)『日記』三、六二〇頁。
(47)『阪急文化研究年報』(二〇一二年)、四五頁。なお、末廣幸代『吉兆　湯木貞一』(吉川弘文館、二〇一〇年)でも、小林一三と湯木貞一との交流が述べられている。
(48)『追想』、六八六頁。
(49)『茶会記をひもとく　逸翁と茶会』、八三頁。
(50)『追想』、一九八頁。
(51)松永安左ヱ門『わが茶日夕』(河原書店、一九五〇年)、二三七～二三九頁。
(52)『追想』、一九九頁。ただし、『日本美術工芸』の二二二号の「逸翁を偲びて」では、正しく「十七年」、「百五十一回」と書いている(六六頁)。
(53)『大乗』、三七三頁。『日本美術工芸』の二二五号にある芦葉会の銭高久吉(二松庵)による「逸翁先生追悼」茶会は一九二回目である(六一～六五頁)。なお、逸翁美術館『茶の湯文化と小林一三』では昭和三十五年二月に二〇七回が開かれ、翌三十六年四月二十五日で終了と記されている(一二五頁)。また、前述した『逸翁美術館年報』誌上の『芦葉会記』翻刻によれば、昭和十六年(一九四一)九月一日の会合を含め十九年十二月二十四日までに四〇回の会合が確認できる。
(54)『追想』、五九八～五九九頁。
(55)『日本美術工芸』二二四号、四八頁。
(56)『日本美術工芸』二二五号、六二頁。
(57)『日記』二、四九九頁。
(58)『日記』三、三〇一頁。
(59)『大乗』、五四頁。
(60)『日記』三、七〇五頁。
(61)『大乗』、三九一～三九二頁。
(62)『大乗』、四五頁。
(63)『大乗』、四五頁。『日記』二、二二五～二二六頁。
(64)『日記』二、四二八頁。
(65)『日記』二、六二九頁。

(66)『日記』三、二一三頁。
(67)『日記』三、三三四頁。
(68)『日記』二、五二四頁。
(69)『日記』三、八九頁。
(70)『日記』二、一二三頁。
(71)『日記』二、一八〇頁。
(72)『日記』二、二二六頁。
(73)『日記』二、一八〇頁。
(74)『日記』二、二二六頁。
(75)『日本美術工芸』二二二号、七〇頁。
(76)『日記』二、七三頁。
(77)『日記』二、一〇三頁。これ以降も、『日記』には、「管長さんのお話はどうもまだピンとこない」(四〇三頁)、「管長サンのお話もピンとこないので困る」(四五二頁)、「要領は私が考へてゐることよりもハッキリしないのは残念」(四六〇頁)という感想が続く。
(78)『日記』二、四五二頁。
(79)『日記』二、四八二頁。
(80)『日記』二、五一九頁。
(81)『日記』三、二六五頁。この間、薬師寺会との明示はないが、「薬師寺会管長サンの講演自我の話、不相変長すぎる。私ならば三分の一の時間で片付け得ると思ふ。モット簡単なお説教の難有いお話をきゝたいといふ婦人連の要求也」という記述も見られる(『日記』二、六一七～六一八頁)。
(82)『追想』、二五頁。
(83)『大乗』、三五六頁。
(84)『日記』二、五九七頁。
(85)『日記』二、六〇六頁。
(86)『日記』二、六五一頁。
(87)『日記』二、六六二頁。
(88)『日記』三、六六七頁。
(89)『大乗』、三五六～三五八頁。
(90)『追想』、二七二頁。
(91)『日記』三、五七四頁。
(92)『追想』、三二六頁。
(93)『日記』三、六四九頁。
(94)『日記』三、六六五頁。
(95)『日記』三、六六九頁。
(96)『追想』、二八二～二八三頁。
(97)『追想』、二八三頁。
(98)『日記』二、四六一頁。
(99)『日記』二、一一八頁。ただ、「八尾」は「北尾」の誤記ではないかとも考えられる。

(100)『日記』二、四二五頁。

(101)『日記』二、六八頁。

(102)『日記』二、九二頁。

(103)『日記』二、一六七頁。

(104)『日記』二、二二二〜二二三頁。

(105)『日記』二、二七九頁。

(106)『日記』二、四二五頁。

(107)『日記』二、四二五頁。

(108)『日記』二、六〇六頁。

(109)『日記』二、六一七頁。

(110)『日記』三、四〇頁。

(111)『日記』三、五九頁。

(112)『日記』三、一三三頁。

(113)『日記』三、一八〇頁。

(114)『日記』三、四九三頁。

(115)斎藤利助『書画骨董回顧五十年』(四季社、一九五七年)、三〜四頁。

(116)『書画骨董回顧五十年』、二八二頁。

(117)東京美術倶楽部百年史編纂委員会『美術商の百年——東京美術倶楽部百年史』(東京美術倶楽部、二〇〇六年)、三四三頁。ちなみに、札元は山澄力蔵、中村好古堂、梅沢安蔵、川部商会、多聞店、岡村藤兵衛、林新助、春海商店であった。

(118)『漫筆』第二(小林一三、一九三二年)、四〇頁。

(119)『漫筆』第四、五頁。

(120)『美術商の百年——東京美術倶楽部百年史』、二八六頁。

(121)『漫筆』第四、一〇頁。

(122)逸翁美術館『財団法人逸翁美術館年報 平成二二年度』(阪急文化財団、二〇一一年)、七〇〜七八頁。

(123)『漫筆』第三(小林一三、一九三三年)、二六〜二七頁。

(124)『阪急美術』第一号(阪急百貨店、一九三七年)、五頁。

(125)『財団法人逸翁美術館年報 平成二二年度』、七三頁。

(126)『財団法人逸翁美術館年報 平成二二年度』、七一頁。

(127)『日記』三、五九頁。

(128)『日記』二、五一一頁。

(129)『日記』二、六〇七頁。

(130)『日記』二、五二二頁。

(131)『日記』二、二六七頁。

(132)『茶道雑誌』第六八巻第二号(河原書店、二〇〇四年)、二六頁。

第三章　茶友の群像

はじめに

前章を承け、小林一三（逸翁）と茶友との交流を検討するのが本章の目的である。小林との茶の湯の関わりが深かった根津嘉一郎（青山）と松永安左ヱ門（耳庵）との交流を明らかにするのが、第一節「先人根津嘉一郎」と第二節「親友松永安左ヱ門」である。さらに、第三節「東都の茶友たち」では、延命会を舞台とする畠山一清（即翁）や五島慶太（古経楼）ら在京の茶人たちとの交流を描く。

茶の湯の活動舞台が主として関西にあり、一方で、関東の茶界にも関わったところに茶人小林一三（逸翁）の独自な立ち位置がある。しかし、関西においては高橋義雄（箒庵）や松永安左ヱ門のような「茶会記」を残した近代数寄者は少なく、実態を明らかにすることは難しい。そこで第四節「関西の茶友たち」では、高原慶三(杓庵)「昭和茶道人国記」、佐々木三味『茶の道五十年』、天野省悟『私記・茶道年表』をデータソースとして、小林と同時期に活動した関西の茶人の把握を行い、その中に小林を位置付ける。

一、先人根津嘉一郎

小林一三は、『漫筆』第二に収録された「三つの茶会記」の冒頭に、「根津青山翁は、我郷の大先輩であつて、東京に於ける所謂甲州財閥の大御所である。齢七十有三、矍鑠として、関係事業の為め、常に東西を往来してゐる[1]」と書いている。「根津青山翁」とは、言うまでもなく根津嘉一郎であり、東武鉄道をはじめ、南海鉄道、東京地下鉄道、高野山登山鉄道など日本や朝鮮で四〇社を超える鉄道会社の経営に参画し、「鉄道王」と称されていた。

甲州財閥

明治四十年(一九〇七)に、小林が箕面有馬電気軌道設立に参加するにあたって、『自叙伝』に、未引受株五万四千余株の引受人をこしらへる為めに東奔西走した。東京へ行つて郷里の先輩や友人達にお願ひした。佐竹作太郎、根津嘉一郎、小野金六、其他数十人の諸君によつて壱万株近くの株式引受人を得た。(2)

と、記されている。名前の挙がる佐竹、根津、小野の三人は、引用した『漫筆』の一文がいうところの「甲州財閥」のメンバーである。しかし、この『自叙伝』の話は独り歩きして、あたかも「甲州財閥」の数十人が同社の株式のことごとくを占めたかのように捉えられ、その後の小林に関説した論稿には、そのまま使用されている。(3)

明治四十一年（一九〇八）三月の箕面有馬電気軌道「株主姓名録」によれば、根津が一、〇五〇株、佐竹と小野がそれぞれ一、〇〇〇株の株式を所有している。これに慶應義塾や三井銀行を通じて小林と縁の深かった岩下清周、飯田義一、松永安左ヱ門、益田孝、福沢桃介、平賀敏らの持株合計六、三〇〇株を加え、一部、妻子名義となっているが、実質的には小

根津嘉一郎（青山）
（昭和9年、東京・青山の自邸にて）（根津美術館提供）

林の持株である五万二、七三一株を合算すると、箕面有馬電気軌道の総発行株数一一万株の半ばを超える五六・四パーセントの六二、〇八一株が小林系の株式となる。この持株数を背景として、小林は、社長空席のままで、専務取締役として箕面有馬電気軌道の経営のイニシアチブを握った。しかし、「株主姓名録」を検討しても、先に名前の挙がった三人以外の甲州財閥のメンバーは確認できなかった。

ところで、小野は、小林と同じく韮崎の出身で、屋号を「富屋」と称し、小林の生家の「布屋」と並ぶ豪商農であり、近世期に小林家と小野家は姻戚関係にあったともいわれている。小林と小野との交流は深く、『日記』一にも小野がたびたび登場する。三井銀行大阪支店時代の明治三十三年(一九〇〇)三月に、長崎からの帰途、大阪に立ち寄った小野金六一行を行きつけであった得田屋に招待している。[4] また、同年十一月に、社用で上京した際には、東京市麹町区飯田町三丁目の小野邸に一泊している。[5] その後、明治三十四年の東京箱崎倉庫への転勤にともない、東京市芝区芝浦海岸の三井社宅に転居した小林は、たびたび小野邸を訪問し、子息の耕一らと交流している。[6] 特に、三井銀行を退職する直前の明治三十九年(一九〇六)十二月二十日の『日記』一には、「朝、飯田町小野サンを訪ふ 夕方、銀行の帰りに亦行く一身上の話である」[7]と、綴られている。かつての上司岩下清周に誘われた、北浜証券支配人への就任をめぐり身の振り方を小野に相談しているものと考えられる。

ちなみに、小野は小林より二一歳年長で、当時は東京割引銀行頭取、東京機械製造と日本練炭の社長、富士製紙専務取締役、東京電灯取締役を務めていた(8)。

佐竹は甲州財閥の総帥若尾逸平の「代理人」として、「甲州財閥の牙城」東京電灯の社長を務める一方で、県下最大の銀行である第十銀行頭取でもあり、明治二十年代の初頭、若尾逸平を先頭に「甲州財閥」が「乗っ取った」東京馬車鉄道の後身である東京電車鉄道や、東洋モスリンなどの取締役をも務めていた(9)。

近代数寄者

根津は「青山」という茶号を持ち、近代数寄者としても名高い。先に紹介した『漫筆』第二から引用した一文も、昭和七年（一九三二）に、小林が根津を、大阪府豊能郡池田町の小林本邸にあった大小庵に招いた際に、根津が「青山荘主人」として執筆した、「大小庵茶会」と題する『国民新聞』紙上の「茶会記」を、『漫筆』に転載するにあたっての紹介文である。なお、「大小庵茶会」に「旧臘永田町の東京自宅に於て初陣のお茶を出されて、余も其佳招を蒙つた事がある(10)」とあるように、高橋義雄が若き日の小林に宛てた戒めの書簡が掛けられていた、東京市麹町区永田町二丁目の小林の別邸に新築された新席で開かれ、高橋が「歳末懐旧茶会」と名付けた昭和六年十二月の茶会に、日時は異なっていたものの、根津も招かれていた。さらに、小林と根津の茶の湯を通じた交流は深く、例えば、高橋の『昭和茶道記』に収録された昭和六年（一九三一）の「一打歳暮茶会」に、「余（高橋義雄：齋藤）は最初より同会第一日に出席して十一回皆勤の殊勲者であるが、此殊勲者は幾多同人中山澄静斎と余、塩原又策、津村重舎、小林一三三君」とある。[11]これが正しければ、小林は大正九〜十年（一九二一〜二二）から根津の歳暮茶会に参席していた。刊行された「茶会記」で確認できる限り、大正九年（一九二〇）六月三日に高橋などとともに、大阪の近代数寄者藤田平太郎（江雪）の弟である藤田彦三郎の、兵庫県の長尾山荘での煎茶会に招かれているのが、小林の最も古い茶席への出席である。[12]その直後から小林は根津の茶席に出席していたのである。前章で述べたように、刊行された「茶会記」などをデータソースとする集計では、小林は根津の茶会に三回参席し、自会に根津を三回招いているが、根津の茶会への参席はかなり増えるものと思われる。さらに、『逸翁鶏鳴集』に昭和四年（一九二九）一月十四日に「熱海根津氏茶会行」とあるが、詳細は不明である。[13]

さらに、時代は下るが、『三昧』にある昭和十九年（一九四四）二月の「其時其人の心境」[14]によれば、日時は不明だが、松永安左ヱ門が開いた「有楽井戸拝見のお茶事」に、根津と小林は同席している。なお、松永が益田孝と競り合って大名物有楽井戸茶碗を落札したのは、昭和十二年（一九三七）四月十三日の大阪美術倶楽部を会場とする香雪斎蔵品展観であった。(15)香雪斎とは大阪の十八会の代表世話人を務めた近代数寄者藤田伝三郎のことで、この時の落札価格は一四六、八〇〇円であった。『三昧』に収録された「松永耳庵の二著」で、昭和十三年（一九三八）十二月二十七日の日付のある「茶道三年」に、「有楽井戸拝見のお茶事」の際における根津の発言が記されている。

それはともかく、「一打歳暮茶会」の引用部分の山澄静斎は道具商の山澄力太郎であり、先代山澄力蔵（宗澄）とともに根津家に出入りしていた。また、塩原又策（禾日庵《かじつあん》）と津村重舎の二人は実業家であるが、小林と同じく近代数寄者の第四世代に属する。

さて、『追想』の「年譜」には、大正十年（一九二一）に、「この頃、第一生命保険社長矢野恒太氏の依頼により東京の田園都市会社並びに荏原鉄道（後に目黒蒲田電鉄）の重役会に出席するようになる」(16)と記されている。『矢野恒太伝』の記述に従えば、その初回は同年十一月二日で、(17)以後、毎月一回は上京した。その後、大正十三年に東京横浜電鉄、翌十四年に目黒蒲田電鉄、大正十五年（一九二六）十一月に第一生命保険の監査役に就任して、東京方面の諸会社との関係を深めていき、昭和二年に東京電灯取締役、翌三年に同社の副社長となり、昭和五年に東京市麹町区永田町二丁目に別邸を建てる。東京別邸で開席した初陣茶会については既に述べた。小林は大正十年以降、多忙な日程を縫うように根津の歳暮茶会に参席したのであろう。小林と根津の茶の湯を通じた交流の深さを読み取れる。

さて、近代数寄者の先人としての根津との関わりを考える場合に外せないのが、小林と同じく近代数寄者の第四世代に属する藤原銀次郎（暁雲）の「根津批判」に対する小林のスタンスであろう。

藤原銀次郎の根津批判

発端は、小林は欠席したが、東京で開かれた青山翁七回忌追悼会の席上、藤原が根津を「罵倒」する事件が突発した。『新茶道』の昭和二十五年（一九五〇）八月五日付の「耳で買ふ美術品」の中で、

> 甲州の連中が立腹して大騒ぎ、若し逸翁が同席して居つたらば、必ず手厳しく反駁するに違ひない。如何にも残念だ、小林君は若い時から根津君を知つてゐるから、何とか敵を討つてほしいと言ふ手紙が飛んで来る(18)

と、書いている。小林としては、「藤原翁の失言であるとしても、悪意で死者を鞭打つやうな攻撃的態度の演説ではなく、座興半分茶目のつもりで言うたのではないだらうか(19)」と

穏便に述べている。しかし、藤原は昭和三十三年（一九五八）に出版した『私のお茶』でも、

お茶道楽で、結局は大金儲けをやつた根津さん（中略）こんなたしかな面白い投資物は他にないとばかり、真価のわかるわからないにかかはらず、値段の高下にとんぢやくせず、世間で評判のもののといへばどんどん買ひまくつた。根津さんはボロ買ひと呼ばれるほどに、会社事業の肩替り株などは思ひ切つて叩かれたが、お茶道具や美術品は決して値切られなかつた。（中略）ほんたうによいか、わるいか、普通の意味での目利きは出来なかつた。[20]

と明言している。藤原は「確信犯」として根津を批判しているのである。この藤原の発言や記述の当否を検証できるのが芸阿弥筆「観瀑図」の購入をめぐる経緯であり、根津から聞いたという小林の次の証言である。

芸阿弥筆「観瀑図」は、高橋義雄『近世道具移動史』の「大正時代　東都美術品売立高値番付」で書画の部の横綱にランクされている芸阿弥筆「真山水」と同一物である。「観瀑図」は二回美術市場に登場する。一回目は大正八年（一九一九）十一月の郷誠之助男爵家の売立て

の時で、落札価格は「大正バブル」の絶頂という時代背景もあり、三一万九、〇〇〇円で関西経済界のリーダー松本重太郎（松翁）の後継者である松本松蔵（双軒庵）が落札した。この価格は、後に分断事件を引き起こす大正六年の佐竹義春侯爵家の藤原信実筆「三十六歌仙絵巻」の落札価格三五万三、〇〇〇円に次いでいる。

その後、昭和八年（一九三三）六月の松本松蔵家の売立てで、「観瀑図」は再び美術市場に登場した。この時、東京大学教授で美術史の権威滝精一が芸阿弥筆「観瀑図」は贋作《がんさく》と断じた。美術史の権威の影響力は大きく、評価額は急落した。その際、根津が半額となった一六万九、八〇〇円で落札した。この間の経緯を小林は、「直接青山翁からしば〳〵きかされた、翁御自慢の天狗物語を、ありのまゝお話する」[21]として、次のように伝えている。

芸阿弥の名幅も哀れや、入札を見合さうといふ悲観説が現はれて来た時我が青山翁は毅然として現はれたのである。「贋物大賛成！お蔭で安く買へるから」と入札中止論者を一瞥して「諸君も贋物だと思ふならば、其の良心に訴へて潔く撤去し給へ、断じて贋物でよいと信ずるならば、何をウロ〳〵して居るのだ、素人の役人が何を云はうと、諸君は商売人であると同時に、口の人でなく実行すべき人であるから、其の信念によつて、商人は商人らしく堂々と入札し給へ」と大見得をきつた時は、実に痛快だつたと、嬉しさうに眼を細くして芸阿弥の神品瀧山水の前で話された[22]

現在、「観瀑図」は重要文化財に指定されている。根津の鑑賞眼の方が正しかったのである。小林は、『大乗』の「根津青山翁追福茶会」で、「何千万円の美術品に維持費をつけて、あの広大な家屋敷を公共の為に寄附せしめた心意気が、故人の利益本位の蒐集でないことを永久に説明してくれて居る[23]」とも書いている。この根津美術館を開館させた根津の遺言と『青山荘清賞』の刊行が、後年、小林が逸翁美術館を設立する導き糸になったのは間違いないであろう。

根津に「鑑賞眼」がないと書いている藤原には、昭和前期、東京電灯の若尾璋八社長追い落としに際して、三井財閥を代表して東京電灯に乗り込み、根津と激しく対立した時の遺恨でもあるのか、と書いたら藤原に対して厳しすぎるだろうか。

目利き青山

これだけではない。小林は根津の鑑賞眼への自信を示すエピソードとして熱海会も紹介している。小林によれば、熱海会は、年二回、静岡県熱海のホテルを会場に根津が主宰した、全国から書画骨董屋が古美術を持ち寄る入札会である。

もちろん、根津も出品し、入札に加わっている。小林は次のように書いている。

「僕は実業家として奮闘して来たが、仮に僕が会社の重役では飯が食へないといふ時が来たとせば、僕は道具屋としても諸君には負けない自信を持つてゐる。口惜しいと思ふならサア真剣勝負だ」と、笑ひながら現はれる各種の器物に一品も残さずにサッサと入札する、そして何万何千円と片付けてゆく。「どうだ、これは昔百両で買つたものだが、壱万円に売れた」といふ具合に、故人の出品物は大概利が乗つて、毎回何万円かの利益を計上したものである(24)

古美術商を向こうに回して、根津は熱海会を利用して、値打ちはあるが流行っていない美術品を多数入手したといわれている。しかし、道具商たちはそれを「旦那芸」として冷ややかにみており、その陰口は根津の耳にも達していた。これに対して、

その通りだよ、商人は眼先のことより判らない。其日々々を売買で暮らす商人と、時勢を見て、其将来性から品物を選択する僕の考なぞが彼等には判らないよ、僕は品物

を買ふと同時に時勢を買ふ。株式でも、土地でも、高いとか、安いとか、時勢が助けなければうまくゆくものでないから[25]

と反論していると、小林は「根津翁と熱海会」で述べている。明治二十五～二十六年頃、東京兜町に出入りし株式投資に専念していた若い頃の根津の片鱗を彷彿とさせる、根津らしい反論である。小林は『三昧』の「『青山荘清賞』所感」の中で、根津の美術品に対する「眼」を次のように高く評価しているが、それは美術品や茶道具を蒐集するに際しての小林の姿勢でもあった。

青山翁は支那古画の真贋に就ては、学者論客先生方の説明は黙つて聴いてゐるけれど、それはそれ、これはこれと、独自の見解によつて蒐集して居つた事は『青山荘清賞』を一見すれば直ちにうなづける。[26]

独自の見解と其の信念とに基く、青山翁の鑒識と其の選択は、あく迄も青山式であり、知己を千年に待つ態度を嬉しく思ふのである。そして、国家の為、美術報国の大抱負

を以て、誰に相談もせず徒らに他人をたよらず平然として蒐集せられた壮挙に感激を禁じ得ない。(27)

青山と逸翁

小林が招かれた根津の茶会で、小林が執筆した「茶会記」は、昭和十四年(一九三九)十二月二十四日に参席した、東京青山の根津本邸で恒例行事となっている歳暮茶会であり、『三昧』には、「その最後の茶会」として収録されている。相席者は正客を務めた松永安左ヱ門と、近藤滋弥(其日庵)、田中茂太郎(親美)、土橋嘉兵衛(無声庵)、仰木美代(宗美)の五人であった。仰木美代は数寄屋建築の第一人者仰木敬一郎(魯堂)の夫人である。なお、越沢太助(宗見)の『宗見茶道記』に収録された「根津青山翁を憶ふ 永久訣別の歳暮茶事」によれば、根津は、小林らを招いた翌日の二十五日に藤原銀次郎、野村徳七(得庵)、加藤正治(犀水《さいすい》)、塩原又策(禾日庵)らを招いた茶席の途中で発病し、(28)年明けの一月四日に没する。小林が参席した茶会が、根津にしてみれば文字通りの「最後の茶会」であった。根津と小林の茶の湯を通じた深い交流を思う時、何か因縁めいたものすら感じられる。

逸翁の青山評

小林の「その最後の茶会」では当日の道具組みは省略されているが、まず、「お世辞を云へば却つてをかしい位、感心しかねる取合せであつた」[29]とある。そして道具商の土橋嘉兵衛の不満や非難なども紹介されている。しかし、小林にとっては、これこそが根津の「茶」なのである。小林は次のように書いている。

> 青山翁の如く、山積の名器重宝を収蔵してゐる立場になつて見ると、現在、眼の前に使つてゐるその道具の背後には「今日は、それでよろしい。これを使ふことが私の心持に添ふからである」といふ信念が支援してゐるからどういふことでもなし得る。[30]

と、小林は根津の気持ちを忖度《そんたく》している。そして小林の目を通して見ると、この根津の態度が土橋嘉兵衛をはじめ道具屋には気に入らないのである。小林に言わしむるなら、道具屋は、

> これが何千円、これが何万円といふ風に、大将から雑兵に至る迄、豪華版であつたならば、お客様としては徹頭徹尾頭が下る人の方が多いから、光悦会だとか、何々会だ

とかさういふ多数群衆のお茶事興行の場合には、道具屋さんまかせで納まつてゐるかもしれない(31)

といった、万事道具屋任せの茶事に軍配を上げるであろう。確かに、そのような茶人も少なくなかった点は、一三が書いた「茶会記」や『日記』に随所に見ることができる。しかし、「青山にしても、軽井沢にしても、お自身の趣味から出発する茶事は本人の心まかせである方が却つて面白いものと、私は青山翁のお茶事がうれしいのである(32)」とあり、根津と小林の二人は違っていた。

「青山」は東京市赤坂区青山南にあった根津本邸、「軽井沢」は長野県北佐久郡軽井沢町の別荘を指している。この「本人の心まかせ」の根津の茶の湯に対する姿勢は、後に第五章「小林逸翁の茶道観」で検討するように、小林の茶の湯に対する姿勢と共通している。小林にとって一三歳年長で、同じく甲州出身の近代数寄者根津は、実業界の先人であったばかりでなく、茶の湯の世界でも先人であった。甲州財閥は、日本の東と西に二人の近代数寄者を生んだ。この点からも、従来の甲州財閥論は見直されねばならない。

しかし、小林としては常に根津のやり方に従っていたわけではない。先に紹介した松永安左ヱ門が開いた「有楽井戸拝見のお茶事」で、根津と小林は同席したが、その時の根津の様子を小林は次のように伝えている。

床には中峰の墨跡が威圧してゐる、その下に南蛮の瓶にシヤガの花二三本をチヨコナンと投入れる。「これだから困る、井戸の茶碗に中峰の墨跡、どうしても青磁か古銅か、でなければ納らないのに、これではやりきれない」と、にじり口を出ると直ぐに、青山翁は罵倒するのである。然し私は寧ろ青山翁の月並を気の毒に思はざるを得ない(33)

構築したデータベースによれば、昭和十二年（一九三七）五月までに小林は松永を自会に七回招く一方で、松永の茶会に一〇回出席しており、さらに、根津と新潟の中野忠太郎（春山）がそれぞれに主催した茶席で同席している。しかし、小林としては、松永との茶の湯を通じた深い交流があるから、松永の肩を持ったわけではない。なぜならば、小林の茶の湯へのスタンスは、引用に続く次の一文のように極めて明快であった。「元来私自身が其時其人の心境によつて画くお茶を肯定する論者であるのみならず、沐猴《もっこう》の冠の如き、つけやきばの、借りもの、やうな他所ゆきのお茶には反対であるから(34)」。小林としては、自らの茶道観に立って「青山翁の月並」な発言を厳しく見ていた。とはいえ、根津が小林にとって尊敬すべき近代数寄者の先人であったことは間違いない。事実、小林は根津の没後、昭和二十四年（一九四九）十一月九日に、筆頭呼びかけ人となり、大阪美術倶楽部を会場に「根津青山翁追福茶会」を開催し、薄茶席を受け持った(35)。

青山の逸翁評

最後に、小林の茶会に招かれた根津の茶評に触れたい。ただ、利用できるのは先の昭和七年（一九三二）四月二十九日の「大小庵茶会」のみである。相席者は戸田、山中、児島の三人であった。「茶会記」には苗字だけが記されているが、おそらく根津を交え三都会を組織していた(36)、大阪の道具商戸田弥七（露朝）、山中吉郎兵衛（春篁堂）、児島嘉助（米山居）と考えられる。懐石には関西での茶事らしく三種類もの強肴《しいざかな》が出された。根津は「調理は勿論結構なり(37)」と褒《ほ》めた後に続けて、

器物に於ても金襴手向附を始め、旦入赤四方手附の焼物鉢、呉洲及唐津の強肴鉢若くは塩辛を盛りたる三島の馬上杯まで揃ひも揃つて美事なり、殊に酒器の染附瓢形の徳利は勿論寄せ盃に至るまで十全完備して申分なく関西茶人の食器の豊富なるには唯々敬服の外なかつた(38)。

と、関西系らしい食器の充実ぶりに感心している。炭手前に用いられた香合の「祥瑞横瓜」を、根津は「香合番付」にもみえる名品と紹介しているが、事実、安政二年（一八五五）の「形物香合相撲」の左側二段目前頭七番目に登場している。この香合は斎藤利助『書画骨董回顧五十年』の冒頭部分に小林が寄せた「四十年の交遊」によれば、大正二、三年頃、斎藤の経営する東京四谷の平山堂を訪れて購入したという(39)。小林は大正四年前後に生形貴一と出会って茶の湯をはじめたといわれているが、それ以前から茶道具には関心を持っていたことが窺える。中立後の濃茶点前は小林が自ら行った。根津としては、

亭主のお手前に就ては無論未だ一二回の経験に過ぎないから時節柄爆弾などの潜在なきやと、一同固唾を呑んで心配したが案に相違して小粒弾もなく、然も其落着き払つてすらすらと玄人も及ばぬお手前には一驚を喫した(40)。

と述べ、内心は経験の浅い「新茶人」小林の点前にハラハラさせられたが、「憎らしい程上出来であつた(41)」と褒めちぎっている。薄茶は「令嬢」とあり、次女の春子に代わったが、最後に根津は全体を通じて、

始終一切の所作処女の如く又脱兎の如くなるは僅僅第二回目なる新茶人の行方とも思はれず、左ればとて二十年来の蘊蓄が堰を切つて迸るが如くでない所に、既に得道の俤を存して床しくもあり且つ嬉しくもあつた。[42]

と、「新茶人」への感想を綴っている。

二、親友松永安左ヱ門

最後の数寄者

松永安左ヱ門（耳庵）は、小林と同様に近代数寄者の第四世代に属しており、畠山一清（即翁）と同じく昭和四十六年（一九七一）に没した。畠山と並び「最後の数寄者」といわれ、松永と畠山の死去をもって近代数寄者の茶界は終焉を迎えた。[43]松永は『追想』の「半世紀の友情」で、二人の交流は半世紀に及ぶと書いている。[44]事実、前節でも触れたが、明治四十一年（一九〇八）の箕面有馬電気軌道の「株主姓名録」によれば、松永は二千株の箕面有馬電気軌道株を保有している。

ところで、近代数寄者としての高橋義雄（箒庵）の後継者たらんと考えていた節がある小林には、茶の湯をめぐり松永への対抗意識があっただろうか。例えば、大正八年（一九一九）の佐竹本「三十六歌仙絵巻」分断事件には二人は参画していないが、小林は昭和四年（一九二九）四月に児島嘉助から「藤原高光」を、一方、松永は昭和十年十月の有賀長文家入札に際して「伊勢」を入手した。初陣茶会は小林の方が三年程早い。昭和十年代初頭で高橋義雄の「茶会記」の執筆は終わるが、最も早くから高橋と同じスタイルの「茶会記」を残している第四世代の近代数寄者は小林である。他には強いて挙げれば『茶道三年』にはじまる松永と、『雲中庵茶会記』を残した仰木政次（政斎）の二人であろう。

細流会（昭和27年、前田久吉邸）（阪急文化財団 提供）
テーブルの左から逸翁、前田久吉、松永耳庵。

耳庵と逸翁

小林と松永の実業家としての足跡は共に非常に大きい。しかし、茶人としての小林の実像を明らかにすることに主眼がある本書で、実業界における二人の活動や交流を論ずる必要はないだろう。本節では、茶の湯を通じた小林と松永の交流にスポットを当てる。

なお、逸翁美術館と福岡市美術館の共編になる『茶の湯交遊録　小林一三と松永安左ヱ門』をみると、看過できない問題点が目に付く。[45]また、「小説」ではあるが、白崎秀雄『耳庵松永安左ヱ門』においても、小林と松永の茶の湯の交流について資料上の誤りが散見される。[46]その一つ一つを訂正してもあまり生産的ではない。必要な箇所での指摘に止めたい。

筆者が構築した小林と松永に関わるデータベースによれば、二人が関係する茶会は五二回を数える。勿論、この数値は、公開されている「茶会記」や著作等で確認できた限定的なものであることは、断っておきたい。しかし、前章の検討で明らかなように、「茶会記」をデータソースとする限り、小林の茶客としても、また、小林を招いた亭主としても、さらには、例えば、延命会に際した茶会での同席といった、どの指標からみても二位以下に大きく差をつけて松永が首位に立っていた。そこでまず二人に関わる茶会の悉皆的な検討を試みる。

第1表は、小林が松永を招いた茶会記録の一覧表であるが、九回に上る。

逸翁が招いた茶会

小林が最初に松永を自会に招いたのは、昭和八年(一九三三)一月二十九日であった。ただ、この茶会は、前述した『茶の湯交遊録　小林一三と松永安左ヱ門』の年表から落ちている。出典は『漫筆』第四の「弦月庵によばれる」である。この「茶会記」は『星岡』第三号に秦秀雄(珍堂)が執筆した記事の『漫筆』への再録である。秦は北大路魯山人経営の星岡茶寮の支配人であった。なお、東京美術学校校長正木直彦(十三松堂)の『十三松堂日記』にも同じ茶会があるが、それによれば、茶会の日付は二十八日である。(47)

小林の初陣茶会は、昭和六年(一九三一)十二月十五日に高橋義雄らを東京別邸に新築した茶席に招いた「歳末懐旧茶会」であることを考えると、松永を招いたのは時期的にはか

第1表　逸翁が耳庵を招いた茶会　※三三〇一二九＝一九三三年一月二九日

年月日	茶会	場所	出典	備考
三三〇一二九	弦月庵によばれる	弦月庵	『漫筆』第四	
三六〇五二八	外遊記念茶会	弦月庵	『茶道三年』	
三七〇四一八	小林君の招待	雅俗山荘	『茶道三年』	
四二一一〇〇	追憶七十年茶会	雅俗山荘	『日本之茶道』一一三	『雅俗三昧』
四三一八〇四	小林一三古稀の茶会	楳泉亭		「雅俗山荘喜寿茶会」による
四四一二〇五	薬師寺会	雅俗山荘	『わが茶日夕』	
四六〇五二九	雅俗山荘の一夕	即庵	『日記』二一	
四九〇四二四	雅俗山荘喜寿茶会	楳泉亭	『わが茶日夕』	『即翁遺墨茶会日記』
五二〇二一七	延命会	鎌倉小林別邸	『日記』三	

なり早いといえる。なお、『茶道三年』の中で松永が「予が茶事に、正式に呼ばれたのは諸戸家が嚆矢[48]」と書く、昭和九年五月一日の諸戸清六家の茶会より一年以上も前である。

同席者は、正木、秦の他に、外狩顕章（素心庵）、北大路魯山人、島田佳矣《よしなり》、大村正夫、小野賢一郎、田辺加多丸、江守名彦の七人であった。田辺は小林の異母弟で、当時は日本勧業銀行貸付課長を務めていた。また、江守名彦は茶道研究家の江守奈比古である。当日は招客を二組に分け、松永、島田、大村、小野、外狩、江守の六人が先客となっていた。島田は東京美術学校教授、外狩は美術評論家、小野は雑誌『茶わん』を主宰した陶芸評論家であり、田辺も陶磁器への造詣は深かった。いってみれば、美術工芸の愛好者の集まりであったろう。事実、『漫筆』第二によれば、前年七月、小林は松永らと、新潟県の石油王中野忠太郎（春山）が蒐集した美術品を鑑賞する三日間の旅行を行っている[49]。さらに、正木『十三松堂日記』によれば、昭和八年四月六日、京橋区木挽町の金田中で北大路魯山人の作品図集の出版記念会が開催され、根津嘉一郎、小林、松永、正木ら数十人が参集した[50]。小林と松永との数寄世界での交流は、当初は美術工芸を軸にしていたと考えられる。小林が『三昧』に、彼〔松永安左ヱ門：齋藤〕は福岡市選出の代議士として東上中、采女町の山口旅館に同宿の類は友を以て集まる福沢桃介翁配下の猛者達が花柳明暗に暗躍してゐる頃から、私は一人除けもの、道具いぢり、平山堂から届いた仁清の菊透しの向付を見てゐると「何んだくだらないもの」と無造作につかまれたので、ハラ〳〵しながら匇々に片付けた。(51)

と書いていることを知る我々としては意外とも思える。松永が代議士というから、大正六年（一九一七）から同九年にかけてである。

次に松永が小林の茶会に招かれたのは、昭和十一年（一九三六）五月二十八日の小林の洋行帰り後の「外遊記念茶会」である。小林は前年九月から十一年の四月にかけて欧米視察旅行を行った。松永の『茶道三年』には正木直彦の名前しか記されていないが、正木の『十三松堂日記』によれば、相席者は古筆研究家の田中親美と道具商の斎藤利助であった。(52)なお、『茶道三年』には、前日招かれた高橋義雄が『日本之茶道』六月号に執筆した「茶会記」が採録されている。

翌十二年（一九三七）四月十八日、松永は大阪府能勢郡池田町の小林本邸の雅俗山荘に招かれている。ちなみに、雅俗山荘は前年六月に竣功《しゅんこう》していた。『茶道三年』には出席者の苗字しかないが、『松永安左ヱ門翁の憶い出』の年譜から、名取和作、加藤武雄、津田信吾、宮原清の四人と確認できる。(53) なお、『松永安左ヱ門翁の憶い出』には加藤武雄とあるが加藤武男の誤りである。ちなみに、津田と宮原は松永と慶應義塾で同窓であった。

小林は、昭和十七年(一九四二)十月一日を初会として雅俗山荘で「十五六回」(54)にわたり亡き母の「追憶七十年茶会」を開催した。十一月に松永らを招いている。松永は『日本之茶道』の九巻一号に、「追憶七十年の茶」と題する記録を残している。それによれば、相席者は畠山一清、斎藤利助、縣治朗、荻野仲三郎、服部玄三、石井光雄(積翠軒)、千宗室(淡々斎)であった。縣治朗と千宗室を除いた五人は小林も属した延命会の会員である。延命会は次節で触れる。また、道具組や懐石は別に論じるので省略するが、松永の「茶会記」には、「此大茶事の全般に亘つて是を見れば、予が年来唱導し来れる利休草庵の精神にそぐはざる条件の有るあれば」(55)とあり、批判的であったことは記しておく。小林も『三昧』で「私の追憶七十年の茶会に対する(松永の：齋藤)痛快辛辣なる批評も承知してゐる」(56)と書いている。

翌十八年四月に雅俗山荘の楳泉亭で開かれた「小林一三古稀の茶会」については記録を確認できなかったが、『わが茶日夕』の昭和二十四年四月の「雅俗山荘喜寿茶会」に関わる

松永の「茶会記」に、

七年前、古稀の茶会には上の本邸広間の青畳の上に懐石御馳走の、その上の御馳走として、盛盞瓶や青磁、赤絵、祥瑞の酒器、道八、仁清の鉢、食膳の染付向附が料理毎に、銚子のかはる度に取替へ引換へ持ち出された。その時の主人は客の喜ぶ以上に楽しく誇らしげにも見えた(57)。

とあるので、松永は小林の古稀の茶会に出席したと考えた。しかし、相席者は不明である。

小林は薬師寺会を主催したが、開催数は一五一回であったといわれている。しかし、橋本凝胤が『追想』の中で、「東京で仏教を聞く会を持ちたいと言う松永耳庵翁の発起で(58)」と書いているように、発端は松永であった。当初は東京で開催されていたが、その後、諸般の事情から大阪の小林の雅俗山荘を会場とした。昭和十九年(一九四四)十二月五日の薬師寺会には下阪中であった松永が急遽参加した。松永は「善男女廿四五名の集ひ(59)」と書くが、久田宗也(半床庵)、生形貴一、小西新右衛門、小西夫人の小西完子、加藤義一郎(櫟舎)、坂田作治郎(日々軒)などを確認できる。ただ、『わが茶日夕』には「久田宗匠、生形宗匠、伊丹の小西翁夫婦、加藤義一君、坂田老[60]」と記されていた。加藤義一は加藤義一郎の誤りである。

戦後になると、『わが茶日夕』の「戦後関西への初旅」に記録されているように、松永は昭和二十一年(一九四六)五月二十九日に雅俗山荘に招かれている。『わが茶日夕』では、相席者は同行した「大野、牧山両君」と小林の幸夫人、加藤義一郎、坂田作治郎であった[61]。なお、この茶会は占領軍への住宅提供にともない近く立ち退くことになっていた直前の雅俗山荘で開かれた。その後、三年程空くが、松永は昭和二十四年四月二十四日の「雅俗山荘喜寿茶会」に招かれている。松永は『美術・工芸』の一三一号に「茶会記」を執筆し、『わが茶日夕』に再録される。それによれば「九人の延命会同勢で参会[62]」とあるものの、名前が判明するのは畠山一清のみである。しかし、畠山の『即翁遺墨茶会日記』によれば、当日の参会者は松永と畠山に加えて、五島慶太(古経楼)、篠原三千郎、団伊能(疎林庵)、菅原通済、服部玄三、斎藤利助八人と判明する[63]。

筆者のデータベースによれば、小林が最後に松永を招いたのは、『日記』三に記された昭和二十七年(一九五二)二月十六日を初回とする延命会の二日目である。相席者は団伊能、石井光雄、田辺宗英、梅津である[64]。ただ、『日記』三にある「梅津」は、道具商の梅沢彦太郎(曙軒）の誤りであろう。田辺は小林の異母弟で後楽園スタジアム社長であった。なお、前日に招かれた畠山の『即翁遺墨茶会日記』には、「小林一三氏八十祝」とあり、会場は「鎌倉吉原邸」と記されている。長女とめ子の嫁ぎ先である、東洋汽船社長の吉原政智の自邸であった。

ところで、白崎秀雄『耳庵　松永安左ヱ門』には「小林は（昭和三十一年：齋藤）四月十五日鎌倉の松喜庵での好日会で釜をかけ、耳庵以下が参じたといふ記録がある」[65]と書かれている。また、『好日会十周年記念』にも「松喜庵　主小林逸翁」[66]とある。ただし、『好日会十周年記念』には参会者の名前はない。しかし、『日記』三によれば、四月十日には、

十五日北カマクラ好日会にて一席引受けたので其使用道具に就て服部梅素君来訪、いろ〳〵持出して決定した。鑑賞陶器主に唐宋の観賞的器物のみにてお茶をト言ふ注文であつたからそのつもりにて選定した。（中略）生島君は十四日東上、北カマクラに一泊。十五日お茶の当日は東京からトメ子が手伝にゆくことをお頼みした。[67]

とある。さらに、『日記』三の記述に従えば、好日会当日の四月十五日の小林の行動は、

十一時に阪急百貨店の七階で整髪し、十二時から河合幸七郎(宗那)が幹事の芦葉会で昼食をとり、三時に帰宅している。[68] 小林は好日会に参加していない。白崎秀雄の記述は誤りである。

耳庵が招いた茶会

第2表は、松永が小林を招いた茶会である。一三回が確認できる。松永が最初に小林を招いたのは、昭和八年(一九三三)に『星岡』七月号に掲載された秦秀雄「柳瀬行」にみられる、同年五月三十日の埼玉県入間郡柳瀬村にあった柳瀬山荘での集まりである。「喫茶」[69]とあるが、茶事かどうかは不明である。なお、『茶道三年』によれば、松永は昭和十一年一月二十七日に杉山茂丸に「お茶を差上ぐる(中略)不肖予の如き、茶事に入り初めたるのも先づ之を以て皮切り」[70]とあり、同年五月に根津嘉一郎を柳瀬山荘に迎え「耳庵の席披きでもあり、自分の点前の初めでもあり」[71]と書くところから、昭和八年の集まりを「茶会」とは考えてなかったかもしれない。もっとも、お茶の世界では、茶会に招かれたならば、亭主を茶会に招き返すことになっている。その年の一月二十九日に弦月庵に招かれた「茶債」解消の意味合いがあったと考えられる。当日は一月二十九日の相席者の中で外狩顕章と小野賢一郎が欠席し、新たに陶磁器や洋画のコレクターである反町茂作、道具商の瀬津伊之助が加わり、『十三松堂日記』によれば「加藤辰雄」

の名前も挙がっている。[72] しかし、加藤辰弥の誤りである。

その後、昭和十一年（一九三六）からは、「柳瀬山荘茶会（同年六月）」「熱海十国庵茶会（十二年二月）」「名取翁一人茶碗の記（十二年五月）」「若葉に細雨の柳瀬山荘（十三年四月）」「睡足居

第2表　耳庵が逸翁を招いた茶会　※三三〇五三〇＝一九三三年五月三〇日

年月日	茶会	場所	出典	備考
三三〇五三〇		柳瀬山荘	『星岡』七月号	白崎秀雄『耳庵　松永安左ヱ門』上、『十三松堂日記』
三六〇六一九	柳瀬山荘茶会	柳瀬山荘	『茶道三年』	
三七〇二一一	熱海十国庵茶会	十国庵	『雲中庵茶会記』	
三七〇五	名取翁一人茶碗の記	柳瀬山荘	『茶道三年』	
三八〇四二四	若葉に細雨の柳瀬山荘	柳瀬山荘	『日本之茶道』四―五	
三九一〇二二	睡足居趣味の集ひ	睡全庵	『三昧』	『十三松堂日記』、『日本之茶道』五―一一
四二〇三〇九	熱海十国庵の九日	熱海十国庵	『日本之茶道』八―三	
四三〇八〇八		白雲洞	『三昧』	
四三〇八一八		白雲洞	『三昧』	『雲中庵茶会記』
四四〇四二三		柳瀬山荘	『耳庵　松永安左ヱ門』下	
四九〇五〇九		黄梅庵	『わが茶日夕』	
五〇〇五〇八		築地細川旅館	『日記』	
五四〇一二九	延命会	松下軒	『大乗』	

趣味の集ひ（十四年十月）」と、連年のように松永は小林を自会に招いている。煩雑となるので、この間の相席者名は省略するが、慶應義塾での小林の同窓生である時事新報社長名取和作と三菱銀行頭取加藤武男、古筆研究家田中茂太郎（親美）、木工家仰木政次（政斎）などとは複数回の同席が確認できる。

小林の記録によれば戦時下では、小林夫妻と粟田天青（有青庵）、横井半三郎（夜雨）、斎藤利助が招かれた昭和十七年（一九四二）三月の「熱海十国庵の九日」[73]と、十八年八月の箱根白雲洞不染庵などでの三回の茶会が確認できる。なお、『三昧』によれば、八月八日の朝、突然の訪問にもかかわらず松永に一亭一客で迎えられたという。[74]小林は、その十日後、鳩居堂主人の熊谷直之や京都の道具商土橋嘉兵衛（無声庵）と共に再び不染庵に招かれた。『三昧』には熊谷と土橋の名前しかないが、同席した仰木政次（政斎）の『雲中庵茶会記』によれば、矢代幸雄、横井半三郎、松尾宗匠、杉浦保寿、横山五郎など、相席者は八人であった。[75]

白崎秀雄の『耳庵　松永安左ヱ門』下巻には、昭和十九年（一九四四）四月二十三日に「柳瀬山荘に小林逸翁らを招いて茶事」[76]とあるが、『三昧』や『茶の湯交遊録』には記録が無く、また、昭和十九年の『日記』も刊行されていないので、我々は確かめる手段を持たない。

戦後の著作や日記から松永の招きを確認できるのは三回である。『わが茶日夕』の「小田原春秋記」によれば、昭和二十四年（一九四九）五月九日に小林と名取和作が小田原の松永邸を訪れた。[77]『日記』では、小林は朝食後、鎌倉を出発している。[78]松永はその際に結城豊太郎を呼んでいる。その丁度一年後の二十五年五月八日に、小林は築地の細川旅館に招かれ、松永夫人の一子や小坂順造と相席し「濃茶、うす茶」が出された。[79]

管見の限りで、松永が小林を招いた最後の茶会は、『大乗』にある、昭和二十九年（一九五四）一月二十九日の小田原の「松下軒新席茶会」である。同席したのは延命会員であった長尾欽弥（宜雨庵）、服部玄三、梅沢彦太郎（曙軒）、内本浩亮（宗韻）、田辺加多丸（無方庵）、服部章三（梅素）で、畠山一清（即翁）は遅刻した。『大乗』には、田山信郎（方南）、五島慶太（古経楼）、斎藤利助（平山堂）の「三君欠席」[80]と記されている。年長として小林が正客を務めた。

耳庵逸翁同席茶会

第3表は小林と松永が同席した茶会一覧である。三〇回を数える。その三分の一が延命会である。なお、『日記』などによれば、第3表には掲載していないが、参加者名が省略されているものの小林の参加した延命会を二一回確認できる。その全てで松永と同席したとは考えられないが、二人の同席数は第3表より増加するものと思われる。なお、延命会については次節で詳論する。

第3表　逸翁と耳庵が同席した茶会　※三二〇七一六＝一九三二年七月一六日

年月日	茶会	場所	亭主	出典
三二〇七一六	中野春山邸の美術品	中野忠太郎邸	中野忠太郎	『漫筆』第二
三六〇八一八	霊沢山荘茶会	霊沢山荘	根津嘉一郎	『茶道三年』上巻
三八〇五二一	金沢市美術行脚	石谷伊三郎邸	石谷伊三郎	『雲中庵茶会記』
三八〇五二一	金沢市美術行脚	岡伊作邸	岡伊作	『雲中庵茶会記』
三八〇五二二	金沢市美術行脚	山川庄太郎邸	山川庄太郎	『雲中庵茶会記』
三九〇五一六	田中徳次郎追悼茶会	東京会館	不明	『小林一三と松永安左ヱ門』
三九一二二四	歳暮の茶事	撫松庵	根津嘉一郎	『三昧』
四〇〇三一〇	長尾氏鎌倉山茶会	東海草楼	長尾欽弥	『茶道春秋』下巻
四三〇八二五	宮の下茶話	蛇骨庵	諸戸てる	『三昧』
四三〇八二七	宮の下茶話	団伊能別荘	団伊能	『三昧』
四三一〇二八	延命会	般若苑	畠山一清	『即翁遺墨茶会日記』
四三一一一四	石州公遺跡保勝会発会式	慈光庵	本庄宗泉	『三昧』
四四〇五二四	満而不溢観賞記	鴻池本邸	不明	『三昧』
四五〇一二三	富士屋ホテル	山口社長私室	横井夜雨	『日記』二
四五〇一二四		古稀庵	熊本夫人	『日記』二
四五〇一二四		横井夜雨邸	横井夜雨	『日記』二
四五〇一二六	延命会	根津美術館	根津藤太郎	『日記』二
四六〇二〇三	延命会	長尾宜雨庵	長尾欽弥	『三昧』
四六〇五二八	玄琢山荘名残の茶事	玄琢山荘	土橋嘉兵衛	『わが茶日夕』
四九〇五一二	延命会	（畠山一清邸）	畠山一清	『即翁遺墨茶会日記』

五〇〇五一一	延命会	五島慶太邸	五島慶太	『大乗』
五一〇四〇七	耳庵喜寿茶会	柴庵	不明	『日記』三
五一一〇二八	延命会	寿福庵	藤井寂仙	『日記』三
五二〇一一五	好日会茶会	柴庵	黒田陶々庵	『日記』三
五二〇三二九	細流会	前田久吉邸	前田久吉	『日記』三
五二〇四二四	延命会	（畠山一清邸）	畠山一清	『即翁遺墨茶会日記』
五二〇九一三	延命会	柴庵	斎藤利助	『大乗』
五二一〇〇九	延命会	椿山荘	五島慶太	『大乗』
五五一〇二七	延命会	赤坂八百善	服部梅素	『大乗』
五六〇三二三	婦人クラブ茶会	産経会館	前田久吉	『日記』三

ところで、データベース構築過程で、茶会の記事は見出せないが、各種の会合で二人の顔合わせを確認できるケースが一一回あった。したがって、昭和七年から三十二年の間に、小林と松永は六三回も顔を合わせた事実を資料的な裏付けをもって提示できる。一年に二・五回のペースである。二人が基本的に関西と関東を生活基盤としていることを考えると、「頻繁」であり、その八五・七パーセントが茶席であった点は、茶の湯を通じた二人の交流が極めて濃密であったことを改めて確認できる。ただ、これらの数値は、あくまで管見に入った限りである点は、改めて断っておく。

同席した茶会は小林と松永の茶会ではないので「茶会記」の内容は検討しないが、亭主は、三回の畠山一清をはじめ、二回の根津嘉一郎、長尾欽弥、横井半三郎、五島慶太といった近代数寄者である。二人の茶の湯の人脈が広く展開していたことを物語っている。

『日本美術工芸』の二二三号によれば、小林が昭和三十二年（一九五七）一月二十五日に没した後、松永は同年三月二十一日に北鎌倉の寿福庵の延命会と瑞鹿会による「小林逸翁追善懸釜」の催しに際し、松喜庵で濃茶席を受け持っている。当日、畠山は柴庵で薄茶席を、五島は尚美庵で濃茶席を担当している。(81) 小林と松永との茶の湯を通じた永く深かった交流を象徴する催しであった。小林は『三昧』で次のように書いている。

茶をやつてから三十年になり、益田さんも原さんも能く心得て居り、三渓翁よりは『為小林君』といふ為書きも貰つて居り、益田さんのものも二十年前から頂戴してゐて、池田に建築した雅俗山荘でも、初めから此二大家をお招び申す計画で『臥庵』といふ額は、三渓翁に書いていたゞき、いつかは来ていたゞきたい念願で、十数年来、それらの大家を中心にした道具その他を心がけて其の尊来を得るの光栄を考へてゐた(82)

しかし、小林は益田孝と原富太郎を自席に呼ぶことは出来なかった。小林は「益田さんや原さんを呼ぶ勇気がなかつた」[83]とも書いている。益田については第一章第二節で触れているが、原は小林より五歳年上の近代数寄者の第三世代に属し、横浜の三溪園の公開や、「孔雀明王画像」や「寝覚物語絵巻」の蒐集家として有名である。原は小林と、小林と茶の湯を通じた交流の深い高橋義雄や根津嘉一郎の丁度間に入る年回りであった。小林は益田の催促や、原の招待があっても、その都度躊躇《ちゅうちょ》し、辞退していた。ところが還暦を過ぎてから、遅れて茶の湯の世界に入った松永は急速に益田と原に近づいていった。その松永の行動は小林の目には次のように映っていた。

新進には、新しく進む順序があり、階段があるものだが、それらを乗り越えて、角力でいへば、のつけから横綱へ体当りでぶつかつていつたので、茶道の親玉であつて技術も最高峰といふべき益田鈍翁や、原三溪翁にぶつかつていつて[84]

このように小林と松永の茶の湯への姿勢は異なっていたが、小林からみれば、茶の湯を通じた交流が亭主としても、また茶客としても最も深かったのは、松永であった。

さて、同じく近代数寄者の第四世代の小林と松永は、お互いをどのように見ていたのであろうか。松永は「私は駆け出しの茶道三年生である」[85]と謙遜しつつも、昭和十五年(一九四〇)の『日本之茶道』の六巻一〇号に「茶人としての藤原・小林の両雄」を執筆した際に、次のように述べている。なお、「藤原」とは松永や小林からみれば一世代前の近代数寄者の第三世代に属する藤原銀次郎(暁雲)である。

耳庵の逸翁評

逸山翁曰ふ。茶に道具は必要であるが、金にあかして伝来や由緒や名物の名に目が眩んではいけない。名什に頼る事は茶の第二義に堕する。物質的な道具茶は誡むべき事である。と、之は尤なる言ではあるが、茶事趣向の上に於て作略縦横にして気宇宏大なる翁が如き人で無くては、出来ない。旦那茶人の遠く及ばぬ芸である。逸山翁は、能く名道具の事を貶されるが、それでは道具は嫌いか、良い物は猶更に厭かと聞くと、聴くだけが野暮で、此位道具好きの人は稀れである。(中略)道具こそ最愛の友であり唯一の慰めであつた。であるから昔の安い時に買はれた物に佳い優れた物のあるのは当然である。翁の如きは、道具を持つても道具に使はれない茶をする、といふ第一義的な筆法の茶人である。[86]

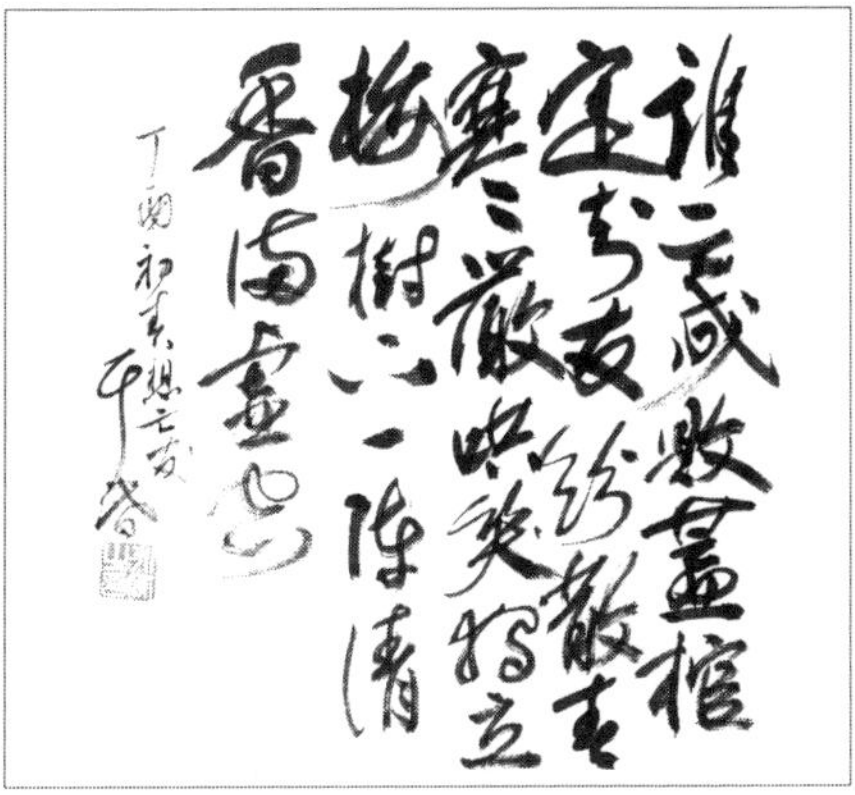

松永耳庵（安左ヱ門）**の書**（昭和32年）
（逸翁美術館蔵）

松永耳庵（安左ヱ門）が逸翁の死を受け、「友人の死にのぞんで」と題して捧げた七言絶句。「誰云う成敗棺を蓋うて定まる　知友紛散す春寒厳し　独り立って哄笑す梅樹の下　一陣の清香虚空に満つ」。

「逸山」は小林の雅号の一つである。筆者のデータベースによれば、昭和十五年までに、松永は小林の茶会に三回出席し、自らの茶会に小林を六回招いており、他の茶会で七回同席しているが、この段階での小林の茶論は『漫筆』のみである。しかし、松永は「道具茶」を否定する小林の姿勢を明確に摑まえていた。松永の茶人小林に対する評価は戦後も変わらず深められている。例えば、昭和二十一年（一九四六）八月に雅俗山荘を訪れた松永は次のように記している。

小林翁は茶の湯が好きである。寧ろお客が好きである。そして自分の好きを主題としての取合せの中に、客の胸中をゑぐる何物かを使つて自由自在、雅俗双々底の構想である。(中略)草庵書院の別をも或時は無視されて即興劇的に心の赴くがまゝに花でも有り合せ、花入も常什なのを名器宝器と取合せたり、或は欧米の奇品を妙用されたり、奔放無碍なる駆使ぶりに常套茶人の意表に出らるゝ洒々磊たる風懐には、南坊録にいふ主客建立といつた処を踏破したるが如き観があつて、常に新着想の一家の見あるところに耳庵は個性全露の茶兄として欣快措く能はざるものを覚えつゝある(87)

松永も当時の茶界には不満を持っていた。後に紹介するように「茶道改革論」を展開している。その思いは小林の「雅俗山荘喜寿茶会」の茶会記にもうかがえる。松永は次のように述べている。

あまり大家になると、茶が叮嚀になりすぎたり、重複したり、二度も中立ちしたり、再度の迎付があつたり、席を三ところも変へたりする冗雑、花と掛物の共飾りやらにて何度も何度も花や花生が席に顔を出したり、煩雑紛糾の極に達し、合理的な生活道と簡素な茶道を生命とする方から見れば、上方でたびたび私の経験するところで、(中略)常に大乗茶道を唱道せらるる主翁に今少し御手数のかからぬ工面の後進指導を煩はしたいものである。[88]

ここからも読み取れるが、小林と松永は、戦中から戦後にかけて「茶道改革論」を提唱したことで共通する。二人が取り組んだ企画に茶道文化研究会があったという。佐々木三味『茶の道五十年』によれば、昭和二十一年の冬、堀口捨巳に同道して松永に会った際に、

全国の茶人を糾合して、一大茶道文化研究会といったものを作ろうと思うから、手伝ってほしい。関西方面のことは万事小林（逸翁）君にたのんであるからくわしいことは同君からきいてくれとのことで、半紙に謄写版で印刷したものを十数枚手渡された[89]

と紹介している。さらに『茶の道五十年』には、佐々木はその翌日、堀口と小林邸を訪ねたとも書かれている。しかし、『日記』二には裏付ける記録はない。一方、松永の『桑楡録』には、昭和二十年（一九四五）十一月二十九日に「茶道文化研究会十一月の集会の日として団、菅原、満岡、重松、堀口の諸氏来荘[90]」とあることから、松永は昭和二十年から活動していたようである。ただ、小林の日記や著作には茶道文化研究会は登場しない。小林一三

は昭和二十年十月三十日に幣原喜重郎内閣の戦災復興院総裁に就任する。他方、松永も翌二十一年一月に日本産業の基礎研究機関であった東邦産業研究所の理事長に復帰し、同年十一月には小田原へ転居する。二人は新たな環境や仕事に忙殺され、茶道文化研究会の活動は頓挫したものと思われる。[91]

逸翁の耳庵観

最後に小林の「茶人松永観」を見ておきたい。小林は『三昧』の昭和十九年九月の「宮の下茶話」で、八月八日に白雲洞を訪れた際に「近頃めつきり茶人めきし主翁の態度こそ面白けれ」[92]と松永を紹介し、次のように述べている。

耳庵の茶論は、近来斯界の風雲を呼ぶ流行児だけあつて頗る傾聴するに足る。（中略）耳庵の攻撃は蔭口でなく、いさゝかも悪意がないから面白いのである。（中略）お世辞を言はない耳庵の勇気もさることながら、耳庵の心持は私には能くわかる。[93]

小林は、旧来の茶の湯への批判を展開している松永を高く評価している。ここでは松永の茶の湯批判に立ち入る余地はないが、同時期、関西方面の茶の湯の現状を目の当たりにして、「旧体制批判」「道具商批判」「成金批判」等を内容とする論稿を発表し、茶道の大衆化を提唱していた小林にしてみれば、同志を得た思いであったろう。ところが、茶道具や美術品に関しては二人のスタンスは大きく隔たっていた。

遅れて茶の湯に入った松永は、益田孝や根津嘉一郎と張り合い茶道具を入手した。昭和十二年(一九三七)四月十三日、大阪美術倶楽部の第三回藤田香雪斎蔵品入札で大名物有楽井戸を一四万六、八〇〇円で、また、同年六月六日の名古屋の高橋蓬庵所蔵品入札及売立で蒲生氏郷の茶杓を一万六、九〇〇円で落札した松永を、小林は次のように見ていた。

天下を騒がす大物でなければをさまらない。その大物を、鵜の目鷹の目で探し出して、「これは小田原の品物より佳ければ買ふ、これは原家のそれに負けないといふならば買ふ」といふ具合に、品物本位にこだはらないと同時に、相手を見下さんとする悪い度胸が天下一蒲生氏郷の茶杓となつて根津青山翁の口惜しがるのが面白といふ蒐集方針(94)

「小田原」とは益田孝を指し、原家とは原富太郎である。だが、昭和二十三年(一九四八)三月に、松永が蒐集した主な美術品三百数十点と五千坪の柳瀬山荘を東京国立博物館に寄

附したことに対して、

あれだけのものを全部寄附したのだから勿体ないと思う。今あれだけのお道具が小田原の一松庵にあるものとせば、無理からに押しかけて御馳走になって楽しむのにと残念に思っている。（中略）耳庵は柳瀬山荘とその美術品全部を寄附したのであるが、惜しいことをしたものと私は他人事ならず残念に思っている。(95)

と、批判的にみている。後に小林が美術館を創設する一つの要因となったのであろう。

三、東都の茶友たち

小林一三は、三千家や藪内家といった茶道家元のお膝元であって「流儀」と密着している関西と、さほど「流儀」を意識していない関東の二つの茶界を知っており、両地域で活動していたところに特徴がある。(96) 小林の関西での茶の湯ネットワークは第二章で扱った。ここでは関東の茶友に触れたい。根津嘉一郎と松永安左ヱ門は前節までに明らかにした。

本節では五島慶太（古経楼）と畠山一清（即翁）を中心に考えたい。

戦前の延命会

小林の関東における茶の湯活動の中心は、延命会である。小林は『三昧』で、五島慶太が、東京美術学校校長であった故正木直彦（十三松堂）の蒐集品を入手したのを機に、昭和十八年（一九四三）四月二十二日に東京世田谷区玉川の春山荘で開いた展観の内容を記した「春山荘蒐集の経巻」の冒頭で、延命会を次のように紹介している。

> 仏教芸術に興味を持つて集まる我々同人の延命会なるものは、発起人石井積翠軒主人を親分とし、荻野（仲三郎：齋藤）翁を顧問として、毎月一回仏具教典古文書など、陣列（ママ）展観、趣味を語り合つて居るのである[97]

なお、「春山荘蒐集の経巻」では「陣列」となっているが、「陳列」の誤植であろう。延命会の発起人として名前が挙がっている石井積翠軒は石井光雄のことで、『日本勧業銀行史　特殊銀行時代』によれば、昭和十一年（一九三六）から同十六年まで、日本勧業銀行総裁を務めた銀行マンである。ちなみに、小林の一一歳年下の異母弟である田辺加多丸は、昭和八年（一九三三）二月から同銀行の理事に昇格している[98]。田辺は陶磁器に対する造詣が深く、例えば、昭和十二年から阪急百貨店が発行所となっていた『阪急美術』の第二号から第五号の誌上に「陶磁器鑑賞」を連載している。[99] また、後に見るように延命会の会合にもしばしば顔を出している。なお、『追想』に収録された服部玄三の「延命会のことなど」によれば、延命会の発足は昭和十四年(一九三九)一月で、小林は第二回目を受け持った。[100] しかし、確かめる術をもたない。

第4表は、『日記』や『大乗』で確認できた延命会名簿である。延命会の「会員名簿」は未見であるので悉皆調査とはいえない。社会的な地位は『日本紳士録』などを利用し、煩雑さを軽減するため一つに絞った。延命会員の詳細なデータはないので、敢えて掲示したい。三一人を数えるが、全員が一堂に会したわけではない。「参会者」の意味合いと考えてよい。実業家が中心だが、宗教学者の鈴木貞太郎(大拙)、陶芸家の川喜田半泥子、墨跡研究家の田山信郎(方南)など、著名文化人も少なくない。また、居住地も関東から関西に及び、小林の人的交流の広さを裏打ちしている。

第5表は、『日記』や、松永安左ヱ門など小林と茶の湯の交流のあった人々の著作等から、小林の参加が確認できた延命会の活動記録である。同表は会名、会場・席、亭主、出典の一覧表である。なお、複数の記録がある場合は、備考欄に別記し、さらに、『日記』など

第4表 延命会会員名簿

氏名	雅号	職業等
石井光雄	積翠軒	元日本勧業銀行総裁
石橋徳次郎		日本ゴム社長
内山浩亮	宗韻	全日本観光連盟理事、九州送電社長
梅沢彦太郎	曙軒	日本医事新報社長
荻野仲三郎		国宝保存会委員、美術学者
河瀬虎三郎	無窮亭	旅館主、刀剣コレクター
川喜田久太夫	半泥子	百五銀行頭取、陶芸家
九鬼紋十郎	寿園	四日市の資産家
五島慶太	古経楼	東京急行電鉄会長
小林一三	逸翁	阪急社長
斎藤利助	福寿庵	道具商、平山堂、東京美術倶楽部社長
篠原三千郎		内外徳田証券会長
菅原通済		常盤山文庫理事長、鉄道工業社長
鈴木貞太郎	大拙	宗教学者
関屋貞二郎		宮内次官
反町茂作		大東京火災海上、『追想』の斎藤利助稿による
高梨仁三郎	紫麓庵	銚子醤油監査役
田辺加多丸	無方庵	東宝社長、小林一三の異母兄弟
田辺宗英		後楽園スタジアム社長、小林一三の異母兄弟
田山信郎	方南	文化財調査官、墨蹟研究家
団伊能		富士精密工業社長
長尾欽弥	宜雨庵	わかもと製薬社長
中村富次郎	陶庵	道具商、好古堂
根津藤太郎		東武鉄道社長
野口信二		元日本勧業銀行理事
畠山一清	即翁	荏原製作所社長
服部玄三		服部時計店会長
服部章三	梅素	道具商
平田佐矩	鶴声	東洋製鋼社長
堀くら	宗久	築地「大和」の女将
松永安左ヱ門	耳庵	東邦産業研究所理事長
諸戸精太		桑名の資産家、山林王

のコメントも書き上げた。三六回を数えるが、同表は小林の参加が確認できたものだけであり、延命会のすべての活動記録ではない点は、注意を促したい。事実、松永の『わが茶日夕』に収録された「諸戸精文氏当番の延命会」によれば、昭和十八年(一九四三)五月十七日に四谷平山堂で三重県伊勢の諸戸精文が当番となって延命会が開かれ、「会員総出席といふ盛況[101]」とあるが、出席者名は略されている。小林の出席が確認できないので、カウントしなかった。

第5表　延命会の記録　※三九〇七一五＝一九三九年七月一五日　※四六～五一年の破線内は公職追放中

年月日	会	席	亭主	出典	備考
三九〇七一五		畠山一清邸	畠山一清	来客	
四一〇三二〇		畠山一清邸	畠山一清	来客	『阪急美術』44号、田辺加多丸「今里庵春宵清話」
四三〇四二二		五島慶太邸	五島慶太	三昧	茶客不明
四三一〇二八		般若苑	畠山一清	来客	『三昧』
四五〇一二六		根津美術館	根津藤太郎	日記	『日記』と『桑楡録』では出席者不明
四五〇三二七		団伊能邸	団伊能	日記	茶客不明
四五一一二五		田中屋	亭主不明	日記	茶客不明
四五一二一六		般若苑	畠山一清	日記	
四六〇二〇三		宜雨庵	長尾欽弥	大乗	総勢17人、『日記』では服部のみ欠席、『三昧』

四六〇四一七		円覚寺	亭主不明	日記	「野口信一君の追悼会を兼ねて平山堂斎藤君の病気全快祝等にて雨に拘らず出席者多し」
四六〇九二八		渋谷清和倶楽部	五島慶太	日記	茶客不明
四七〇五二九	臨時延命会	斎藤利助宅	斎藤利助	日記	茶客不明
四七一〇一四		大小庵	斎藤利助	日記	茶客不明、松永安左ヱ門欠席
四七一一一一		柴庵	小林一三	日記	「東京延命会の連中六人」
四八〇四一八		柴庵	斎藤利助	日記	茶客不明
四九〇四二四	雅俗山荘喜寿茶会	楳泉亭	小林一三	他会	『わが茶日夕』
四九〇五一二		畠山一清邸	畠山一清	来客	『日記』、「延命会連中全部出席（松永君欠席）」
五〇〇五一一		五島慶太邸	五島慶太	大乗	「平田、石井両君欠席」、『日記』
五〇一一二三		五島慶太邸	五島慶太	大乗	茶客不明、『日記』
五一〇四〇七	耳庵喜寿茶会	柴庵	亭主不明	日記	「畠山一清、石井光雄両氏欠席」、『淡交別冊』
五一〇七〇八	鈴木大拙帰朝歓迎茶会	斎藤君宅	斎藤利助	日記	茶客不明
五一一〇二八		福寿庵	藤沢寂仙	日記	「パージを許された私達のための延命会」、『耳庵 松永安左ヱ門』では10月29日
五一一二一〇		五島慶太邸	五島慶太	日記	茶客不明
五二〇二一六	小林一三氏八十祝	鎌倉吉原別邸	小林一三	他会	『日記』に「延命会第一回お茶」、『他会』では「吉原邸」
五二〇二一七		鎌倉吉原別邸	小林一三	日記	「服部梅素、斎藤利助手伝い」
五二〇四二四		畠山一清邸	畠山一清	来客	『日記』、『大乗』

五二〇五二三		八百善	服部玄三	日記	茶客不明
五二〇九一三	鈴木大拙渡米送別会	斎藤君宅	斎藤利助	日記	『日記』では茶客不明、『大乗』
五二一〇〇九	小林一三渡米送別茶会	椿山荘	五島慶太	大乗	「会員一人の欠席もなし」
五三〇二二一	小林一三帰国祝茶会	柴庵	斎藤利助	日記	茶客不明
五三〇九二六		柴庵	斎藤利助	日記	茶客不明
五四〇一二九		松下軒	松永安左ヱ門	大乗	『日記』
五四一一一一		小林一三邸	小林一三	日記	「東京延命会の御連中、畠山一清、服部玄三外六名」
五五〇四一九		八百善	亭主不明	日記	『日記』では五島、松永、長尾君欠席、「お道具は瀬津君が引受けられたとの事」
五五一〇二九		八百善	服部章三	日記	『大乗』では27日、瑞鹿会と合同
五六〇三二一		尚美庵	高梨仁三郎	大乗	『日記』、「五島古経楼主人を除いて、全員の顔そろう」

（他会・来客＝『即翁遺墨茶会日記』、三昧＝『雅俗三昧』、日記＝『小林一三日記』、大乗＝『大乗茶道記』）

昭和二十年（一九四五）以前は『日記』が刊行されていないために四回と少ない。うち三回は畠山一清の『即翁遺墨茶会日記』によるものである。『日記』が刊行されていない戦前から戦中にかけての小林の茶の湯の動向を伝えるものとして貴重である。なお、昭和十六年（一九四一）三月二十日の畠山の招待については、田辺加多丸が無方草堂主人の筆名で『阪急美術』の四四号に「今里庵春宵清話」と題する「茶会記」を残している。(102) それによれば、第二次近衛文麿内閣の商工大臣であった小林が、昭和十五年（一九四〇）九月から十一月にかけて特派使節として派遣された「蘭領印度」からの帰朝を祝う茶会であった。田辺の「茶会記」からは、『即翁遺墨茶会日記』にはみられない参会者の動静や発言などがうかがえるが、参席者の名前は畠山の会記によらねばならない。

ところで、本書の主題からは外れるが、昭和十六年二月に、帝国議会で所謂「機密漏洩問題」が起こり、小林は四月四日に商工大臣の辞任に追い込まれた。「今里庵春宵清話」は、事件の最終局面の時期に開かれた。なお、松永は『追想』の「半世紀の友情」で、「漏洩事件」に言及しており、種々のアドヴァイスを行ったとある。(103) 多難な時でも茶の湯と芸術鑑賞に「遊ぶ」小林の奥の深さを感じ取れる。

田辺加多丸は、寄附に掛けられた表千家六代目である千宗左（原叟《げんそう》）の小幅に関して、

忍は仏なりが読めないので我等が苦吟してゐると、荻野先生〔仲三郎：齋藤〕がすら〳〵と読んで下さるので、我等も此の有難い言葉を味読することが出来た。読めない消息や歌切を其のまゝ研究もしないで使つてゐる人は、道具を求めて道を求めない態度である。我等もよく名画を拝見するが、肝腎の賛が読めない。読めても全然意義がわか

らない。之を究明する処に本格的の芸術観賞がある。美術商の外に専門家の共助を要する所以である。（中略）延命会の連中は、服部〔玄三：齋藤〕さんを始め皆丹念に写しとり研究を続けるところに学究的真摯の態度があつて、奥ゆかしくもあり将来の大成を期待する。[104]

と書き、延命会の性格の一端を綴っている。当初の延命会は古美術品の鑑賞に主眼があった。事実、『日本之茶道』の八巻五号の「延命会の三井寺行」によれば、昭和十七年（一九四二）三月二十一日に畠山一清、荻野仲三郎らの延命会の一行が滋賀県の長等山園城寺の宝物拝観旅行を行っている。[105]小林は五島とともに滋賀県の大津で一行に合流している。

昭和二十年（一九四五）以降になると『日記』の刊行もあってか、延命会の記録は増加するが、「平和」の到来という時代背景もあった。それにしても、戦時下の昭和二十年（一九四五）一月二十六日に、根津嘉一郎の後継者、根津藤太郎が当番幹事となり根津美術館で、また、三月二十七日には団琢磨（狸山）の後継者、団伊能（疎林庵）邸で延命会が開かれた。小林は根津美術館の「無精庵《（ママ）》」でのお茶に際して、先代根津嘉一郎を思い出し、懐かしんでいる。[106]当時の日本の置かれた状況は、一月九日に米軍がフィリピンのルソン島に上陸し、最高戦争指導会議は同十八日に本土決戦即応態勢確立を決定した。さらに、三月十日には東京大空襲があり、三月十七日には硫黄島守備隊が全滅した。小林というよりも、近代数寄者の凄まじいまでの美術品に対するエネルギーを感じる。

『日記』にはこの二つの会合の出席者名はないが、松永『桑楡録』の「延命会根津君の茶事」によれば、一月二十六日には松永も出席している。『桑楡録』によって『日記』二に記された撫松庵の床の「□□墨跡」は「梵竺　墨跡」と判明するものの、松永は「延命会根津君の茶事」を昭和二十一年としているが、(107)誤りである。なお、『桑楡録』によれば、根津美術館での開催は根津藤太郎の延命会への加入を機会とするものであった。

戦後の延命会

戦後になると、十一月二十五日には東京の田中屋での延命会に参加している。『日記』二によれば、十一月五日に幣原喜重郎内閣の国務大臣兼戦災復興院総裁に就任した小林は、前々日の十一月二十三日の夜、夜行列車で大阪を出発し、二十四日の朝八時過ぎに東京に着いて、十時からの閣議に出席している。そして二十六日は九時に議会に登院し、十時からは閣議が行われている。(108)なお、二十五日は延命会の後、「日本劇場に映画及シヨーを見」(109)ている。当時の平均寿命を考えると、七二歳の小林の旺盛な行動力に驚嘆せざるを得ない。ちなみに、『日記』二によれば、小林は敗戦直前の昭

延命会（昭和26年4月、鎌倉寿福庵）（阪急文化財団提供）
松永耳庵の喜寿を祝う茶会。右から長尾欽弥、耳庵、逸翁、五島慶太、服部玄三、田辺宗英、篠原三千郎。

和二十年八月七日に、例年では八月は休会する薬師寺会を開催し(110)、敗戦後には、半月後の八月三十日に雅俗山荘の茶室費隠《ひいん》で山中と宮の二人にお茶を出して、阪急百貨店六階の古美術街の方針を協議している(111)。

小林は、昭和二十一年（一九四六）三月十日から同二十六年八月六日まで公職追放を受けるが、延命会活動は衰えない。第5表では破線でその期間を表示した。第二章の分析結果を踏まえると、むしろ公職追放中の五年五ヶ月間が近代数寄者小林逸翁としての本格的な活動期であった。公職追放中に一二回の延命会参加が確認できる。雅俗山荘の楳泉亭で自らの喜寿茶会を開いたのもこの時期である。この間、亭主名は不明だが、柴庵を利用している耳庵喜寿茶会を含め五回名前の出てくる延命会の世話人斎藤利助は、関西在住の小林の延命会出席の便を図ったといわれている。小林も喜寿茶会と大小庵で二回延命会会員を招いているが、五島慶太の三回も目を引く。五島は後に触れる。

昭和二十六年(一九五二)十月二十八日の「パージを許された私達のための延命会[112]」とあるように、斎藤利助の福寿庵での茶会を皮切りに、喜寿を迎えた小林の延命会での活動も一段と活発化する。ところで、白崎秀雄『耳庵　松永安左ヱ門』上巻によれば、十月二十九日となっており、席上、次客であった松永が藤井正治(寂仙)の濃茶を練り直させるという珍事が出来したという[113]。ただ、この会合の詳しい記録は管見の限り公刊されていない。

翌二十七年には、二月に滞在先の鎌倉の吉原別邸で二日にわたり一〇人の延命会員を招待した茶会を開催しており、雪にもかかわらず、小林は「先づ〳〵成功のお茶[114]」と記している。同年は六回の出席が確認できる。十月九日には東京の椿山荘を会場に、五島が主人となって小林一三の渡米送別会が開かれた。『大乗』には「会員一人の欠席もなし[115]」とある。小林は十月十日に羽田を出発し、アメリカからヨーロッパを巡る欧米映画界視察旅行を行い、十二月二十五日に帰国した。なお、年が明けた二月二十一日に斎藤利助が柴庵で小林一三帰国祝茶会を開いている。

第6表 延命会の亭主回数集計

回数(回)	人数(人)	氏名
7	1	斎藤利助
6	2	五島慶太　畠山一清
5	1	小林一三
1	8	松永安左ヱ門　高梨仁三郎　長尾欽弥　根津藤太郎 服部玄三　服部章三　団伊能　藤沢寂仙
合計	12	

亭主不明＝4回

昭和二十九年(一九五四)一月二十九日の小田原の松下軒の松永の招待は、前節で述べたので、それに譲る。同年十一月十一日には小林の雅俗山荘に畠山ほか七人の「東京延命会の御連中」[116]を迎え入れた。この時の「茶会記」は畠山の『即翁遺墨茶会日記』にはないが、前述した服部玄三の「延命会のことなど」には「瀬津君」[117]の名前も登場する。小林家に出入りしていた道具商雅陶堂の瀬津伊之助と考えられる。

その後、昭和三十年の春と秋には東京山王にあった八百善を会場とする延命会に参加している。ただ、服部章三(梅素)が亭主を務めた瑞鹿会との合同会は、『大乗』では十月二十七日となっているが、『日記』三では二十九日である。[118]なお、二十七日は朝、伊丹飛行場を発ち上京している。二十九日が正しい。確認できた小林が最後に参加した延命会は、高梨仁三郎(紫塵庵)の新入会を機に北鎌倉の尚美庵で開かれた昭和三十一年三月二十一日の茶会である。五島を除き会員全員が出席したという。

第7表 延命会の茶客集計

回数(回)	人数(人)	氏名
31	1	小林一三
15	1	服部玄三
13	1	松永安左ヱ門
12	1	斎藤利助
11	1	五島慶太
10	1	畠山一清
7	2	梅沢彦太郎　篠原三千郎
6	4	鈴木貞太郎　田辺宗英　田山信郎　長尾欽弥
5	2	田辺加多丸　団伊能
4	2	内本浩亮　石井光雄
3	1	荻野仲三郎
2	6	川喜田半泥子　関屋貞二郎　菅原通済　野口信二　平田佐矩　服部章三
1	7	
合計	30	

『大乗』には尚美庵[119]とあるが、『日記』三では福寿庵であり、尚美庵を本席としたとは記されていない[120]。

延命会の亭主と茶客

第6表は確認できた延命会の亭主、第7表は茶客の集計表である。亭主名が不明のケースが四回あったが、判明したものは全員書き上げた。全部で一二人である。

斎藤利助が七回で首位に立っているのは延命会の世話人であったためであろう。次いで五島慶太と畠山一清が六回で続いている。小林は五回であるが、これら四人で第5表の三六回の三分の二を占めている。一方、一回には松永安左ヱ門、長尾欽弥（宜雨庵）、団伊能（疎林庵）といった近代数寄者が散見されるが、上位四人には水をあけられている。

茶客集計は、『日記』『三昧』『大乗』で、小林の延命会への参加は確認できるものの、参加者名が記されていないケースが少なくない。したがって、茶客数はもっと多く、会員の出席回数も増加する点は、改めて断っておく。

第7表では延命会への出席回数が二回以上のメンバーの名前すべてを書き上げておいた。[121] 小林が三一回で首位に位置しているのは、データソースとした記録類によるものであろう。服部玄三、松永、斎藤、五島、畠山の五人の出席回数が一〇回を超え、彼等六人が延命会の中心的なメンバーであった。これまで何度も登場している近代数寄者が名を連ねている。その中にあって一五回で第二位に位置する服部は、筆者のデータベースでは、昭和二十七年(一九五二)五月二十三日の『日記』三に「夜、八百善の服部玄三君当番延命会茶会に出席」[122]と、一度しか登場しない。茶人というよりは、美術品に興味関心があったものと思われる。ちなみに、服部は服部時計店二代目社長であり、『追想』に「延命会のことなど」[123]を寄稿している。

次に延命会の会員相互の結び付きの強弱を明らかにする。第1図は延命会の亭主、茶客、同席者を明らかにするために作成した。亭主を務めた人名は太字で、強調のため五回以上の数字も太字で表示した。なお、亭主不明でも茶客だけは示してある。[124]

小林と五島のクロス箇所で第1図の見方を説明する。丸囲みの「3」は小林が五島を三回、角括弧を付した「6」は五島が小林を六回招いたこと、「8」は小林と五島が八回相席したことを意味している。したがって、小林と五島は延命会で一七回顔を合わせたことになる。勿論、これは小林の参加が確認できたものだけである点は、注意を促しておく。

第1図に登場するのは三一人であるが、小林の同席者は三〇人であり、小林は第1図に登場する全員と顔を合わせている。これはデータソースとした記録に因ると考えられる。これに世話人であった斎藤利助の二九人が続き、二〇人以上と顔を合わせているのは一一人を数える。さらに、半分以上の一五人以上と相席しているのは八人であり、延命会会員の結び付きは濃密であった。その中にあって、小林は五人の会員と一〇回以上相席しているが、個別的に見ると斎藤の一九回、次いで五島の一七回、服部の一五回、畠山と松永の一四回が群を抜いて多い。なお、服部も五人と一〇回以上同席しているが、回数では小林に及ばない。また、五島は小林に加えて、斎藤、畠山、服部と一〇回以上同席しており、畠山と松永はそれぞれ三人と一〇回以上相席している。

以上が、小林の関東における茶の湯の活動の中心となった延命会の記録であり、本節で五島と畠山を中心に検討したいとする一つの根拠である。

田辺加多丸	田辺宗英	田山信郎	団　伊能	長尾欽弥	中村富次郎	根津藤太郎	野口信二	畠山一清	服部玄三	服部章三	平田佐矩	藤沢寂仙	堀くら	松永安左ヱ門	(亭主不明)	同席人数
3	1	1	2	① 2			1	② 1	2		2			4		19
	1	1		1					1		1			1	①	12
	2	2	1	2				2	4	① 1	1	①	1	① 3	①	17
	4	2	3	2				① 4	6	① 1	1			① 5	②	17
2		1					1	③	1							12
		1							1			①	1	1		9
2		1					1	②	1							12
1				1			1	①	1		1			1		13
4	① 2	① 4	3	4 [1]	①		2	⑤ 5 [1]	9 [1]	① 1	4			7 [1]	①	25
5	① 5	6	② 3	① 5 [1]	1	①	2	④ 5 [5]	①11 [3]	① [1]1	① 3	①	1	①11 [2]	③	30
3	① 2	6	3	5	1		1	① 4 [4]	11 [1]	1	4	①	1	9 [1]	①	29
4	2	4	1	4	1		3	④ 2	6		3			5	①	24
1		1	1	1				① 1	2		1			2		14
4	1	1	1	① 2			1	③ 2	4		2			4		21
2			1	①			1	① 1	1					1		15
														[1]		3
		2	1	① 2			2	④ 1	3		2			3		19
		2	1	3	1			3	4	1	1			① 4	①	18
				3	1			③ 1	4		2	①	1	4	①	23
				①				① 3	3	①				5		17
					1		1	② 3 [1]	6	1	3			① 4 [1]	①	23
								1	1					1		10
														[1]		2
								②	2		1			1		16
									8 [4]	① 2	② 1			① 5 [3]	①	24
										① 2	3	①	1	① 9	②	28
											1			① [1]		12
														3	①	20
													①	[1]		8
														1		7
															①	28

・〔 〕で囲んだ数字は、左列人物が上段人物を招いた回数。
・囲みのない数字は、相席の回数。

第１図　延命会出席者の相関

	石井光雄	石橋徳次郎	内山浩亮	梅沢彦太郎	荻野仲三郎	河瀬虎三郎	川喜田半泥子	九鬼紋十郎	**五島慶太**	**小林一三**	**斎藤利助**	篠原三千郎	菅原通済	鈴木貞太郎	関屋貞二郎	**高梨仁三郎**
石井光雄				1				1	2	① 3	2	2	1	3	1	
石橋徳次郎			1	1					1	1	1	1				
内山浩亮				3		1			2	4	2	1				
梅沢彦太郎									4	① **6**	① 2	1		1		
荻野仲三郎							2		2	3	1	2		1	1	
河瀬虎三郎										1	1					
川喜田半泥子									2	2	1	2		1	1	
九鬼紋十郎									1	1	1	1		1		
五島慶太										③ **8** [**6**]	① **8** [2]	① **6**	2	4	1	
小林一三											⑥ **9** [4]	① **6**	① 1	① **6**	2	①
斎藤利助												**6**	2	① 3	1	①
篠原三千郎													2	3	1	
菅原通済														1		
鈴木貞太郎															2	
関屋貞二郎																
高梨仁三郎																
田辺加多丸																
田辺宗英																
田山信郎																
団　伊能																
長尾欽弥																
中村富次郎																
根津藤太郎																
野口信二																
畠山一清																
服部玄三																
服部章三																
平田佐矩																
藤沢寂仙																
堀くら																
松永安左ヱ門																

・亭主を務めた人物と、亭主５回以上の数字は太字で示した。
・○で囲んだ数字は、上段人物が左列人物を招いた回数。

五島慶太と逸翁

小林と五島の関わりは、小林が大正七年(一九一八)から関係していた田園都市株式会社の子会社として目黒蒲田電鉄を設立するに際して、小林が同十一年に武蔵電気鉄道常務取締役であった五島を目黒蒲田電鉄の役員に推薦した時から始まる。最初はビジネス界での出会いであった。五島が小林のお茶の世界に登場するのは、昭和十七年三月二十一日の延命会で、滋賀県の長等山園城寺での宝物拝観の時である。[125] また、五島の茶会への招待は、翌昭和十八年四月二十二日の、東京市世田谷区の玉川上野毛にあった五島本邸春山荘での展観が最初である。[126] その際、小林は次のような感想を綴っている。

春山荘主人をして強引に茶人たらしめんとする後見人の遠謀果して其の目的を達するや否やを知らず、経巻蒐集の腕前から見れば、負けぬ気の主人が本気になつて茶器に手を出すものとすれば、数年の間に大漁の大手筋と一世を驚かした耳庵の強敵となつて、向を張るかもしれない。[127]

五島が昭和十年の還暦を期して茶の湯の世界に入った親友松永の好敵手になると見てい

たのである。ちなみに、松永は、小林より二歳年少であるが、五島よりは七歳年長である。五島が小林の茶の湯をどう見ていたのかについては資料上の制約で明らかにできないが、小林の「五島慶太観」については、若干残されている。昭和二十五年（一九五〇）五月十一日、小林の東上を機会として延命会が五島邸で開かれた。『大乗』の「五島慶太君濃茶を練る」によれば、五島にとっては二度目の濃茶点前であるという(128)。小林は五島を次のように見ていた。

庵主は小手先器用にサラサラと茶人めく風流気など微塵もないだけに、茶室に入れば戦国時代の荒大名はかくもあらんかと思われるばかり真剣の態度でお茶に没頭するから嬉しいのである（中略）五島君の茶に招かれて沁々と感じたことは、普通の茶人は余りにも気を遣いすぎる。主人のお心入は忝いが、五島君のようにコセコセしなくて悠揚迫らず、理屈を離れて遊ぶ心持が有難いと思つた。彼の急ピッチを以てあらゆる古経を蒐集したる如く、今また天下の墨蹟を蒐めているその熱意を内に蔵するお茶は必ずや五島流に大成することを信じる(129)。

「五島流」と書かれているところに、流儀にはこだわらない関東の近代数寄者の面目躍如たるところがあり、小林の茶の湯への姿勢をも読み取れる。この小林の見立ては的中する。『大乗』の昭和三十一年(一九五六)の「続古経楼清鑑を楽しむ」で、

高いとか安いとか、そういうケチな考えは毛頭ない。古経楼の蔵品は天下一品なりと格付けしている(中略)これだけのお道具があれば、その一つ一つをケチ臭く使って、倉庫の中にはまだまだ底知れぬ秘蔵品がウナッテいるような顔をしたがる風流茶人の多い世の中に、一席の茶会に、このような惜し気もなく名物名器を羅列してカンラカラと笑っているところが古経楼主人の裸姿で、その天真爛漫さが嬉しく(130)

と述べている。「一席の茶会」に小林は出席しなかったが、五島と小林の茶の湯の姿勢は通底している。五島は、『七十年の人生』の中で「終始一貫自分が知恵を借りて自分の決心を固めたものは小林一三だ」(131)と書くように、事業面では小林の手法に学んでいる。そして、茶の湯の世界では、小林は五島の良き理解者であった。

畠山一清と逸翁

次に「最後の近代数寄者」といわれた畠山一清（即翁）を取り上げたい。小林と畠山を繋ぐ実業界における接点はない。純粋に茶の湯と古美術の世界での交流である。ちなみに、畠山は小林より八歳年少である。記録で確認できる二人の最初の出会いは、畠山『即翁遺墨茶会日記』に収録されている、昭和九年（一九三四）十二月二十八日の東京青山の根津嘉一郎本邸で開かれた茶会である。日付と寄付の床に「宗旦文歳暮もちつきの絵ある」とあるところから、恒例の歳暮茶会と考えられる。相席者は伊丹信太郎（揚山）、北大路房次郎（魯山人）、大野準一（鈍阿）であった。[132]

畠山の「茶会記」は日時、場所、参会者、道具組、料理は記されているものの、高橋義雄や小林の「茶会記」のように、茶席の雰囲気、亭主や茶客の動静、さらには、茶会批評などはほとんど書かれていない。小林との関連でいえば、『即翁遺墨茶会日記』にある、昭和二十七年（一九五二）二月十六日に招かれた「小林一三氏八十祝」の会記に、「西洋館ハ昭和七年一万円ニて求めベランダを茶席ニし掃出をにしりニしたる処ニ主人公ノ工夫存す」[133]とあるだけである。短い言葉ながら、畠山は小林のやり方を評価している。畠山は『追想』の中の「茗宴交友記」にもこの時の感想を綴っているが、お茶の方でも、その道具立てと言い、茶席の趣向と言い、愛憐掬すべき庶民性に富んでおられた。そんな訳で古い型どおりの定石に満足せず、新時代に則したお茶を提唱して、みずからもまた勇敢に実行して範を示された。(134)

と記している。これに対して筆まめであった小林の「畠山一清論」は比較的残されている。『大乗』に収録された昭和三十年(一九五五)七月の「明治の茶人と昭和の茶人」で、「明治の茶人」として住友吉左衛門(春翠)の事績を述べた後で、畠山に言及し、

日本の伝統を誇る美術の鑑賞は、そのあるべき場所に置いてこそ真価を汲み取りうるのである、というのが畠山翁の信念であって、さればこそその蒐集たるや常に心掛けてその類の最優秀品をねらい、第一品か然らずんば止む、のである。(中略)このように自己の趣味に徹し、遅疑なく独往邁進するもの、東にも西にも跡を追うものを見ず、若し野村得庵翁にして健在すれば或は伍したかも知らぬが、昭和現代の茶人は暫く畠山翁を以て代表せしめうるであろう。(135)

と、八歳年下の畠山を「昭和の茶人」の代表者としている。なお、文中の野村得庵は、大阪で野村証券を中心として野村財閥を築いた野村徳七で、京都に碧雲荘を建設した関西の近代数寄者である。ただ、惜しいことに、昭和二十年（一九四五）一月十六日に没した。『日記』二によれば、小林は野村邸に弔問に出かけ、費隠で追悼のために独座している。[136]ちなみに、筆者のデータベースからは、二人の同席を確認できなかった。歴史叙述に「もし」はあってはならないが、小林より五歳年少であった野村が昭和三十年代初頭まで存命であったならば、小林と茶の湯の交流が展開されたと思われる。

話を畠山に戻そう。昭和二十七年（一九五二）四月二十四日に畠山邸で開かれた延命会の「寄付の火入は古唐津の片身替といつた珍品で、これはお茶碗としても立派なものだ、火入には勿体ないという工合に取合わせ[137]」た道具組に対して、「お道具も大阪茶人のように無理に見せびらかさず、最高の名品を、一段と下げて使って、光らせる[138]」という感想を綴っている。なお、当日は「私が八十、松永が七十八、古稀が五島、還暦が団、服部の両君[139]」、畠山が七四歳という顔ぶれで、「延命」の名に背かないと『日記』三に記している。

『大乗』の「光悦茶会」では、昭和三十年（一九五五）の同会は欠席したが、「茶会記」を見て、伊賀加良多知花入と備前緋襷《ひだすき》水指の使用から、席主を畠山と推測し、次のように続けた。

心からのお茶人なんだね。ほんとうにいいお道具を集めていられる。それも評価だけの上物でなくって、実質的な逸品、自分で心から楽しんで使えるもので而も一等品を買ってる。そしてそれをうまく使い生かす人なんだね。(140)

小林が畠山のお茶を高く評価していることがわかるし、「明治の茶人と昭和の茶人」の中で、畠山を「昭和の茶人」の代表者としている点も首肯《しゅこう》できる。しかし、常に畠山のやり方に賛成していたわけではない。例えば、昭和二十四年(一九四九)五月十二日に東京白金の畠山邸で開かれた延命会に出席した時の『日記』三には、「床には前後三幅秋月寿老人、無準達磨画賛、妙超墨跡、いづれも高価であらうが高い代価を払つて迄欲しくはない(141)」とある。「欲しくはない」という口吻は『日記』に記された茶会の道具類のコメントとしてしばしば登場する。小林は不満なのである。逆に気に入れば、「欲しい」を連発する。一例を挙げると、同年の四月二十七日に大阪枚方の田中太介の茶会に招かれた際には、次のように綴っている。

呉春の青楓孤鹿の二枚折《コレハ先年私が児島で見て、京都湯浅氏のもので、買ふつもりでお金の工夫をしてゐる間に、横取りされたもので、多年欲しいとあこがれて居つたが、その当時十万円と言はれて、一寸お金がないので、工面中に持つてゆかれたので、取逃した魚が大きいといふが、今日見るとそれほどでも無いが、矢張りほしいと思ふ(142)』

小林と畠山との最も大きな違いは、道具類に対する姿勢である。それは逸翁美術館には国宝は一件もなく、重要文化財一五件に留まるのに対し、畠山記念館では国宝六件、重要文化財三二件であるところにも見出せる。しかし、これは収蔵品の優劣を示すのではなく、熊倉功夫は『茶の湯文化と小林一三』で、二人の姿勢を「個性的な小品主義」と「小数名品主義」と比定している(143)。二人の道具類に対するスタンスが明確に示されるのは、昭和二十九年(一九五四)一月二十九日に松永の小田原板橋の松下軒で開かれた新築開席の席上のことである。小林は次のように書いている。

『僕は茶入に興味がないから、名物だとかなんとか言ってもピンと来ないから』という耳庵の説明に対して『そういうものではない。茶入には格式があり、又品格があって、お茶はこれらの形式を尊ぶものであるから、モッと慎重に考えてほしい』と、畠山一

清翁は真剣にたしなめるが如くに言う。(144)
私は耳庵と同説で（中略）畠山翁に対して抗議しようとも思った(145)

小林の姿勢は、「お茶入の格式論を偏重して大金を出すものではない」と、一貫している。(146)

四、関西の茶友たち

小林は、大阪府豊能郡池田町に本邸雅俗山荘を構えていたように、生活の拠点は基本的に関西であり、そこでは広範な茶の湯ネットワークを形成していた。小林の茶友を語るにあたっては関西を落とすことはできない。ところで、関西の茶界は、小林が薬師寺会、芦葉会、渓苔会、北摂弁会といった諸会を主催していたように、会員組織による茶事グループが数多く存在していた。しかし、それら茶事グループの具体的な活動状況や構成メンバーなどを把握できる、例えば、関東における高橋義雄の一連の「茶会記」のように公刊されたものは多くはない。その点でいえば小林の手になる克明な「茶会記」や『日記』の存

第８表 小林逸翁の関西での位置（括弧内の数字は小林の茶友）

	京都		大阪		兵庫		不明		合計(A)		小林分(B)		特化係数
	人	人	人	人	人	人	人	人	人	%	人	%	
裏千家	82	(4)	12	(1)	8	(2)	3		105	30.7	(7)	10.3	0.34
表千家	31	(3)	7	(7)	6	(4)	1		45	13.2	(14)	20.6	1.56
藪内流	18	(3)	8	(2)	2	(2)			28	8.2	(7)	10.3	1.27
武者小路千家	5	(1)	5	(4)	8		1		19	5.6	(5)	7.4	1.32
石州流	1		7	(2)	2	(2)			10	2.9	(4)	5.9	2.03
宗偏流	2		6	(3)					8	2.3	(3)	4.4	1.91
庸軒流	3		3	(2)					6	1.8	(2)	2.9	1.61
遠州流	4	(1)							4	1.2	(1)	1.5	1.29
速水流	2								2	0.6			
久田流			1	(1)					1	0.3	(1)	1.4	4.67
（不明）	48	(5)	18	(9)	20	(9)	28	(1)	114	33.3	(24)	35.3	1.06
合計	196	(17)	67	(32)	46	(19)	33	(1)	342	100.0	(68)	100.0	0.20
%※	57.3	25.0	19.6	47.1	13.5	27.9	9.6	1.5					
特化係数	0.44		2.40		2.07		0.16						

※は茶人合計（342名）に対する小林の茶友合計（68名）の比率

在は貴重である。だが、「茶会記」や『日記』では、茶席や茶庭の佇まいや道具組などは比較的詳しく記されているものの、肝腎の参会者の名前が簡略であったり、『日記』ではそっくり省略されているケースも少ない。このため前節「東都の茶友たち」とは違って、関西という一定の広がりの中で小林の茶友を把握することは難しい。

本節では別の方法を採用する。それは関西における茶人たちが書き上げられている資料と、構築した小林に関係するデータベースとを突き合わせるという作業で、これによって小林の関西における茶友を明らかにしたい。

第８表は、小林を関西の茶界に位置付

ける目的で作成した。具体的な検討に先立って作成手順を説明したい。

まず、これまで明らかにしてきた小林の関西茶友ネットワークを念頭に、高原慶三「昭和茶道人国記」[147]、佐々木三味『茶の道五十年』[148]、天野省悟『私記・茶道年表』[149]に登場する昭和期の京都府、大阪府、兵庫県の茶人を全て書き上げる。資料の記述によって居住地、流派、職業が判明すれば、注記しておく。作業を通じて複数の資料に登場する重複を除いたことは言うまでもない。この作業で明らかとなった茶人総数は三四二人に達した。

次いで筆者データベースに基づいて、小林の「茶会記」や『日記』に登場した、茶友ともいうべき茶人と突き合せる。この二段階の作業により関西における小林の茶友六八人を確認できた。勿論、紹介した資料によって把握できた茶人であり、例えば、小林の茶友として知られている奈良県の河瀬虎三郎(無窮亭)や滋賀県の渡辺栄一(冲庵)などが落ちており、小林の茶友の全てを網羅していないことは断っておく。

第8表は、前述の茶人を府県別、流派別に区分し、さらに小林の茶友を括弧内の数字で表示した。なお、小林の位置を知るために各種の特化係数を算出した。

京都・大阪・兵庫の茶友

京都府の茶人は一九六人を数え、五七・三パーセントと半ばを超えている。古からの茶道諸家元のお膝元という事情によるものであろう。京都府に次いで六七人の大阪府が続き、京都府と並び茶の湯世界の「五都」としての貫禄を示している。兵庫県は四六人であった。だが、一割近い三三人の居住地不明者がいたことには注意を促しておく。

ところが小林の茶友に限って居住地をみると、事態は一変する。大阪府居住者が四七・一パーセントの三二人であって、二七・九パーセントで兵庫県の一九人が続き、京都府は一七人と三位に後退する。事実、特化係数を算出すると、大阪府と兵庫県は二を上回っているのに対し京都府は〇・四四であった。京都府在住の茶人は人数的には多かったものの、小林の茶友は少なかった。これは小林の本拠地である大阪府池田町と京都の間の移動に要する時間によると考えられる。しかし、小林の茶友の居住地が京都府、大阪府、兵庫県に点在している意味は大きく、河瀬虎三郎の奈良県や渡辺栄一の滋賀県などを考えると、小林の茶友は関西一円に広がっていた。

茶友の流派・職業

ここで特に注目すべきは、茶道諸流派の構成である。第8表では一〇の流派が書き上げられているが、小林の茶友の流派数は九流派に上っている。小林は表千家流の生形貴一（朝生庵）の弟子であり、表千家流に属する。確かに表千家流に属する小林の茶友は一四人を数え二割を占め、やや多いともいえる。しかし、個別流派で人数は少ないものの、速水流を除いた諸流派の茶友の存在を見逃せない。試みに特化係数を算出すると、〇・三四の裏千家流以外は一を上回っている。裏千家流を除いた諸流派は、茶人の構成比に比して小林の茶友の比重が高いのである。言い換えれば、小林は流派に関係なく茶友として迎え入れたのであり、また他流派の茶人を訪れたのである。実際のところ、小林は藪内流家元の藪内紹智(猗々斎《いいさい》)の元に四回訪れており、裏千家流の若宗匠千宗室とは一回同席している。小林の周辺にいた根津嘉一郎や松永安左ヱ門といった近代数寄者たちは流派に頓着しなかったといわれているが、第8表で小林も同様であったことが証明された恰好である。

拙著『近代数寄者のネットワーク』で『日記』を使用して、小林の茶客二三九人を析出した。[150] しかし、これは関西のみならず、関東の茶友も含んでいる。第8表で、京都府、大阪府、兵庫県に限られるが、小林の関西における茶友六八人を確認できた。煩雑さを軽減するために筆者のデータベースで小林を招いた亭主、小林の茶客、さらには同席者として確認でき、その合計が三回以上であった人物、合わせて四五人の氏名、雅号、居住地、流派、小林主宰の諸会への所属、職業などを一覧で示したのが第9表である。ただ、この回数は筆者のデータベースによるもので、たびたび述べているように、「茶会記」や『日記』では出席者が省略されているケースが少なくない点は強調しておく。なお、職業は『日本紳士録』などの名鑑類も参照した。ただ、対象とした期間に幅があり、必ずしもすべての期間を通じたものではない。第二章第三節「小林逸翁と諸会」で明らかにしたように、小林の主宰する複数の会に顔を出している茶友も少なくないが、煩雑さを軽減するために一つのみにとどめた。詳しくは本書第二章第三節を参照してほしい。

第9表　関西の茶友

氏名	雅号	居住地	流派	会	職業・肩書	回数	出典
加藤義一郎	櫟庵	京都		三客一亭会	美術評論家	59	五十年
銭高久吉	二松庵	大阪	表千家	芦葉会	銭高組社長	49	人国記
生形貴一	朝生庵	大阪	表千家	同人会	宗匠	31	私記
坂田作治郎	柏庵	大阪	表千家	芦葉会	道具商	31	人国記
山田多計治	曠庵	兵庫		芦葉会	大阪機械社長	31	人国記
生島房次	好日庵	大阪		芦葉会	道具商	30	人国記
藤木正一	閑松庵	大阪	石州流	渓苔会	藤木工務店社長	30	人国記
山田岸太郎	禾庵	兵庫	表千家	芦葉会	山田商店社長	23	人国記
河合幸七郎	宗那	大阪		芦葉会	河合ダンス社長	20	人国記
藤井卯兵衛	山水庵	大阪	久田流	芦葉会	大阪鋼材監査役	20	人国記
今枝善陸	半庵	兵庫		芦葉会		17	五十年

渡辺丈太郎	常庵	大阪	藪内流	環堵会	宗匠	17	私記
山内金三郎	神斧	大阪	宗徧流	芦葉会	『阪急美術』編集長	16	人国記
乾豊彦	不鬼庵	兵庫	石州流	渓苔会	乾汽船社長	15	私記
小西完子	梅芳	兵庫	表千家	薬師寺会	小西新右衛門夫人	15	人国記
和田久左衛門	臨陽軒	大阪	表千家		辰巳屋、大地主	15	人国記
小沢亀三郎	渓苔堂	大阪		渓苔会	道具商	13	人国記
山中吉郎兵衛	春篁堂	大阪		細流会	道具商	13	人国記
湯木貞一	吉兆	兵庫	表千家	半七会	割烹吉兆主人	13	人国記
岸本貞二郎	汀水庵	兵庫		芦葉会	岸本汽船取締役	12	人国記
江口次郎	忘露庵	大阪		渓苔会	江口証券社長	9	人国記
沖原弁治	月波庵	大阪		渓苔会	大阪重油炉製作所社長	9	人国記
米島万次郎	曼庵	大阪	藪内流	細流会	日本開発機製造取締役	9	人国記
太田佐七	秀葉軒	大阪	庸軒流		大阪美術倶楽部社長	8	私記
古賀勝夫	竹世	兵庫	藪内流	芦葉会	道具商	8	人国記
小田栄作	雨畦	大阪	庸軒流		道具商	7	人国記
中井新三郎	浩水	大阪	宗徧流	芦葉会	『阪急美術』嘱託	7	人国記
小西新右衛門	業精	兵庫	表千家	薬師寺会	小西酒造社長	6	五十年
戸田大三		兵庫		渓苔会	道具商	6	人国記
細見良	香古庵	大阪		同人会	毛織物商	6	人国記
八馬兼介		兵庫	石州流		八馬汽船相談役	5	人国記
大鋸谷清次	宗龍	京都	表千家		藤沢製薬社友	5	私記
土橋嘉兵衛	無声庵	京都	遠州流		道具商	4	私記
戸田政之助		大阪	武者小路千家		道具商	4	人国記

藪内紹智	猗々斎	京都	藪内流		藪内流家元	4	私記
善田喜一郎	好日庵	京都			京都美術倶楽部社長	3	人国記
高原慶三	杓庵	京都		芦葉会	茶道研究家	3	私記
辻留次郎	斉	京都	裏千家		割烹辻留初代主人	3	私記
辻本英一		大阪	表千家		福助足袋社長	3	人国記
浜本俊	宗俊	京都	裏千家	三客一亭会	女流茶人、業躰	3	私記
別府哲二郎	竹葉	大阪	宗徧流	芦葉会	鰻屋竹葉亭主人	3	人国記
正木孝之	滴凍軒	大阪				3	人国記
松岡魁庵		兵庫	裏千家		実業家	3	人国記
山田嘉展		兵庫	藪内流	三子会		3	人国記
小川堅三郎	愛棣居	兵庫		細流会		3	人国記

人国記＝高原慶三「昭和茶道人国記」（『新修茶道全集』巻五、一九五一年）
五十年＝佐々木三味『茶の道五十年』（淡交社、一九七〇年）
私記＝天野省悟『私記・茶道年表』（創思社出版、一九七九年）

京都府、大阪府、兵庫県に限られる限界性はあるものの、小林の茶の湯に関説した論稿で、茶友の社会的な存在形態をここまで克明に書き上げた事例はない。膨大であるが、敢えて掲示した[151]。

なお、今回使用した資料で美術商と道具商の混用がみられるが、道具商に統一した。また、職業が不明の四人は、『日記』などの記述からすれば恐らく実業家であると推定されるが、決定的な文言を欠くため、ひとまずは不明としておいた。[152]

実業家が一八人と最も多く、次いで道具商の一一人が続く。ただ、すでに述べてあるように職業が不明であった四人も実業家の可能性が高く、実業家の人数はさらに増えると考えられる。第9表で見る限り関西の小林の茶友の三分の二は実業家と道具商であった。この延長線上に阪急百貨店における充美会への支援があった。

『阪急美術』編集長である山内金三郎（神斧）や美術評論家の加藤義一郎（櫟庵）らは、小林の良き相談相手であったと考えられる。この範疇に高原慶三（杓庵）を加えることもできる。

しかし、小林が師事している表千家流の生形貴一の他に第9表に名前の挙がっている宗匠は、藪内流家元である藪内紹智（猗々斎）と同流の渡辺丈太郎（常庵）の二人に過ぎない。第五章第三節で明らかにするように、昭和二十年代に『新茶道』で家元批判を展開している小林との間に距離があったのであろうか。

註

（1）『漫筆』第二、三四頁。
（2）『自叙伝』、一六〇頁。
（3）三宅晴輝『小林一三伝』（東洋書館、一九五四年）、一三六頁。
（4）『日記』一、二七～二八頁。

（5）『日記』一、五一頁。同書に「熟談ノ上決着ス」とあるが、この頃、話があったという住友銀行への移動のことであろうか。
（6）『日記』一、五六、七八、八九、九九、一〇七、一一四、一二〇、一三一、一三二、一四〇～一四一、一四六、一五〇、一五一、一五七～一五九、一六一、一六四、一六五、一六八、一七一、一七七頁。
（7）『日記』一、一七七頁。
（8）齋藤康彦「甲州財閥の形成――経営参画と株式投資――」（『山梨大学教育人間科学部紀要』第七巻二号、二〇〇五年）、七四頁。
（9）「甲州財閥の形成――経営参画と株式投資――」、七五頁。
（10）『漫筆』第二、三六頁。
（11）高橋義雄『昭和茶道記』一、八六九頁。
（12）高橋義雄『大正茶道記』一、一八一～一八七頁。
（13）逸翁美術館『逸翁鶏鳴集　日記抄・拾遺』（一九六三年）、六二頁。なお、小林の没後に逸翁美術館から刊行された同書は、凡例に「日記は風流の部分（句歌関係）だけを抄録した」とあり、悉皆的な収録とはなっていない。
（14）『三昧』、二四二頁。
（15）東京美術倶楽部百年史編纂委員会『美術商の百年』（東京美術倶楽部、二〇〇六年）、六三八頁。
（16）『追想』、六七一頁。
（17）矢野恒太記念会『矢野恒太伝』（矢野恒太記念会、一九五七年）、二二四頁。
（18）『新茶道』、一九〇頁。
（19）『新茶道』、一九三頁。
（20）藤原銀次郎『私のお茶』（講談社、一九五八年）、一一〇～一一三頁。
（21）『三昧』、一一一頁。
（22）『三昧』、一一四～一一五頁。
（23）『大乗』（浪速社、一九七六年）、一三九頁。
（24）『三昧』、一二二～一二三頁。
（25）小林一三「根津翁と熱海会」（星岡窯研究所『星岡』一一号、一九四一年）、一二頁。
（26）『三昧』、一二九頁。
（27）『三昧』、一三一頁。
（28）越沢宗見『宗見茶道記』（北陸茶道研究会、一九五〇年）、二三一～二三五頁。
（29）『三昧』、一一六頁。
（30）『三昧』、一一七～一一八頁。
（31）『三昧』、一一八頁。

(32) 『三昧』、一一八頁。

(33) 『三昧』、二四二頁。また、『三昧』の「松永耳庵の二著」では、次のように触れている。「中峰の墨跡の前に南蛮切溜の花瓶、それに、邸内に咲きほこつてゐるシヤガの花をいれて、如何にもわびたつもりであらうが、墨跡を使へば古銅か青磁か、伊賀か、堂々たる花器に、それにふさはしい花でなければ困る」と青山翁は斯界常道の品格論を注意する(二三七頁)。

(34) 『三昧』、二四二頁。

(35) 『大乗』、一三七～一四〇頁。

(36) 『漫筆』第二、三六頁。

(37) 『漫筆』第二、三九頁。

(38) 『漫筆』第二、三九頁。

(39) 斎藤利助『書画骨董回顧五十年』(四季社、一九五七年)、三頁。

(40) 『漫筆』第二、四一頁。

(41) 『漫筆』第二、四二頁。

(42) 『漫筆』第二、四三頁。

(43) 『近代数寄者のネットワーク』の、特に第八章「近代数寄者の茶界の終焉」を参照のこと。

(44) 『追想』、六頁。明治四十三年の野江線をめぐる大阪市との契約が疑獄事件となったために一時、箕面有馬電気軌道の専務取締役から離れていた小林は、かつて三井銀行名古屋支店長で上司であった平賀敏を岩下の後任の社長に迎えている。なお、野江線疑獄事件で松永安左ヱ門も拘引されている。

(45) 昭和八年一月二十九日の「弦月庵によばれる」、十三年四月二十四日の柳瀬山荘の茶会、十七年三月九日の「熱海十国庵茶会」、同年十一月の「追憶七十年茶会」、十八年四月の「小林一三古稀の茶会」、二十七年十月九日と三十一年三月二十一日の延命会などが落ちている。

(46) 松永の茶会の悉皆的な把握とはなっておらず、本節の狙いである小林との関連でいえば、例えば、上巻の三〇二頁に「昭和十年四月七日、小林一三が外遊より帰つての雅俗山荘茶会に、東京美術学校校長正木直彦、田中親美らと共に招かる」とあるが、『茶道三年』や『十三松堂日記』では翌年五月二十八日の「外遊記念茶会」で、会場は弦月庵であった。また、下巻の二一〇頁に「昭和三十年四月十九日鎌倉で延命茶会が行はれた」とあるが、『日記』三では山王八百善が会場で、松永は欠席している。

(47) 正木直彦『十三松堂日記』三(中央公論美術出版、一九六六年)、一〇一九頁。

(48) 松永『茶道三年』上巻(一九三八年)、一頁。

(49)『漫筆』第二、五四〜七〇頁。ただ、同行者の「細田燕台」は細野申三(燕台)の誤り。
(50)『十三松堂日記』三、一〇三九頁。なお、『星岡』三〇号の「魯山人氏出版祝賀会」によれば、当日の参会者は二五人であった。
(51)『三昧』、一三五頁。
(52)『十三松堂日記』三、一三三三頁。
(53)松永安左ヱ門翁の憶い出編纂委員会『松永安左ヱ門翁の憶い出』(電力中央研究所、一九七三年)下巻、三五七頁。
(54)『三昧』、一三九頁。
(55)『日本之茶道』九巻一号、二八頁。
(56)『三昧』、二一九頁。
(57)松永安左ヱ門『わが茶日夕』(河原書店、一九五〇年)、二八〇〜二八一頁。
(58)『追想』、一九八頁。
(59)『わが茶日夕』、二三七頁。
(60)『わが茶日夕』、二三七頁。
(61)『わが茶日夕』、三三四〜三三七頁。
(62)『わが茶日夕』、二七九頁。
(63)『即翁遺墨茶会日記』(荏原製作所、一九七二年)、昭和二十四年四月二十四日記事。
(64)『日記』三、三七九頁。
(65)白崎秀雄『耳庵　松永安左ヱ門』下巻(新潮社、一九九〇年)、二五五頁。
(66)『好日会十周年記念』、昭和三十一年四月十五日記事。
(67)『日記』三、六九九頁。
(68)『日記』三、七〇〇頁。
(69)『星岡』三二号、一一頁。
(70)『茶道三年』上巻、一三〜一六頁。
(71)『茶道三年』上巻、一九頁。
(72)『十三松堂日記』三、一〇五九頁。
(73)『日本之茶道』八巻三号、三一〜三二頁。
(74)『三昧』、二一六〜二一八頁。
(75)『三昧』、二二二〜二二三頁、『雲中庵茶会記』上巻、四四〇〜四四二頁。
(76)『耳庵　松永安左ヱ門』下巻、七八頁。
(77)『わが茶日夕』、三九四頁。
(78)『日記』三、五九〜六〇頁。
(79)『日記』三、一六九頁。
(80)『大乗』、二九四〜二九六頁。
(81)『日本美術工芸』二二三号、五四〜五九頁。『松永安

左ヱ門著作集』第四巻の「重光葵と小林一三の死」によれば、松永は小林の没した直後の一月二十七日に松下軒で小林を追善する茶会を開いた。『雲中庵茶会記』には、その際の「茶会記」が記録されている。
(82)『三昧』、一三九頁。
(83)『三昧』、一四〇頁。
(84)『三昧』、一三八頁。
(85)『日本之茶道』六巻一〇号、五頁。
(86)『日本之茶道』六巻一〇号、六～七頁。
(87)『わが茶日夕』、三三六～三三七頁。
(88)『わが茶日夕』、二八六～二八七頁。
(89)佐々木三味『茶の道五十年』(淡交社、一九七〇年)、二〇二頁。
(90)松永安左ヱ門『桑楡録』(河原書店、一九四八年)、一八四頁。
(91)『茶の道五十年』には、佐々木三味は同時期に小林と松永を顧問に茶道文化会を組織し、昭和二十三年四月に同会の一周年記念大会に際して枳殻邸での濃茶席を依頼とある(二〇三～二〇七頁)。『日記』二には佐々木三味が四月九日に道具組を持ち帰るとあるが、小林は大会当日の二日とも他所で茶会に参加しており、枳殻邸には行っていない(六〇三頁)。
(92)『三昧』、二一七頁。
(93)『三昧』、二一八～二二〇頁。
(94)『三昧』、一三六～一三七頁。
(95)『大乗』、三四三頁。
(96)小林は、『茶道全集』巻の二(創元社、一九三五年)の「現代茶会観」の三九七～四〇二頁に「東京・大阪の茶会」を執筆している。
(97)『三昧』、三六一～三六二頁。
(98)武田満作『日本勧業銀行史 特殊銀行時代』(日本勧業銀行調査部、一九五三年)、付録三頁。
(99)『阪急美術』二号八～九頁、三号七～一〇頁、四号七～一二頁、五号二～七頁。
(100)『追想』、一二九頁。
(101)『わが茶日夕』、一九九頁。ただ、同書の目次では「諸戸精文氏の当番延命会」とあるが、本文では「諸戸精文氏当番の延命会」となっている。
(102)『阪急美術』四四号、四〇～四三頁。
(103)『追想』、一五～一七頁。
(104)『阪急美術』四四号、四〇～四一頁。
(105)『日本之茶道』八巻五号、三一～三二頁。
(106)『日記』二、一〇頁。
(107)『桑楡録』、一七五～一七八頁。

(108)『日記』二、三二八頁。
(109)『日記』二、三一八頁。
(110)『日記』二、二二六頁。
(111)『日記』二、二六七頁。
(112)『日記』三、三五四～三五五頁。
(113)白崎秀雄『耳庵　松永安左ヱ門』上巻（新潮社、一九九〇年）、一二一～一七頁。
(114)『日記』三、三七八頁。
(115)『大乗』、二四四頁。
(116)『日記』三、六二〇頁。
(117)『追想』、一三二頁。
(118)『大乗』、三六三頁。『日記』三、六七〇頁。
(119)『大乗』、三七四頁。
(120)『日記』三、六九五頁。
(121)一回の出席者は河瀬虎三郎、石橋徳次郎、堀クラ、中村富次郎、九鬼紋十郎、円覚寺、鈴木大拙の弟子の外国人である。なお、『茶道聚錦六　近代の茶の湯』（小学館、一九八五年）によれば、正会員として仰木敬一郎（魯堂）、随時会員として田中親美、藤原銀次郎（暁雲）らの名前が挙がっている（一六一頁）。また、『追想』の斎藤利助の「四十年つづいた親切心」では反町茂作も登場する（五八〇頁）。
(122)『日記』三、四〇〇頁。
(123)『追想』、一二九～一三五頁。
(124)煩雑さを軽減するために外国人、円覚寺は略した。
(125)『日本之茶道』八巻五号、三一～三二頁。
(126)『三昧』、三六一～三六九頁。
(127)『三昧』、三六三頁。
(128)『大乗』、一六五頁。
(129)『大乗』、一六五～一六六頁。
(130)『大乗』、三八一～三八三頁。
(131)『七十年の人生』（要書房、一九五三年）、四〇頁。
(132)『即翁遺墨茶会日記』、昭和九年十二月二十八日の条。
(133)『即翁遺墨茶会日記』、昭和二十七年二月十六日の条。
(134)『追想』、五五頁。
(135)『大乗』、三五〇～三五一頁。
(136)『日記』二、七頁。
(137)『大乗』、二三二頁。
(138)『大乗』、二三二頁。
(139)他の出席者は、梅沢彦太郎（曙軒）と田山信郎（方南）であった（『大乗』、二三二頁）。

(140) 『大乗』、三六〇頁。
(141) 『日記』三、六〇頁。
(142) 『日記』三、五七頁。
(143) 逸翁美術館『茶の湯文化と小林一三』(思文閣出版、二〇〇九年)、七頁。
(144) 『大乗』、二九五頁。
(145) 『大乗』、二九五頁。
(146) 『大乗』、二九五頁。
(147) 『新修茶道全集』巻五(創元社、一九五一年)の高原慶三「昭和茶道人国記」の四二〇~四四八頁の「京都の巻」「大阪の巻」「阪神・兵庫の巻」を使用した。
(148) 『茶の道五十年』。
(149) 天野省悟『私記・茶道年表』(創思社出版、一九七九年)。
(150) 『近代数寄者のネットワーク』、二二六頁。
(151) 京都の佐々木敬一(三昧)、熊谷直清、辻嘉一、石井安居軒、大阪の戸田弥七、中川砂村、山口トミ、兵庫の高畑誠一(清鴨庵)、山本発次郎などが二回で落ちた。
(152) 正木孝之は「昭和茶道人国記」に「映画の正木」としか書いておらず、職業を確定できなかった(四四〇頁)。

第四章　小林逸翁の茶の湯

はじめに

本章の狙いは、小林一三（逸翁）の自会における道具組を検討し、「目利き」の茶を明らかにすることにある。その際、これまでも取り上げられた、ヨーロッパで入手した焼物の茶道具への転用の内容を明らかにする。さらに、刊行されている昭和十年九月から翌年四月までの欧米視察旅行の「日々是好日」と題された記録や、昭和十五年四月から七月の「訪伊使節日記」を使用して、海外の骨董品巡りや購入の実態を確認したい。

第一節「逸翁の好み」では、自会の道具組のデータベースを構築し、小林の茶道具の使用状況を検討する。

第二節「「目利き」の茶」では、『日記』をデータソースとし道具類の購入状況を確認する。次いで、「茶会記」から外国製品の使用例を析出し、その特徴を明らかにする。その後、『日記』や「茶会記」に記されている参席した他会の道具類に対するコメントを集積して、小林の茶道具批評を考えたい。

第三節「茶会批評」は、主に『日記』をデータソースとし、戦後に限定されるものの、小林の茶会批評を俎上に載せたい。

第四節「懐石料理改革」は、小林に関説した論稿には必ず登場する「新茶道」の一環となった懐石料理改革への取り組みをデータベースを駆使して検討し、「洋食」にこだわらず、小林の認識や時代背景を検討したい。

一、逸翁の好み

本節は、「モノ」に注目し、小林の茶会内容の検討に主眼を置く。方法は、「茶会記」に記録されている小林の自会の道具組を情報源とする。幸い、没後に逸翁美術館から刊行された『大乗』には「逸翁茶会記（抄）」として、昭和二十二年（一九四七）十二月二日の第六一回薬師寺会以降、最後の茶会、昭和三十二年(一九五七)一月二十日の北摂丼会にいたる一一四回の茶会の道具組が採録されている。(1)

ただ、「逸翁茶会記(抄)」と『日記』を突合せると、いくつかの「事実」が浮かび上がった。例えば、昭和二十五年(一九五〇)六月八日~九日の「池田市役所落成祝賀会」には、小林は参加していない。『日記』三によれば、茶会は池田文庫古彩庵で開かれ、道具一式を貸したとある。(2)また、同二十八年三月二十九日の広島県福山市の見仏山大念寺の「鵬程万里茶会」には加藤義一郎(櫟庵)が出席し、(3)同三十一年四月十五日、鎌倉市にあった広田松繁(不孤斎)の松喜庵における「好日会」には、生島房次(好日庵)が代わりに行っている。(4)さらに、昭和二十八年一月六日の「渓苔会」は、『日記』三には「在床、薬師寺会病気のため休む」(5)とあるように、「渓苔会」ではなく「薬師寺会」であり、その上、小林は欠席している。しかし、本節では、小林の道具組を問題としているので、小林が参加していない茶会でも、データベースに加えた。(6)

以上の「逸翁茶会記(抄)」を中心とし、それに茶客が書いた「茶会記」に道具組が記されている二〇回を加えた。ただし、畠山一清(即翁)の『即翁遺墨茶会日記』にも登場する昭和二十四年(一九四九)四月二十四日の「小林逸翁喜寿自祝会記」は連会であるので外した。「茶会記」が重複した場合は、より詳しく書かれた「茶会記」を採用した。さらには、前日に準備したが、小林の急逝によって幻となった、『大乗』冒頭に示された第一九二回「芦葉会茶会記(7)」の道具組も検討する。一三五回の小林の道具組を確認できる。

一方、『日記』にも自会の道具組が書かれたケースが散見される。二九回であるが、うち四回は先に述べた茶客たちの「茶会記」と重複している。また、昭和二十年(一九四五)四月十八日の「時局のお茶会」で記された道具組が最も詳しく、釜を除き、掛物、花入、茶器、茶杓、茶碗などが克明に記録されているが(8)、他の箇所で極めて簡略である。事実、床の掛物だけは二〇幅を数えるが、釜は一回、花入は五回、茶杓は六回である。この記述内容では、前述した「逸翁茶会記(抄)」や茶客たちの「茶会記」に記録された道具組と同水準で検討することに躊躇を感じざるを得ない。むしろ、攪乱《かくらん》要因となる。

そこで本節では、「逸翁茶会記(抄)」と茶客らの書いた「茶会記」を基本的なデータソースとしてデータベースを構築した。完成したデータベースは膨大なもので、一挙掲載は難しい。ただ、確認できた自会は三九〇回を数え、今回の検討対象茶会は三分の一に過ぎない点と、昭和戦前期の茶会は一四回と、著しく少ない点は注意を促しておく。

茶客は、寄付の飾付、床の掛物、釜、香合、花入、茶碗、茶器、茶杓の順に拝見する。以下、茶会の流れに沿って茶道具の使用を見ていく。[9]

掛物

『漫筆』第一に収録された高橋義雄『昭和茶道記』の「歳末懐旧茶会」によれば、小林が高橋を最初に招いた昭和六年（一九三一）十二月十五日に別邸の寄付にかけられていたのは「呉春筆柳に椋鳥《むくどり》の長上幅」とあるが、[10]「逸翁茶会記（抄）」冒頭にある昭和二十二年（一九四七）十二月二日の第六一回薬師寺会の床では「呉春柳椋鳥図半切[11]」とあるように、表記が微妙に異なっている。いずれも『茶会記をひもとく 逸翁と茶会』の「柳椋鳥図[12]」と同一物である。さらに、「逸翁茶会記（抄）」でも、昭和二十五年一月三日の初釜の床の「呉春孤鶴蕗花図大幅[13]」が、同三十年の初釜では「呉春孤鶴欵冬花図大幅[14]」と記されている。ちなみに、「呉春孤鶴欵冬花図大幅」との表記は、その後も「逸翁茶会記（抄）」に二回登場する。[15]「蕗花」と「欵冬花」はどちらも「フキ」のことで、これも同一物である。

このように表記が異なるケースも同じものとした。現在のところ、小林が使用した茶道具を確定する資料を持ちあわせていないので、正確さは期しがたかった。

なお、茶道具類の数詞は、書画や墨蹟は幅、茶器は個、茶碗や釜は口、茶杓は本であるが、煩雑さを軽減するためすべて点とした。

第1表は、掛物の使用状況である。複数回使用された掛物は具体的に書き上げた。以下、

第１表 掛物の使用状況

回数	点数	掛物の名称
6	2	「信尹 梅花帰雁図 春屋賛」「蕪村 桃林騎馬図」
5	2	「蕪村 竹林図」「宗達 飛鴨図」
4	1	「呉春 孤鶴欵冬花図 大幅」
3	5	「加茂葵祭絵巻 残欠」「呉春 柳椋鳥図 半切」「蕪村 松林帰樵図」「周文 夏景山水図」「応挙 鵜飼舟図」
2	18	「清巌 一行 唱起太平曲」「蕪村 春景山水図」「景文 稲雀図」「歌仙切 貫之」「蕪村 石画賛」「呑舟 雨中鷺図 竪幅」「応挙 雪月花横幅」「光悦 春月色紙」「乾山 槇絵」「清巌 一行」「江月 大横物 明歴々露堂々」「景文 菊花 三幅対」「唐絵 蓮花竪幅」「源琦 武者像」「大燈 墨蹟」「福沢先生 一行 竪幅」「乾山 一休偈 墨蹟」「高橋箒庵 書簡表装」
1	165	
合計	193	

特に断らない限り二回以上使用された道具は同様に処理した。なお、データソースによって表記は異なっているので、最も詳しいケースを採用した。掛物は一三五回のすべての茶会で使用されており、その延べ数は二四一点を数える。複数回の使用を考慮して再集計すると、掛物の点数は一九三点となる。しかし、一六六点は一回のみの使用であり、八六・〇パーセントを占める。これは、掛物にとどまらないが、小林の茶道具の蒐集が如何に豊富であったのかを雄弁に物語っているだろう。今回は触れないが、『日記』によれば、茶会の後で雅俗山荘の二階などで数々の道具類を陳列し、招客を驚嘆させている。

使用頻度が最も高かったのが、ともに六回である「信尹　梅花帰雁図　春屋賛」と「蕪村　桃林騎馬図」である。この二つは特にお気に入りの作品といってよい。それと関連して、第1表で名前の挙がる二八点の一七・九パーセントの五点が与謝蕪村作品である。なお、一回の使用をふくめてカウントすると、与謝蕪村作品は一八点を数え、九・三パーセントを占めている。

十代で『山梨日日新聞』に小説「練絲痕」を連載し、将来は小説家たらんとしていた小林は、俳諧にも造詣が深く、『日記』には、全編にわたり随所に作句が書き込まれている。[16]また、『漫筆』には「蕪村の手紙」[17]と「蕪村の話」[18]が、『三昧』には「蕪村の肖像画」[19]が収録されている。さらに、『三昧』の「俳幅の話」で、三十年代の俳句ものの書画幅流行の思い出を綴っている。[20]

一方、松村呉春、円山応挙、松村景文などの作品の複数回の使用はそれぞれ二点である。ただ、複数回の使用作品数では与謝蕪村に劣るものの、松村呉春の作品は二一点も使用されており、掛物の使用点数では首位に立ち、一〇・九パーセントと一割を超えている。『漫筆』にも「呉春の話」[21]が収録されている。ちなみに、松村景文は呉春の弟である。

全体からみると、松村景文の作品は七点、円山応挙は四点を数える。ところで、尾形乾山の作品は第1表には「槇絵」しか登場しないが、使用作品は六点に上り、松村景文に次

第2表 釜の使用状況

	回数	個数	釜の名称
釜	10	1	常什
	7	1	「古芦屋 真形 富士清見寺松地紋」
	5	3	「古天明 真形 霰松地紋」「与次郎 筋万代屋」「古芦屋 真形」
	4	1	「芦屋 梅枝紋 甑口」
	3	4	「角谷一圭 宝珠形 木賊紋」「古芦屋 真形 山水地紋」「寒雉 宝珠形 扇面鐶付」「光悦好 竹垣地紋」
	2	13	「古芦屋 真形 三保松原文」「古浄味 光悦好 竹垣文」「紹鷗好 棗形 霰地紋」「古天明 姥口尾垂」「与次郎 広口」「古芦屋真形 富士老松紋」「古芦屋 真形 富士文」「与次郎 広口 玉の絵」「与次郎 万字釜」「不昧公好 丸」「浄元 紫野 啐啄斎箱」「寒雉 車軸 蟷螂鐶付」「芦屋 真形 富士文」
	1	35	
合計		58	
風炉釜	15	1	常什
	7	1	「浄雪 地蔵堂 風炉釜」
	5	1	「瓢箪釜」
	4	1	「浄汲 雲龍釜」
	3	1	「古芦屋 真形 富士文」
	2	1	「寒雉 霰地紋 松絵」
	1	12	
合計		18	

いで四位に位置している。それはともかく、掛物では俳幅の比重が著しく高かったところに特徴がある。第1表で見逃せないのが「高橋箒庵書簡表装」である。その経緯は第一章「数寄の世界へ」の第一節「高橋義雄との出会い」で詳説したので、繰り返さない。小林も、ここぞという茶会で使用したに違いない。[22]

釜・風炉釜

第2表は、釜と風炉釜に分けた釜類の使用状況であ

第3表 花入の使用状況

回数	点数	花入の名称
8	1	「砧青磁 浮牡丹文」
5	1	「黄瀬戸 両耳付」
4	6	「仏・セーブル窯 六角瓢形 辰砂釉」「藤原時代 古銅水瓶」「遠州 竹一重切」「古染付高砂」「南蛮切溜」「時代 手付籠 落し青磁筒」
3	5	「利休 竹一重切 在判」「伊賀 四方口 こげ」「唐津水指大」「時代 籠手付」「砧青磁 算木」
2	13	「遠州 竹二重切 歌銘 かへる雁」「石州好 黒塗手桶」「備前火襷徳利」「遠州 竹二重切」「紹鷗信楽」「宗旦 竹尺八切 銘祝儀 共箱」「宋窯 黒刻花文瓶」「唐津耳付 首白」「古銅両耳付」「古伊賀」「古伊賀耳付こげ」「備前三角片身替」「古銅柑子口瓶」
1	70	
合計	96	

る。どちらも「常什」とのみ記されているケースが最も多く、これは釜の名称、形、文様などを明らかにできない。なお、複数回使用された釜は「茶会記」などの記述に従って書き上げた。ただ、釜と風炉釜の両方に登場した「古芦屋真形富士文」は同一物の可能性がある。

釜では「古芦屋真形富士清見寺松地紋」と、風炉釜では「浄雪 地蔵堂風炉釜」がともに七回使用されており、これに、釜では「古天明真形霰《あられ》松地紋」「与次郎 筋万代屋《もずや》」「古芦屋真形」の三点と風炉釜の「瓢簞釜」が五回で続く。これら六点で名称が判明している釜類の四分の一を占めており、小林の好みの釜であったと考えられる。

花入

第3表は、花入の使用状況である。一三五回の自会で花入は必ず用いられているが、九六点のうちの七〇点は一回のみの使用であり、小林の所持する茶道具の豊富さを見せつけている。

「砧《きぬた》青磁浮牡丹文」の使用回数は八回で首位に立っているが、うち七回が初釜での使用であり、残りの一回は一月五日の薬師寺会で使用されている。年頭の使用が決められていたのであろうか。事実、「逸翁茶会記(抄)」の昭和二十三年と同二十七年の初釜の「茶会記」には、「(吉例)」と記されている。(23)

小林の茶道具蒐集の姿勢として「網羅主義」があるといってよい。花入を例にしても、四回使用の「遠州竹一重切」をはじめ、「利休竹一重切在判」「石州好黒塗手桶」「宗旦竹尺八切 銘祝儀 共箱」、さらには、一回の使用ではあるが「庸軒竹一重切 銘箕面」もある。小林は有数の先人茶人千利休、小堀遠州、千宗旦、片桐石州、藤村庸軒らの作になる花入を集め、使用しているのである。

さて、第3表で見逃せないのは、四回使用されている「仏・セーブル窯六角瓢形辰砂釉」である。小林の道具組には、伝統的な茶道具を使う一方で、海外旅行先で入手した美術工芸品を大胆に茶道具として「見立て」、積極的に取り入れる新機軸がある。例えば、昭和二十四年(一九四九)七月五日の第七九回薬師寺会では、「今日は全部欧州美術品のみを使用

第４表 茶碗の使用状況

回数	点数	茶碗の名称
8	2	「黄瀬戸 半筒」「斑唐津 沓」
6	1	「宗入黒 原叟銘 あざみ」
5	1	「一入黒 歌銘築紫」
4	4	「のんこう赤 如心斎銘 白雲」「粉引 銘宇治山 鴻池伝来」「宗入黒 半筒 銘養老」「古赤絵」
3	20	「了入 赤柳絵 卒琢〔啐啄：齋藤〕箱二百の内」「メキシコ色絵水鳥図」「乾山 梅絵椀形」「仁阿弥 刷毛目」「織部色替 沓」「高麗玉子手 篷雪 銘槿花」「一入 黒筒 銘長のし」「祥瑞 内青磁 沓」「保全 金襴手 筒」「黒織部 筒」「珠光青磁 不昧公銘 早苗」「保全 染付雲堂文」「青井戸 銘翠浪」「保全 宋胡録写」「乾山 菊絵」「薩摩黒流釉 銘岸打波」「黒唐津 州浜形」「旦入黒 紅葉絵」「伊羅保 銘橘」「朝日焼」
2	56	
1	167	
合計	251	

して取合せた。床の幅だけが景文、これとて洋額の適当なものがあればよいがと思った[24]」と、欧州美術品のみの道具組を試みている。また、昭和二十三年三月二十四日に証券会社新設の関係者を招いた際には「外国の美術工芸品を利用して雅俗山荘ならでは断じて他では出来ない取合せを試みた[25]」と、誇らしげに書いている。

海外における美術工芸品の購入や使用については、次節「「目利き」の茶」で検討するが、第七九回薬師寺会の道具組をふくめて、詳しくはそれに譲りたい。

茶碗　第４表は、茶碗の使用状況である。二五一点を数え、二回使用された茶碗は五六点に達する。簡略化のために、茶碗のみ名前の表示を三回以上とした。

使用回数では、「黄瀬戸半筒」と「斑唐津沓《くつ》」が八回で首位に立っている。『漫筆』第四に収録された「「黄瀬戸」の話」には、「初めて手に入れたのは第一図黄瀬戸半筒茶碗で大正六年赤星家入札の品である」(26)とあり、「黄瀬戸半筒」は特に強い思い入れがあったと考えられる。ところで、小林が「黄瀬戸半筒茶碗」を落札したのは、大正六年(一九一七)六月十一日に東京美術倶楽部で開札が行われた赤星家入札会の第一回目である。『美術商の百年』によれば、「黄瀬戸半筒茶碗」の落札価格は一、三八八円であった。(27) これに対し「斑唐津沓」は、七回が替え茶碗として使われた。

茶碗にも「網羅主義」が貫かれており、楽茶碗を例とするならば、八代得入を除いて、初代長次郎から一二代弘入までの作品が登場する。ただ、この点は自会の三分の一の集計によるもので、八代得入や一三代惺入の楽茶碗を所蔵していなかったことを意味しない。事実、『阪急美術』一七号に掲載された田辺加多丸の「雅俗山荘初釜」によれば、楽家一三代の茶碗が揃って展観されていた。(28) 茶道具類に関する知識が皆無に近い筆者が贅言《ぜいげん》することとは慎みたいが、『角川茶道大事典』で高麗茶碗の種類として書き上げられている二〇種類のなかで、第4表から落ちているのは割高台と御所丸のみである。勿論、筆者のデータ

第5表 茶器の使用状況

回数	個数	茶器の名称
18	1	「時代 紫陽花蒔絵棗 原叟箱」
7	1	「独楽文 大茶入」
6	2	「良哉 青貝百合蒔絵中次」「時代 貝尽蒔絵 割蓋茶入」
4	1	「良哉 正法寺蒔絵棗」
3	7	「逸翁好 黒酒器茶入 新嘗祭下賜」「秀次 黒中次 了々斎箱」「竹根彫 梅鶯文」「庸軒好 凡鳥棗」「砂張」「仁清 擂座 不昧公箱」「ドイツ赤地金襴手 筋文」
2	17	「横笛 黒柿地 露萩蒔絵平棗」「羊遊斎 溢梅蒔絵棗」「黒地 蝶薄蒔絵棗」「庸軒 竹吹雪〔雪吹:齋藤〕共箱」「盛阿弥 黒棗」「光悦風 梅蒔絵棗 了々斎箱」「得庵好 白梅蒔絵棗」「唐物文琳 銘寝覚」「鎌倉彫 波水鳥」「伊賀肩衝」「スペイン製 錫広口 梟浮彫」「時代 秋草蒔絵大棗」「薩摩茶入 銘住吉」「祥瑞 共蓋 水玉」「根来」「時代 稲鳴子雀蒔絵棗」「良哉 花吹雪蒔絵棗」
1	85	
合計	114	

ベースで確認されただけであると付け加えなければならない。ともかく、小林の所有する茶道具類の充実ぶりを示すデータである。

茶器

第5表は、茶器の使用状況である。本来ならば、茶入と棗を分けなければならないが、煩雑さを軽減するために区分はしなかった。

一一四点を数えるが、四分の三の八五点が一回のみの使用である。その中にあって「時代紫陽花蒔絵棗 原叟箱」は一八回も使用され、茶器の使用回数の丁度、一割になる。これほどの使用回数は、すべての茶道具のなかでも首位に立つ。しかも、常に五月から七月にかけて使用され、季節感を表現す

時代紫陽花蒔絵棗
（逸翁美術館蔵）

るものとして小林に重宝がられたのであろう。

第5表で目を引くのは、「良哉 青貝百合蒔絵中次」「良哉 正法寺蒔絵棗」「良哉 花吹雪蒔絵棗」の三点の三砂良哉《みさごりょうさい》の作品である。三砂は小林と同じく大阪府豊能郡池田町に在住し、小林が後援した漆芸家であり、現代作家といってよい。小林は三砂の作品を好み、確認できただけでも一〇点の作品を一九回の茶会で使用している。ちなみに、茶器全体の一〇・五パーセントに当たる(29)。

また、茶器として「ドイツ赤地金襴手 筋文」を三回、「スペイン製錫広口 梟《ふくろう》浮彫」を二回使用するなど、外国の美術工芸品を見立てて使用している。試みに、構築したデータベースで外国製の美術工芸品の茶器としての使用回数は、七点の一〇回にのぼる。

さらに、三回使用されている「逸翁好 黒酒器茶入 新嘗祭《にいなめさい》下賜」は、昭和十五年（一九四〇）、第二次近衛文麿内閣の商工大臣であった時に宮中の新嘗祭に列席した際に下賜された、記念の酒器を茶器に見立てたものである。銘を「くろき」といい、同時に入手したものに「銘しろき」がある。連会のために外した畠山一清の「小林逸翁喜寿自《（ママ）》祝会記」には「しろき」

第6表　茶杓の使用状況

回数	個数	茶杓の名称
17	1	「象牙」
8	1	「常什 タガヤサン」
7	2	「不昧公 共筒 銘卯の花」「松花堂 共筒 銘玉箒」
5	3	「船越伊予 共筒 銘蓬生」「織部 共筒 銘長刀」「石州 共筒」
4	1	「了々斎 共筒 銘玉簾」
3	8	「灰屋紹益 空中筒彫銘」「即中斎 共筒 銘旭旗」「宗旦 共筒 銘一筋」「不昧公 共筒 銘緑」「庸軒 共筒 銘半弓」「半々庵 共筒 狂歌 銘夕月夜」「不昧公 共筒 銘鶴首」「庸軒 共筒 銘都帰り」
2	15	「吸江斎 共筒 銘高砂 住吉一対」「古作 近衛虎山 銘 琢磨士気」「土岐二三 共筒 銘落葉」「玄々斎 共筒 銘氷柱」「不昧公 共筒」「織部 共筒 江月銘三不点の内」「普斎 共筒 歌銘雪の下折」「如心斎 共筒 銘笹の絵」「了々斎 共筒 銘帰帆」「鴻池道億 共筒」「如心斎 共筒 銘ほととぎす」「不昧公 共筒 銘有明の月」「石州 共筒 銘竹ノ坊」「土岐二三 共筒」「鼈甲」
1	53	
合計	84	

の使用が記されている。それはともかく、「銘くろき」と「銘しろき」の茶器への見立てと使用は、小林の独創的な発想をいかんなく示している[30]。

茶杓

第6表は、茶杓の使用状況である。八四点であるが、五三点は一回のみの使用である。一七回で首位に立つ「象牙」は詳しいことはわからない。八回の「常什 タガヤサン」と二回の「鼈甲《べっこう》」も素材を記しているだけで、同様である。判明したものでは「不《ふ》昧《まい》公 共筒 銘卯の花」と「松花堂 共筒 銘玉箒」がともに七回と使用した茶杓の双璧《そうへき》であるが、第6表には近世期の大名茶人として名高い松平治郷（不昧）の茶杓が、「不昧公 共筒 銘緑」「不昧公 共筒 銘鶴首」「不昧公 共筒 銘有明の月」「不昧公 共筒」と、他に四点登場する。ちなみに今回確認できただけで、使用された不昧の茶杓は八点を数える。小林の不昧に対する敬愛の念は深く、昭和二十九年（一九五四）四月に阪急百貨店六階で「不昧公大円祭」が開催された際には、期間中の六日間に二回顔を出し、[31]『大乗』に「不昧公大円祭」[32]を執筆している。また、昭和二十年（一九四五）三月二日に、島根県松江出身で不昧公崇拝の新茶人である四方田保が雅俗山荘を訪ねた際に、即庵で「不昧公手造の茶碗、一行、茶杓等すべて不昧公関係の品にておうすを出」している。[33]さらに、昭和二十六年（一九五一）十一月三日の大小庵の渓苔会では「不昧公手造を初め全部不昧公品にて試み」ている。[34]残念ながら、この時の「茶会記」は『日記』にも、「逸翁茶会記（抄）」にもない。

小堀遠州、千宗旦、片桐石州、藤村庸軒らについては花入の箇所で触れたので繰り返さないが、「庸軒 共筒 銘半弓」は「半弓」が小林の経営する阪急電鉄に通じるものとして購入した点だけは述べておこう。これら大茶人に加えて、松花堂昭乗（惺々翁《せいせいおう》）、船越伊予守（宗舟）、灰屋紹益、伊佐幸琢（半々庵）、土岐二三など近世期の著名な茶人の茶杓をも複数回使用しており、「網羅主義」が貫徹されている。この姿勢は表千家歴代の茶杓の所有状況からも読み取れる。

その中にあって「古作　近衛虎山銘　琢磨士気」は見逃せない。近衛虎山とは小林が昭和十五年に商工大臣を務めた際の首班、近衛文麿（虎山）である。『日記』によれば、小林は昭和二十年（一九四五）十二月十六日に近衛が自殺する前日に近衛別邸である東京市杉並区の荻外荘で会っている。(35) なお、十六日の午後は荻外荘に急行し、二十一日の有栖川宮記念公園の養正館で行われた葬儀にも参列している。(36) また、近衛の三回忌には費隠で近衛の筆になる横幅「無」を掛けて独座している。(37) さらに、昭和三十年の初釜では「近衛虎山 共筒 銘雅俗三昧」を使用している。なお、近衛文麿の実弟である水谷川忠麿（紫山）は小林が主宰する芦葉会の会員であり、小林は陽明文庫での茶席を担当し、水谷川が宮司を務める奈良県奈良市の春日大社を芦葉会会員らと訪ねている。データベースでは、「水谷川紫山 共筒 銘木守」の茶杓の一回使用が判明している。

高橋義雄はこれまで何度も登場しており、改めて述べることもないが、「高橋箒庵 共筒 銘小鷹」と「箒庵 共筒 銘さみだれ」の使用が確認できた点は記しておく。

二、「目利き」の茶

小林の茶の湯の特徴は、流儀をさほど意識していない関東と、流儀と密着していた関西という、茶風の相異なる二つの地域での相異なる茶界を知った上で、「流儀茶道」の概念にとらわれない自由な発想による「新茶道」を展開し、その延長として外国で購入した骨董品類を大胆に茶道具に見立て、自らの茶会に取り入れている点にある。

小林が自会で使用した茶道具についての前節の検討を承け、本節では、まず、『日記』の翻刻事情に制約されて戦後に限定されるものの、『日記』二と三をデータソースとして道具類の購入状況を確認する。次いで、「茶会記」などから外国製品の使用の実例を析出し、その特徴を明らかにする。その後、『日記』や小林が執筆した「茶会記」に記されている、小林が参席した他会において使用されている道具類に対するコメントを集積して、茶道具類への批評を考えてみたい。

茶道具の購入

明治三十一年(一八九八)から三井銀行退社直前の同三十九年末にいたる明治期の『日記』一には茶道具購入の記述はない。しかし、池田文庫の『古美術入札売立目録』には、大阪へ移転した明治四十年から昭和十八年に至る一、五〇〇冊もの売立目録が記載されている。ところが刊行されている『日記』二には、茶道具類の購入記録が続々と登場する。その最も早いのは戦時下の昭和二十年(一九四五)三月七日の、

早川尚古斎に頼まれて、妻君のお里の昔の秋琴亭の愛蔵品を処分したいから、其内優品五、六点、まとめて買つてほしいといふお話があつて、先日品ものを実見したところ、流石に精選されたものだけに、ウブであるけれど、文人畑もので、私には一寸向かない品であつたが、折角の御依頼をお断りすることも出来ず、値段も割合に高い、余程躊躇したけれど早川尚古斎の人柄に引つけられて、丁度山荘の孟宗竹で花生をお願してゐる関係から、おつとめで買ふ事にきめて今日取引を終ゑた。[38]

という記述である。早川尚古斎は引用文中に「山荘の孟宗竹で花生をお願」とあるように工芸家である。なお、生没年から判断して、近世期の早川藤五郎(尚古斎)を初代とする籠師の四代目である。これは道具商からの購入とは事情が異なる。ところで、同年の四月二十九日にも、俳人で与謝蕪村研究者でもあった水落露石の息子から、収蔵品六点を引き受けている。ただ、この時は購入価額の記載はない。[39]一方、早川尚古斎には、「半江梅林

山水絹本竪幅、一鳳玄猿に月、直入梅林山水、仝《同》、風雨夏景山水、仁阿弥作雲錦四方鉢（初代竹泉外箱）合計金弐万円也[40]」と、五点で二万円を支払っている。ちなみに、昭和二十年の二万円は、「消費者物価指数」を使用して現在の価格に換算すると、三四三万円余となる。

第7表は、昭和二十年以降の茶道具類の購入状況である。ただ、「交換」と記されたケースが三回ある。[41] なお、購入価格が記されていたものは、「消費者物価指数」を用いて二〇一五年の価格を表示した。[42]

第7表『日記』での購入　※二〇一五年価格の下一桁は四捨五入して表記した。

年	購入先	内容	価格（円）	二〇一五年価格（千円）
昭和20	早川尚古斎	半江 梅林山水絹本竪幅、一鳳 玄猿に月、直入 梅林山水、直入 風雨夏景山水、仁阿弥作 雲錦四方鉢	二〇、〇〇〇	三、四三〇
	里見	慈然和尚の切	四、五〇〇	七七〇
	岩崎真三	十点許り買約		
	水落露石の息子	光悦謡本百冊（内一冊金剛太夫自筆）、月渓画 几董賛 さみだれの句紙本半折、蕪村自書俳書『秋風六吟歌仙』一冊、月渓尺牘一巻、黒瀬戸 梅の絵筒茶碗、保全 祥瑞写筒茶碗		
21	児島嘉助	朝日茶碗 銘「三友」、乾山 赤絵筒蓋置	一〇、〇〇〇	三六〇

	児島嘉助	と、や茶碗銘「ならの葉」	五〇、〇〇〇	一、七九〇
22	土橋嘉兵衛	呉春 桜鯉	九五、〇〇〇	一、五八〇
	児島嘉助	応挙 月下雁横幅、萩茶碗		
	坂田作治郎	高取茶碗		
23	渓苔会	宋窯 建盞手碗	五、五〇〇	五〇
	山中春篁堂	保全 交趾写鉢	一五、〇〇〇	一四〇
	渓苔会	ハケメ三島茶碗	一二、〇〇〇	一二〇
	斎藤利助	赤絵割高台茶碗	一五、〇〇〇	一四〇
	河合宗那	東山長嘯子 茶杓銘「長刀」、玄々斎 茶杓銘「氷柱」、風炉鉄瓶	八、二〇〇	八〇
	児島嘉助	保全 小鉢、時代 蒔絵貝尺割蓋茶器		
	北川正重	西行絵巻残欠幅 外二、三点（交換）		
	藤原	赤地金襴手盃台と手付八角盃（交換）		
	芦葉会忘年会	保全 赤絵盃台と盃、スヾ縁香合		
24	岩田	唐津大茶入、白唐津茶碗、沈金彫菱盆	一〇、〇〇〇	八〇
	坂田作治郎	古銅蝉耳花瓶	七、〇〇〇	五〇
	児島嘉助	象谷の盆、慶入ソバ茶碗六客	一四、〇〇〇	一一〇
	服部梅素	光琳 小品寿老人一幅		
	里見	春日懐紙		
25	山中春篁堂	織部焼 洋人燭台	八、〇〇〇	七〇
	半泥子作品展覧会	（茶碗）二、三点		

	児島嘉助	高遊外の木像、朱塗台、青貝屏額		
	岡田太郎	呉春屏風二枚折、呉春小屏風		
	井上熊太郎	古さつま茶碗 遠州箱 音羽川、外三点		
26	井上昌三	呉春梅林竪幅、後鳥羽歌仙色紙幅	三六〇、〇〇〇	二、五六〇
	河合宗那	ネジ盃十個	一〇、〇〇〇	七〇
	服部梅素	香合ゴス小丸	四五、〇〇〇	三二〇
	繭山順吉	唐三彩小壺		
	福田元永堂	仁清鍬花入、外三点		
27	稲束家	蕪村名幅	二〇〇、〇〇〇	一、三六〇
	井上熊太郎	空中筒茶碗		
	岡田太郎	高取手桶水指、唐津口六角花生		
	瀬津伊之助	ソバ茶碗		
	井上昌二	遠州好色紙形風炉と釜		
	瀬津伊之助	備前火襷徳利花生		
28	福田頼三	宗全赤筒茶碗	三五、〇〇〇	二二〇
	瀬良石苔堂	宋窯絵高麗茶碗	三、〇〇〇	二〇
	斎藤利助	光悦と遠州の扇面風炉先	七〇、〇〇〇	四四〇
	北川正重	慶入黒片口茶碗	二六、〇〇〇	一六〇
	瀬津伊之助	絵御本茶碗	一〇〇、〇〇〇	六三〇
	芭蕉翁作品展覧会	扇子一本	三五、〇〇〇	二二〇
	瀬津伊之助	乾山すゝき絵平鉢	二五〇、〇〇〇	一、五八〇
	岡田太郎	宗全赤茶碗、寒雉車軸釜		

	児島嘉助	呉春画賛小品、日華 雪月花（画き表装）		
	茶碗陳列会	初代清水六兵衛の伊賀うつし筒茶碗		
	藤原	キヌタ青磁鉢、高麗青磁香合、李朝鉄絵茶器		
29	瀬津伊之助	朝鮮唐津土瓶水指、黄瀬戸半筒、足利時代色紙箱	七六〇、〇〇〇	四、五六〇
	井上熊太郎	遠州棚	四五、〇〇〇	二七〇
	山口	弁慶牛若画賛 雪月花「ついに三世の契かな」、桐火桶「無弦の琴のなせこゝろ」	一〇〇、〇〇〇	六〇〇
	芦葉会臨時会	巻煙草入 竹刻	一、五〇〇	一〇
	瀬良石苔堂	天目窯水壺、飴窯花瓶	八八〇、〇〇〇	五、二八〇
	平松国治	唐津を中心とした道具、合計八点	一六〇、〇〇〇	九六〇
	山中春篁堂	景文金地群鴨屛風	八〇〇、〇〇〇	四、八〇〇
	薬師寺管長	茶碗 萩写	六、〇〇〇	四〇
	江商専務邸	伊藤甲子之助君蒐集漆器お茶に使へると思ふもの弐十二点、太鼓小鼓の如きもの、胴三本		
	玉林美術店	四方筒釜、根来丸盆十枚		
	川口君親子	宋白磁平茶碗、宋影青 共蓋茶器		
30	繭山順吉	縄文土器（花入用）、銅鐸	二三五、〇〇〇	一、四三〇
	山中春篁堂	狙仙灯籠猿幅	五五〇、〇〇〇	三、三六〇
	平松国治	井戸徳利一本	一〇〇、〇〇〇	六〇〇
	瀬良石苔堂	宋磁茶入	七、〇〇〇	四〇
	里見	定家 詠艸、雪村 破墨山水、長闇堂文	五〇〇、〇〇〇	三、〇五〇
	生島房次	道具二点	五〇、〇〇〇	三一〇

	水谷川忠麿作品展覧会	茶碗、油絵		
	瀬津伊之助	三十三間堂屏風、宗達金地画賛		
31	山本発次郎	為恭梅の扇子一本	一〇、〇〇〇	六〇
	瀬津伊之助	宋磁州鉄絵丸壺	五一五、〇〇〇	三、〇九〇
	南喜三郎	蕪村句集の原稿（五十二枚）張込み小屏風一双	二五、〇〇〇	一五〇
	福田元永堂	祥瑞丸紋茶碗	八〇、〇〇〇	四八〇
	生島房次	高取平茶碗	三〇、〇〇〇	一八〇
	瀬津伊之助	瀬戸印花壺		
	壺中居	白磁肩衝茶入		
	平松国治	絵唐津手鉢（キズモノ、交換）		
	瀬良石苔堂	スエキ花瓶		
	瀬津伊之助	一点		

件数は七九件、点数では一一七点である。ただし、昭和二十年四月二十四日に岩崎真三から「十点許り買約(43)」とあるように、品物の内訳が判明しないケースも散見され、実際の購入点数は多くなる。なお、岩崎は、滋賀県膳所《ぜぜ》の窯元で、購入したのは陶器類と考えられる。ちなみに、第7表で判明した支出額は六一六万円余であり、現在の価額に換算すると、四、五〇〇万円になる。しかし、第7表の道具類は、『日記』で確認されたもののみで、戦後の小林の道具類購入のすべてではない点は、改めて断っておく。

煩雑さを軽減するために個別の購入品には言及しないが、登場回数が最も多いのは「書画」の三〇点であり、これに二六点の「茶碗」が続き、三位以下の「茶器」の六点や「茶杓」の二点を引き離している。金額では、昭和二十九年（一九五四）四月二十七日に、瀬良石苔堂から「天目窯 水壺」と「飴窯花瓶」の二点を八八万円で購入したのが最高である。この時は、「イラナイもの九点を四十七万円にて売却、現金四十一万円を佐川君に話して文庫勘定から支払ふ」[44]かたちで処理している。なお、佐川君とは昭和二十四年（一九四九）四月に開館した池田文庫の関係者であろう。『日記』三によれば、昭和二十九年五月八日に古美術商の藪本兄弟と『阪急美術』編集者の山内金三郎（神斧）親子を招いた茶会に仲間入りした[45]。瀬良石苔堂に支払った八八万円は現在の価格にすると五二八万円である。小林ならずとも、その「高値に驚く」[46]。さしもの小林でも、敗戦後の混乱と公職追放にあっては厳しい価格であった。それは、図表は省略するが、追放が解除された昭和二十七年以降、件数、点数、金額のどの指標でも、それ以前と比べ茶道具購入が格段に急増している点からも読み取れる。小林は、昭和

青白磁刻花文茶碗 逸翁銘「一輪」
（宋時代・逸翁美術館蔵）

二十六年（一九五一）八月六日の追放解除の翌日に東宝相談役となり、十月四日には東宝社長に就任した。購入のピークは昭和二十九年で、件数は一一件、金額は二七五万円である。追放解除を画期とする変化を端的に示すのが、『日記』から道具類の購入断念のケースをピックアップした第8表であろう。

購入断念

第8表では、購入を断念した道具類とその理由が記されている部分を掲示した。断念した一五件のうち一一件が公職追放中の時期に重なっている。もっとも幣原喜重郎内閣で戦災復興院総裁を務めた昭和二十一年（一九四六）一月であっても、出入りの道具商瀬津伊之助から茶道具を見せられた際には、「三島八万円ソバ四万円といふ茶碗を見る。とても高い（中略）然し欲しい茶碗だ、自分にそういふボロイ円があれば買ふけれど、昔のまゝの月給的収入では手が出せない」[47]と断念している。現在の価額に換算すると、三島茶碗が二八六・四万円、ソバ茶碗が一四三・二万円となる。現役の国務大臣小林といえども簡単には出せる金額ではなかった。ちなみに、『値段の明治大正昭和風俗史』によれば、昭和二十一年の内閣総理大臣の月給が三千円の時代である。[48]「ボロイ円」という文言に、敗戦直後の経済的混乱という時代背景が読み取れる。

同じ年の三月十八日には大阪市東区高麗橋にあった美術商店八木屋で、児島嘉助（米山

第8表『日記』での購入断念　※四六〇一一六＝一九四六年一月一六日

年月日	取引先	内容
四六〇一一六	瀬津伊之助	三島八万円ソバ四万円といふ茶碗を見る。とても高い（中略）然し欲しい茶碗だ、自分にそういふボロイ円があれば買ふけれど、昔のまゝの月給的収入では手が出せないのである。
四六〇四一三	児島嘉助	仁清の黒に扇面の絵茶碗、藤田家伝来の有名品であるが、ほしいとは思はない、五万五千円だといふので、尚ほしくないと思つた。
四六〇五二二	福田頼三	保全赤絵茶巾筒が名品でほしいと思つたが壱万三千円といふのであるから、とても買へない、せめて五千円位ならば奮発して見やうかと思つたが結局、一品も買はなかつた。
四七〇二〇九	藤井卯兵衛	主人が加藤君に鑑定として持出された一碗、正に古唐津の名品であるのには驚いた。（中略）恰かも井戸を見るが如き上品さである。箱も時代である。これ又何か適当の銘をト自から買つて出て見たほど気乗りのした逸品である。此一碗は新円に苦労して居る現在に於ても、壱万円あらば借金の上塗をしてもほしいと思ふ…ほど佳い茶碗である。
四八〇三三一	北川正重	絵巻物（海田采女西行法師）残欠一幅持参、四万円といふので一寸驚いた。
四八〇五三一	山田多計治	箙の花生を見る。ほしいので懇望した。八千五百円は高いけれど不得止也、と思つたが中止した。
四九〇一一一	井上柳古堂	ハケメの茶碗はイクラ位か聞かせにやつたらば五万五千円との事、二万五千円位ならば買つて来いと使いにやつたのであるが、トテモ我々の如き旧式では一寸手が出せないので閉口〱。

四九〇四二七	田中太介	呉春の青楓孤鹿の二枚折《コレハ先年私が児島で見て、京都湯浅氏のもので、買ふつもりでお金の工夫をしてゐる間に、横取りされたもので、多年欲しいとあこがれて居つたが、その当時十万円と言はれて、一寸お金がないので、工面中に持つてゆかれたので、取逃した魚が大きいといふが、今日見るとそれほどでも無いが、矢張りほしいと思ふ》、
四九〇八一四	瀬津伊之助	十牛の中、赤牛一枚と光琳の団扇、横浜原家旧蔵の土坡紅葉の一幅を見せられた。赤牛は二、三十万円位もする話ぶりであつたから値を聞かなかつた。光琳も定めし高いことであらう。『志野織部黄瀬戸』所載益田鈍翁伝来の志野ツルツキ香合も見せられたが、これ又高いと思ふから値はきかない。すべて私達旧茶畑の竹の子には手がとゞかないものばかりである。
五〇〇四一八	湯木貞一	寸松庵色紙吉野山のうた、表具総印金、これは故土橋老人から買そこねた品で雅俗山荘に二、三日預つたことのある名品、当方お金がないので逃がしたもの也。
五〇〇七一九	岡田太郎	蕪村の中屏風、ノンコウ赤平、景文の四季艸花屏風の三点が値段の高い安いは知らないが逸品である。此三点はお金があれば買い度いと思ふが……
五一〇一〇七	岡田太郎	蕪村の中屏風を見せるといふ約束があつたからである。此屏風は池田文化会館で買つて貰いたいと考へてゐる。いつ見ても実に立派なものだ、ほしいものだ。
五四一一一七	井上熊太郎	井上柳古堂牧谿栗柿小品名幅を持つてくる、欲しいと思ふが（中略）〔18日：齋藤〕早朝井上君牧谿の小品を取りにくる。惜しいけれど渡した。
五五〇九二九	山中吉郎兵衛	応挙の金屏風富士の絵を見る、ほしくないので断つた。
五五一一〇六	保阪潤治	私の見たものは売れ残りの雑品であつたが与次郎尻張釜その外五、六点は買つてもよいと思つたが―

居）から、と、や茶碗銘「ならの葉」五万円を見せられる。「ほしいと思ふ」が、この時は朝日茶碗銘「三友」と乾山赤絵筒蓋置の二点を一万円で購入するに止めた。[49] これも「新円が東京で売却した道具の代金が来ないと一寸間誤つく」[50]という懐具合にあった。四日後の三月二十二日に再び児島宅を訪れ、ついに、「かねて垂涎のと、や茶碗銘「ならの葉」を無理からに買つて帰」[51]り、その五日後の三月二十七日には早速「ならの葉」茶碗を使用して、「実に堂々たるもので嬉しい」[52]と記している。『日記』二には具体的な記述がみられないが、この間、どれだけ躊躇逡巡《しゅんじゅん》したであろうか。これ以外でも、

> 保全赤絵茶巾筒が名品でほしいと思つたが壱万三千円といふのであるから、とても買へない、せめて五千円位ならば奮発して見やうかと思つたが結局、一品も買はなかつた（昭和二十一年五月二十二日）[53]
>
> 此一碗（古唐津茶碗：齋藤）は新円に苦労して居る現在に於ても、壱万円あらば借金の上塗をしてもほしいと思ふ（昭和二十二年二月九日）[54]
>
> （呉春筆青楓孤鹿二枚折は：齋藤）買ふつもりでお金の工夫をしてゐる間に、横取りされたもので、多年欲しいとあこがれて居つたが、その当時十万円と言はれて、一寸お金が

ないので、工面中に持つてゆかれたので、取逃した魚が大きいといふが、今日見ると
それほどでも無いが、矢張りほしいと思ふ（昭和二十四年四月二十七日）(55)
〔志野ツルツキ香合は：齋藤〕これ又高いと思ふから値はきかない。すべて私達旧茶畑の
竹の子には手がとゞかないものばかりである（昭和二十四年八月十四日）(56)
〔寸松庵色紙吉野山の歌は：齋藤〕雅俗山荘に二、三日預つたことのある名品、当方お金が
ないので逃がしたもの也（昭和二十五年四月十八日）(57)

と、お金の苦労は続く。昭和二十三年六月十二日には苦肉の策として損益を度外視して「交換」を申し出ている。(58)ところが、追放が解除された昭和二十六年八月以降になると、お金に関わる購入断念は激減し、昭和二十九年には購入件数、金額共にピークを形成する。

外国製の器物

五回を数える外遊中、忙しい日程を縫いこまめに滞在先の骨董店に顔を出し、また、各地の美術館を見学している。外遊期間は通算で一四ヶ月にも及ぶが、在外期間中の買い物は一二〇項目を拾える。データベースの掲示は難しいが、茶道具に限っただけでも、次の四項目が判明する。

水指用焼物のよいのが手に這入つたから難有い（昭和十一年三月三日、パリ）(59)
英国製の竹の絵の水指にふさはしい共蓋の古い煙草箱（昭和二十七年十月二十九日、ロサンゼルス）(60)
お茶に使へると思ふ陶器十数点百弗《（ママ）》買ふ（昭和二十七年十一月二十六日、ロンドン）(61)
ペルシヤの古銅壺を買ふ、コボシに面白い（昭和二十七年十二月十五日、ベルリン）(62)

小林は、入手した外国製器物を大胆に茶道具に見立てた。第9表は、「茶会記」に加えて『日記』から自会での使用が判明した外国製器物の一覧表である。ただ、本章第一節の茶道具類の検討では、データソースを「茶会記」に限ったために、第一節の第1表〜第6表と本節の第9表の数字には齟齬《そご》がある点は、断っておく。なお、複数回使用されたものは名前等を記した。

外国製器物の使用が確認できた自会は三七回であり、「飾物」「茶器」「茶碗」「花入」「香合」として使用された器物は八六点ある。ちなみに、昭和十一年（一九三六）五月二十七日の「外遊記念茶会」に際して高橋義雄が書いた「茶会記」には、懐石の食器まで記されている。(63)すべての「茶会記」に記されているわけでないが、第9表では「水指」「蓋置」「干菓子器」「菓子器」「建水」も掲示しておいた。ただ、五回と最も回数の多かった「フランス製　薔薇《ばら》の色絵　女神の耳付」[64]が、「仏・セーブルバラの絵」[65]とあるように、「茶会記」や『日記』において表記に違いがあった。ここでは最も詳しい表記を採用したが、第9表では煩雑さの軽減のために適宜格助詞等を省略した。

小林の茶会での外国製器物の使用は夙《つと》に有名であるが、主要な茶道具のすべてを外国製器物のみに限った自会は、「茶会記」を見る限り三回しかない。勿論、構築したデータベースによるものである点は断っておく。うち二回は、小林は道具組をしたのみで、茶事を行ったのは京都の枳殻邸《きこくてい》を会場とする昭和二十三年四月十日の「茶道文化会満一周年記念大会」の佐々木敬一（三味）[66]と、同二十八年三月二十九日の広島県福山市の見仏山大念寺を会場とする「鵬程万里茶会」[67]の加藤義一郎（櫟舎）であった。また、『日記』で、外国製品のみの使用と明言しているのは、昭和二十一年（一九四六）六月三日に大阪府と大阪市の美術研究会会員のために欧米の新古美術展を展観した際に、「即庵にて外国品ノミ使用のうす茶にて歓迎」[68]したのと、同二十四年七月五日の第七九回薬師寺会の二回である。[69]小林のすべての「茶会記」を悉皆的に調査していないので、断定は慎まねばならないが、外国製器物の見立てと使用というイメージが独り歩きしているのでは、との感は否めない。

第9表 外国製品の使用状況

種別	名称	点数	回数
茶器	ドイツ赤地金襴手 筋文	1	3
	スペイン錫 広口 梟浮彫	1	2
	名称略	6	1
	点数合計	8	—
茶碗	メキシコ色絵 見込水鳥絵	1	3
	イタリー高取風 半筒 フランスピカソ風 筒 フランス唐津風 筒 フランスセーブル窯 瑠璃釉	4	2
	名称略	6	1
	点数合計	11	—
花入	フランスセーブル辰砂 六角瓢徳利	1	5
	オランダ色絵 中蕪 細口	1	2
	点数合計	2	—
香合	ロシア玳瑁 鳩モザイク	1	2
	点数合計	1	—
飾物	名称略	6	1
	点数合計	6	—
水指	フランス薔薇色絵女神 耳付	1	5
	ドイツ瑠璃金襴手 共蓋	1	3
	フランス赤地 金輪桶形	1	2
	名称略	3	1
	点数合計	6	—
蓋置	エジプト象牙 輪	1	3
	エジプト鰐背骨 千切形 怪鳥浮彫	1	2
	名称略	3	1
	点数合計	5	—
干菓子器	ドイツ琥珀製盆	1	2
	名称略	7	1
	点数合計	8	—
菓子器	ドイツ民芸木彫盆	1	3
	ペルシヤ間取文鉢 ペルシヤ鉢 イギリス白磁 金色蓋物	3	2
	名称略	8	1
	点数合計	12	—
建水	名称略	3	1
	点数合計	3	—

第9表を検討すると、フランス、ドイツ、イタリア、スペイン、オランダ、イギリス、ロシア、メキシコ、エジプト、ペルシャと多様な国々の器物が使用されている。外遊記録によれば、小林はこれらすべての国々に足を運んでいるわけではないが、訪問先の都市の骨董品店や蚤《のみ》の市に足繁く通って入手したのであろう。

「水指」として使用されている「フランス薔薇色絵女神耳付」と、「花入」として使用されている「フランスセーブル辰砂六角瓢徳利」が、共に五回で他を圧している。小林の第一回外遊の際の日記「日々是好日」からは具体的に確認はできなかったが、「フランス薔薇色絵女神耳付」は逸翁美術館刊行の『茶の湯文化と小林一三』に記載された「白地色絵薔薇文壺（水指）」と同一物と考えられる。そこでは昭和十一年（一九三六）の外遊時にパリで購入と明記されている。[70] 一方、二点で七回の使用しか確認できなかった「花入」の「フランスセーブル辰砂六角瓢徳利」は五回も使用されている。しかも、複数回の使用でないために第9表の「飾物」には記されていないが、昭和二十五年（一九五〇）五月二十一日の「米人招待茶会」[71]の際には「飾付」として使用されており、外国製器物の使用回数の首位に立ち、小林のお気に入りであったと考えられる。

茶の湯に不可欠な「茶碗」は一一点と、種類では一二点の「菓子器」に首位を譲るものの、複数回使用された器物は五点で、しかも、「メキシコ色絵見込水鳥絵」「イタリー高取風半筒」、フランスの「ピカソ風筒」「唐津風筒」「セーブル窯瑠璃釉」茶碗と実に多彩である。「菓子器」と「干菓子器」は合わせて二〇点も使用されており、全体の三割強を占めている。

茶道具評

小林は他会の「茶会記」を残しており、『三昧』や『大乗』に収録されているものも少なくない。また、「茶会記」に比べると詳しくはないが、『日記』にも他会の感想が綴られている。それらを通読すると、他人の目に触れることを意識して書かれたであろう「茶会記」では厳しい文言は少ないが、『日記』は公表を考えていなかったのか、茶道具類に対する率直な感想や、時には厳しい批判も目に付く。例えば、『日記』二の最も早い記録である昭和二十年（一九四五）三月四日の藤井卯兵衛（山水居）の不二庵における芦葉会では、「伊賀の焼損じの花生は、最近、京都の古道具屋から十円で掘出したといふ逸品で、古伊賀ではないとしても、一寸使える面白いものであつた[72]」と、花入を「一寸使える面白いもの」と評価している。そして好評価した器物については、しばしば、「欲しい」と書いている。しかし、これとは逆に、例えば、昭和二十一年四月十三日に児島嘉助（米山居）の京都嵐山の別邸の茶会に際して、「仁清の黒に扇面の絵茶碗、藤田家伝来の有名品であるが、ほしいとは思はない、五万五千円だといふので、尚ほしくない[73]」と、「欲しくない」と書かれることも少なくない。それらのコメントに注目して、小林の茶道具類への評価を考えてみたい。

第10表は、小林一三が執筆した「茶会記」と『日記』の茶道具類の評価である。「好評（A）」や「不評（B）」といった評価に従って区分し、さらに、「欲しい（C）」や「不要（D）」とされた道具類の点数も掲示した。なお、「驚く」とは、昭和二十二年三月二日に山内金三郎（神斧）

第10表　茶道具の評価

	好評(A)	欲しい(C)	C/A	A/E	不評(B)	不要(D)	D/B	B/E	驚く	合計(E)
	(点)	(点)	(%)	(%)	(点)	(点)	(%)	(%)	(点)	(点)
茶碗	159	9	5.7	36.2	26	6	23.1	5.9		439
掛物	151	14	9.3	38.6	18	9	50.0	4.6	2	391
茶器	33	4	12.1	15.9	8	1	12.5	3.9		207
花入	42	4	9.5	23.9	4			2.3	1	176
水指	45	2	4.4	26.0	9			5.2		173
茶杓	22			13.6	9			5.6		162
釜	7			7.3						96
香合	26	3	11.5	28.6	1	1	100.0	1.1		91
香炉	4	1	25.0	33.3	1	1	100.0	8.3		12
合計	489	37	7.6	28.0	76	18	23.7	4.4	3	1,747

宅での芦葉会で、「床の小林古径の林檎と茄子の横物は奇麗ではあるが、コノ絵が何万円の値打があるときかされて驚入つたが、私はそんなに出してまでほしくは無い[74]」とあるように、「奇麗」とあり、「好評」としてもよいが、値段を聞いての「衝撃」の意味を考えて、「驚く」に区分した。

「茶碗」を例にして第10表の見方を説明したい。「茶碗」は四三九点登場するが、「好評」は一五九点で、「不評」は二六点であった。したがって、残りの二五四点は、単に種類や銘のみが記されており、別段コメントはなかった。

「水指」は「茶会記」にはあるものの地味な存在であるが、小林が感想を述べているケースが目につくので集計した。一方、「香炉」が一二点と著しく少ないのは、「茶会記」や『日記』に記されていなかったためである。なお、煩雑さを軽減する目的で「掛物」には「飾物」もふくんでいる。今回は茶席のみで、別室における「掛物」や「飾物」等は集計しなかった。さらに、「茶碗」や「茶杓」とのみ記されているものはカットしたが、総点数は一、七四七点に達した。なお、昭和二十三年（一九四八）五月五日の「米山居追薦《（ママ）》茶会[75]」の煎茶席は、性格が異なるので外した。「好評」の割合が最も多かったのは三八・六パーセントの「掛物」で、これに三六・二パーセントの「茶碗」が続く。「香炉」は一二点と少ないが「好評」の割合は三三・三パーセントと第三位に位置しており、特に目に付いたときにのみ書き付けたのかもしれない。事実、「香炉」で「欲しい」と書かれた割合は二五パーセントで、「不評」のそれも八・三パーセントと、いずれも他の器物と比べ相対的に高くなっている。

　これに対して、「釜」「茶杓」「茶器」は「好評」の比率が低い。しかし、「茶器」では「欲しい」と記された割合が一二・一パーセントで、点数では「掛物」や「茶碗」に劣っているが、「欲しい」と記された割合は「香炉」に次いで高い。

　第11表は、確認数も多く、また、「好評」の比率が相対的に高かった「掛物」と「茶碗」について、種類ごとに、さらに詳しく集計したものである。ただ、第10表によれば、「茶碗」は四三九点、「掛物」は三九一点を数えた。ここでは複数回登場したものに限った。それ

茶碗	和物	作者等	宗全＊	4	66.7				6
			長次郎＊	7	53.8				13
			保全(京)	1	50.0				2
			一入＊	6	35.3				17
			不昧公＊	1	33.3				3
			ノンコウ＊	9	33.3	1	3.7		27
			仁清(京)	2	28.6	2	28.6		7
			光悦＊	3	23.1	5	38.5		13
			権兵衛(出雲)	1	20.0				5
			乾山(京)	2	20.0	3	30.0		10
			了入＊						6
			左入＊						4
			慶入＊						3
			道楽＊						3
			常慶＊						2

＊印は楽焼

でも「掛物」は第10表で集計した評価のすべてが確認できる。

掛物の評価

　第11表では、「掛物」を、「経巻」「絵画」「墨蹟」「色紙」「古筆」の五種に細分化し、「好評」の比率の高い順に並べた。細分化するに当たっての指標は小林の記述を根拠とした。なお、「紹鷗文」[76]「太閤の文」[77]「利休消息の幅」[78]は、本来は「消息」とすべきであろうが、煩雑さの軽減のために、「古筆」に区分した。

　「経巻」は五点と少ないが、四点が「好評」であった。[79] これに次ぐのが、点数としては「掛物」の半分を占める「絵画」の四五・二パーセントである。ただ、「絵画」は、「不評」の比率も六・五パーセントと相対的に高い点は見逃せない。「絵画」だけで二点確認できる「驚く」は、前述した昭和二十二年三

第11表 掛物・茶碗の評価

				好評		不評		驚く	合計
				（点）	（%）	（点）	（%）	（点）	（点）
掛物			経巻	4	80.0				5
			絵画	90	45.2	13	6.5	2	199
			墨蹟	17	34.7	2	4.1		49
			色紙	23	33.3	1	1.4		69
			古筆	17	24.6	2	2.9		69
茶碗	唐物		天目	2	100.0				2
			絵高麗	2	100.0				2
			白磁	1	50.0				2
			染付	1	50.0				2
			祥瑞	1	16.7				6
	高麗		柿の蔕	4	80.0				5
			三島	8	66.7	1	8.3		12
			堅手	3	60.0				5
			斗々屋	9	52.9				17
			金海	1	50.0				2
			刷毛目	3	50.0				6
			狂言袴	1	50.0	1	50.0		2
			伊羅保	7	35.0				20
			雨漏	1	33.3				3
			蕎麦	2	33.3				6
			熊川	5	33.3	1	6.7		15
			呉器	1	20.0				5
			粉引	1	20.0				5
			井戸	5	17.9	3	10.7		28
			御本（茂三含む）	3	15.7				19
			御所丸						2
	和物	諸窯	信楽	2	100.0				2
			伯庵（美濃）	2	100.0				2
			薩摩	4	80.0				5
			萩	7	70.0	1	10.0		10
			志野（美濃）	13	50.0				26
			唐津	13	44.8	3	10.3		29
			瀬戸	4	40.0	2	20.0		10
			楽＊	2	28.6				7
			織部（美濃）	5	25.0				20
			朝日	1	14.3				7
			唐津（奥高麗）						2

月の山内金三郎（神斧）宅での芦葉会の「小林古径の林檎と茄子の横物」と、同二十二年七月九日の加藤義一郎（櫟舎）邸での芦葉会で、

拙幅「花鰹やつこ豆腐に散乱す」画賛の横幅が床にかけられてあつた。イツ頃書いたのか、いつ頃加藤君に差上げたのかを失念してゐる位前々の揮毫が床にかけられて在つたのに驚く。(80)

というものであった。

「墨蹟」は四九点とやや少ないものの、「好評」の割合は三四・七パーセントで第三位に位置している。ただ、「不評」の割合も第二位であった。

「色紙」と「古筆」は同数であるものの、「古筆」の「好評」の割合は「色紙」に比べ約一〇ポイント低く、小林は「古筆」をあまり好まなかったのかもしれない。

茶碗の評価

次に「茶碗」を検討したい。ただ、「茶碗」は第10表でも四三九点と多く、複数回登場したものに限っても四〇七点を数える。まず、大きく産地の「唐物」「高麗」「和物」に区分し、次いで小林の記述に従い細区分した。ただ、「和物」茶碗は「信《しが》

楽《らき》」「薩摩」「萩」といった「諸窯」だけでなく、「長次郎」あるいは「不昧公」などと「作者」の記されていることが多かった。この場合、窯名は記されていない。事実、再集計を行った第11表では、「諸窯」が一一種の一二〇点であるのに対し、「作者」等が判明するケースは一五種の一二一点と、種類、点数共に「諸窯」を上回った。第11表の作成目的は、小林の好みを明らかにすることにある。ここでは「作者等」という区分を設け、両者を別物として扱いたい。

「唐物」は一四点と少ないが、「好評」の割合は五割と高く、「天目」や「絵高麗」のそれは一〇〇パーセントである。その上、「唐物」には「不評」であったケースは皆無であり、小林の「唐物」への評価は著しく高かったといえる。その中にあって「祥瑞」の「好評」率の一六・七パーセントは注目してよい。六点と「唐物」のなかでは際立って使用されている「祥瑞」ではあるが、小林は好まなかったのであろう。

「高麗」は、第11表に一六種の一五二点が登場する。しかし、「好評」の割合は三五・五パーセントと、「和物」の三六・九パーセントを若干下回る結果となった。「高麗」の中にあっては、「柿の蔕《へた》」は八割が「好評」であり、「三島」「堅手」「斗々屋」などは登場回数ではバラツキがあるが、「好評」の割合は半ばを超えている。これに対して、「井戸」や「伊羅保」は登

場回数では多いものの、小林の評価は必ずしも高くない。特に、「井戸」の「不評」一〇・七パーセントは際立っている。(81)

「和物」は、「諸窯」の方が「作者等」より一〇ポイント以上も「好評」の割合が高かった。なかでも、点数は少ないが、「信楽」「瀬戸(伯庵)」「薩摩」「萩」の「好評」率は七割以上である。これに対して、点数は多いが「唐津」「志野」の評価は若干低くなっている。さらに、点数は二〇点と「諸窯」の第三位に位置する「織部」の「好評」率は二五パーセントで、「朝日」のそれを上回っているとはいえ、「諸窯」の下位に低迷している。ただ、「不評」であったものが皆無である点は救いであろうか。それにしても小林の「織部」評価は高くないのである。

第11表でいうところの「作者等」の「好評」率は二九・六パーセントと、茶碗の区分では最も低い。特に、「了入」以下の五人の楽家歴代の作品には「好評」であったものは皆無であった。その中にあって、「宗全」(久田宗全)や「長次郎」は「好評」が五割を超えている。これに対して「ノンコウ」(道入)は二七点と「作者等」では最も多く登場しているが、「好評」の割合は三分の一である。さらに、「仁清」「光悦」「乾山」といった著名人の作になる茶碗の「好評」率は低く、一方、「不評」が三割を占めている。一定の点数があって、これほど「不評」の割合が高かったケースは他にはない。名前のみで評価する傾向にあった茶人の審美眼に対する小林の批判的な姿勢が反映されている。

三、茶会批評

小林の執筆した「茶会記」には、茶会の流れに沿って、使用された茶道具類の名称、懐石料理の献立や用いられた食器については克明に綴られているものの、特段の批評は書かれていないことが多い[82]。この点では、近代数寄者の茶会における言動を豊かに伝えている高橋義雄や野崎広太が残した「茶会記」に比べると、劣ると言わざるをえない。また、『三昧』や『大乗』といった小林の一連の著作に収録されている論稿であっても、第五章「小林逸翁の茶道論」で検討するような、厳しい「家元批判」や「道具屋批判」などの論調を念頭に置くと、「外交辞令」といっては言い過ぎだが、記述は全般的にソフトであり、批判的な「言辞」も少ない[83]。これは公表を前提に書かれたために、一定の配慮が働いていたとも考えられるが、彼を取り巻く茶の湯仲間は、家元や道具商といった小林の「主敵」ではなかった点にもよる。

それに対して『日記』は、「茶会記」のように系統だった記述はみられないものの、茶道具類に対する率直な感想や、時には手厳しい批判も目に付く。また、亭主の人物評が書かれているケースもあり、必ずしも褒めているばかりとは限らない。その上、自会の反省などもしばしば綴られている。

日記に記された批評

本節では、主に『日記』をデータソースとして、戦後に限定されるが、小林の茶会批評を俎上に載せたい。筆者のスタンスは、従来の研究にみられたような小林の文言の一部に光を当てるという方法ではなく、小林の茶会に対する批評の総体像を明らかにする。

作業手順を説明すると、自会と他会とを問わずに『日記』で確認できる茶会のコメントを、日時、亭主名と共に書き上げる。その際、『日記』に登場する最も早い茶会記録である昭和二十年（一九四五）一月二十一日の、

山脇〔友三郎：齋藤〕君、銭高〔久吉：齋藤〕君及令夫人正午費隠にてお茶、洋食を日本間にて差上げ、食後濃茶うす茶、渋滞なくすむ。四時お帰り。山脇、銭高両君に御覧に入れたいと思つて居つた定家卿指図切を使ふ、道具略す。(84)

のように、別段のコメントがない茶会は検討の対象とはしなかった。なお、引用文にある「定家卿指図切」のように、単独の道具に言及したものや、単に道具組を列挙したものも、今回は書き上げてはいない。道具については本章第一節「逸翁の好み」と第二節「「目利き」の茶」に譲る。第一段階に書き上げられた項目は長短一九〇件を数える。

第二段階は、書き上げた記事内容を吟味してキーワードを付して類型化する。如何なるキーワードを用いるかは難しいが、ひとまず、「人物」「取合」「道具」「茶事」「建物」を用意した。作成したデータの冒頭部分を示した第12表「『日記』の茶会感想サンプル」を使用しながら詳しく説明したい。

第12表『日記』の茶会感想サンプル　※四五〇一二四＝一九四五年一月二四日

年月日	記事	キーワード					評価
		人物	取合	道具	茶事	建物	
四五〇一二四	床は鈍翁の「竹霰」の一行、鈍翁関係の器物の取りあはせ、手軽にて茶味横溢也。		○				好評
四五〇二二〇	（前略）加藤君は織部焼の研究者として有名であるから織部焼の取合せにて接待、いろ〱有益なお話をきいた。	○	○				好評

四五〇三〇五	（前略）不二庵は先代が碌々斎からの弟子で茶人好みの数寄屋建にお茶室も数棟ある。当代主人はトテモ、ハイカラの洋風建築に陶窯をきづいて焼物に趣味が深いから収蔵品が各方面にわたつて広い、飾りつけなぞも中々コツて居る。お茶は久田宗匠が先生、私達のやうに道具茶でないからスラ〱とした軽い取合せである。いづれも先代からの伝来ものである。	○	○			○	好評
四五〇四一〇	薬師寺会は、この騒々しい時局に拘らず、雨を侵して集る出席者が十四名、近頃滅切り沈滞勝の生活に此会だけが光明を与へてくれるので実に嬉しいと感謝してくれるので、私の方でも、出来る丈奮発して秘蔵の名品を御覧に入れることにした。こういふ機会に一年も二年も取出したこともない掛軸やお茶碗を持出して、倉庫の中を出たり這入つたり、腰が痛くなるまで奔走するのも我ながら苦笑を禁じ得ないほど嬉しいのである。		○		○		好評

評価のコンセプト

「人物」は、亭主振りや茶客の茶の湯の力量に関わった人物評で、別段の説明は要しないだろう。「取合」は、道具組のコメントで、複数の道具批評がある場合は、さらに「道具」というキーワードを付した。「取合」と「道具」は一体のものとして考えたい。「茶事」とは「茶略」ともいうべき内容で、亭主の趣向や工夫などをも包括している。「建物」は茶室の様子や茶庭の佇まいに言及しているケースである。

なお、キーワードの付し方によって、文章の前後で分割される場面も生じた。この場合は、適宜、区分した。この結果、項目数は二一〇件に増加した。データベースは膨大であり、一挙に掲載することは難しいので、要点のみを記述する。

重複を考慮せずにキーワードの件数でいえば、「取合」が半ばを超える五三・三パーセントの一一二件で首位に立つ。うち、二四件は「道具」と、一八件は趣向をふくめた「茶事」と重複している。次いで二八・六パーセントの「茶事」が六〇件、「道具」が四九件と続く。「人物」は二六件、「建物」は一六件と上位の三項目に水を空けられている。

これらの数値は、小林が、茶道具類の取合に最大の興味関心があり、『新茶道』に収録された「実生活から遊離したお茶」で、「私は御馳走を頂戴するよりも、名器什宝を拝見したいばかりに出掛けるのです。近頃はドシ〱名品が現れるので驚いてゐるが、また楽しんでもゐる(85)」と書いていることを数字的に裏付けているし、『日記』や「茶会記」のコメントからすれば、このスタンスは最後まで一貫していた(86)。

ここで、自会と他会とに分けて検討したい。自会の項目は五三件である。その中には、第12表では略したが昭和二十年(一九四五)四月一日に山田岸太郎(禾庵)邸の臨時芦葉会の席上、銭高久吉(二松庵)と当番を交代するに際して「お茶だけは何とかして面白い工夫をして諸君を慰めてあげ度いと思ふ(87)」と書いているのを小林の「茶事」としたケースがふくまれる。

重複を考慮しないでカウントすると、「取合」は三五件、「茶事」は二六件、「人物」は六件、「道具」は四件で、即庵や費隠といった雅俗山荘の茶室への言及はなかった。自会でも「取合」と「茶事」への関心が高かった。小林の茶の湯の姿勢の一端が垣間見られる。

一方、他会で、「取合」が七六件と群を抜き、「道具」が四四件でこれに続き、「茶事」が三五件、「人物」が二二件、「建物」が一五件となっている。他会では、小林の常として、まず「取合」と「道具」に眼がいったのであろう。小林の論稿などからすれば、至極当然である。

問題は小林が茶会内容をどのように評価しているかである。ここではコメントの内容によって、「好評」「不評」「驚く」に区分する。たまたま、第12表に示したサンプルでは、すべてが「好評」であるが、例えば、昭和二十年十二月八日の、

村岡金一君が茶箱を持つてお茶をたてヽ御馳走して下すつたのは嬉しいと思つた。お茶人はこういふ一寸した慰楽がある丈でも徳だと思ふ。茶籠の中の取合せは雑然とし

て感心しないが、その中に一点コレハと思ふ名器があつてほしいと思つた。(88)

は、前半は「嬉しい」「徳だ」としているが、後半は道具組への不満と、茶道具類への注文が書かれている。前半を「好評」、後半を「不評」とした。また、「驚く」は、昭和二十二年十一月二十九日に、大阪府豊中市岡町の赤井松寿庵の開席に招かれた際に、

赤井氏はまだ五十才にならないが、皮革商として新円成金の由。邸宅も二百万円とかにて買入、更に大修理。京トのウスイ君を煩はして茶室その他数寄屋普請の改造、近頃資材不足に拘らず昔のまゝの豪華建築にて只々驚くのみ。(89)

と書いているように、「好評」あるいは「不評」のいずれとも判ぜられる文言はなく、「只々驚くのみ」とあったので、そのまま「驚く」とした。なお、昭和二十一年三月二十一日に磯野信威(風船子)や田辺多加丸(無方庵)ら六人を即庵でもてなした際には、「服部、佐藤両君に関係のある朝鮮唐津の花瓶を使ふて濃淡双方共唐津焼ぞろひにておもてなしをする」(90)とあり、参会者を念頭に置いて、茶道具の取合を「朝鮮唐津」のみとする「趣向」を行ってい

るが、批評めいた文言はない。このようなケースはそのままとした。

自会へのコメント

自会から見ていく。「好評」が三八件、「不評」が二件、別段コメントがないものが一二件である。批評が記されていないケースは「茶事」の二件を除き、「取合」である。茶道具の「取合」や、新たな趣向を行った際の内容を書いている。いってみれば、主張や試みといってよいだろう。「好評」の二三件は「取合」であり、これに一一件の「茶事」を加えると三四件にもなる。自会に際して様々な趣向をこらし、「取合」に苦心しているが、概ね成功と受け取っているのである。[91]このことは「不評」とされた次の二回のコメントを読めば、一層明確となろう。昭和二十一年六月七日には、

うす茶も只だ高価な道具をならべた丈、少しも面白味がない。然し土橋玄琢翁を正客にして児島、坂田両君をおせうばんによぶ場合には珍らしい道具をならべて御覧に入れるのが止を得ざる旧体制といふべしであらう。[92]

と、記されている。当日は同年五月二十八日に京都市北山の太虚山光悦寺の東隣に建つ玄琢山荘に夫婦で招かれた「御返礼のお茶」であった。なお、玄琢山荘については、「流石に

大商人の風流邸だけあつてコセ〳〵せず大マカに古風に、田舎屋の改造か新築か、どちらにしても時流に媚びない翁特有の設計であることに満足した」[93]と、建物を褒めている。ちなみに、六月七日の自会の道具立は、「七十七のお祝にもと未だ一度も見せたことのない堺色紙の幅を使ふ。花は大山蓮、遠州竹一重、茶碗は大ぶりな古唐津踞虎、茶入は古サツマ、茶杓佐川田昌俊[94]」というものであった。「土橋玄琢翁」は光悦会の中心として活動した、京都の道具商界の大立者であった土橋嘉兵衛（無声庵）である。また、「児島、坂田両君」とは、小林の元に出入りしていた大阪の道具商の児島嘉助（米山居）と坂田作治郎（日々軒）と考えられる。小林としては即庵の、三人の道具商を相手にした自らの茶会を「只だ高価な道具をならべた丈、少しも面白味がない（中略）旧体制」と書き、「道具商好み」と批判的に見ている。また、昭和二十九年四月十日の自会については、「惜気なく名器を羅列したから、お客様は今日は豪華版ですネと喜ばれたが、私はこういふ趣味の乏しいお茶をキライだから面白くなかつた[95]」と率直な感想を綴っている。茶客は、東京から訪れた斎藤利助（平山堂）、田山信郎（方南）、服部章三（梅素）と、京都在住の佐々木敬一（三味）、上田堪二郎であった。しかし、『日記』三には、茶道具類の記述はない。なお、「逸翁茶会記（抄）」は同一日付の茶会の道具組が記載されているが、そこには『日記』三にはない同人会とあり、

出席者は不明である。(96)

他会へのコメント

他会の批評で興味深いのは、人物評であろう。昭和二十二年五月八日に兵庫県伊丹市新伊丹の田島正雄の初陣茶会に招かれた際には、

〔田島は：齋藤〕久田宗匠の直弟子にて御稽古も真面目にやられるので、智識階級の新茶人のやうにお手前はどうでもよい、精神的にやつて見せるいふが如き態度がみじんもないので嬉しいと思つた。奥さまも共々に老境をお茶に遊ぶのは誠にうるはしい生活だと思ふ。(97)

とあり、夫婦で老後の生活に茶の湯を取り入れんとする田島に満腔《まんこう》の賛辞を送っている。ちなみに、『大乗』に収録された「田島正泉荘初陣の茶会」によれば、田島は、大阪商船副社長で大阪商工会議所会頭でもあったが、戦後公職追放中の身で、久田宗也に師事して茶の湯の世界に入ったという。(98)小林としては同じ境遇にあり、夫婦そろって茶の湯を生活の拠り所にしようとする姿勢に共感したのであろう。また、追放解除後の昭和二十八年頃から茶の湯を通じた交流がはじまった細見良（古香庵）を、同年十一月十九日に楳泉亭へ招い

た際には、「細見古香庵は仏教芸術の研究家として異色ある商人だ。殊に釜に対しては中々造ケイが深い、いろ〱お高説を拝聴して得るところ大なるを感謝す」[99]と書いている。傘寿を迎えてなお、新たな知識を吸収しようとする茶人小林のエネルギーに驚嘆せざるをえない。細見良は大阪府泉佐野市の毛織物商であった。その蒐集品は、現在京都市左京区の細見美術館で公開されている。

取合は件数も多く、丹念に引用すれば一冊の資料集が作成できる。ここでは短文のコメントは除き、茶会の雰囲気が伝わってくるコメントに絞って紹介したい。

茶碗は長崎片手の類にて、銘面影といふ逸品もの也。生前から此お茶碗を使つて追善をしたいと言はれて居つたといふ奥様のお話であつたが、生前に追善のお話をして居つたとは如何なる事情にや。（中略）流石に表流のスラ〱した取合せ大出来〱と感心せり（小西業精翁一週(ママ)年忌追善茶会）[100]。

〔和田久左衛門の：齋藤〕流石に旧家の蔵品として近頃買集めた品にあらずウブにて珍らし。（中略）旧家にて秘蔵の道具が浮世の風を知らず顔にかくれて居るので愉快也[101]。

宋窯白磁花入は珍品、会員諸氏の所望によつて見せていたゞいた万暦赤絵水指、東大寺カッコ胴（花入に使つて評判也）等不相変眼福にて嬉しかつた。藤木〔正一：齋藤〕君のお茶のお道具にはイツモ頭が下るほど精選されて居るので難有いと思つた。[102]

この一方で、取合についてては批判的なコメントが目についた。例えば、乾豊彦（不鬼庵）には昭和二十二年の五月に招かれているが、「余りに老人を歓迎する意味から若い御夫婦には似合はぬ、わびねらいは過ぎたるは及ばざるが如しである。若い人のお茶はモット溌剌たる意気をほしい[103]」と、「わびねらいは過ぎたるは及ばざるが如し」と批判している。乾豊彦は四〇歳であり、七四歳の小林からみれば、「若輩」と映ったのであろう。しかし、批判ばかりでなく、同年十一月に再び招かれた乾山荘の庭や茶室を、次のように高く評価している。

切戸をあけると打水の茶庭のコケむして新築とは思へぬ数寄屋普請にふさはしい庭造り、お若い乾君の手腕驚くべしである。（中略）二畳台目、開きの間は六畳、本屋の西端を狭く使つて茶味横溢の設計には感服〳〵[104]

この二つのコメントから、小林の茶人としてのバランス感覚を読み取らなければならない。なお、乾豊彦だけではなく、茶庭や茶席については、好評価を下しているケースが多いが、二つの事例に止めたい。

山内〔金三郎：齋藤〕君の宅は東京流の数寄屋普請で流石に芸術家好の風流横溢である。庭は孟宗竹のみにて簡素でよろしい。あの中に古色蒼然たる古塔か、石灯籠が一基あれば申分ないと思ふ[105]。

生形〔貴一：齋藤〕宗匠のお茶席は市内紅塵の中心地であるに不拘、イツモ清潔に掃除されてゐる。恐らくお茶席としては関西第一の小奇麗に、美しい清い立派なお茶席だと思ふ。外人を案内して『日本のお茶は斯々のものである。これこそ古風そのまゝの伝統的サンプルである』と説明すれば外人も納得するだらうと思ふ[106]。

山内は『阪急美術』の編集者として招請した山内金三郎（神斧）であり、京都に在住していた。生形宗匠は大正三、四年頃から小林が茶の湯を学んだ生形貴一（朝生庵）であり、小林は死去するまで茶の湯の師匠として生形と交流している。なお、生形は小林の没後、『日本美術工芸』の二二三号で「「小林さん」のお茶と道具」と題する座談会に参加し[107]、『追想』では錢高久吉(二松庵)や山内金三郎と座談会を行っている[108]。

四、懐石料理改革

先行研究

「新茶道」を提唱した小林は、その一環として、懐石料理改革をも求めている。ところが、概説的に言及されることはあっても[109]、小林の懐石料理についてトータルに扱った研究成果は多くない。その中にあって、茶道学大系四の『懐石と菓子』に収録された小菅桂子「小林一三と洋風懐石」[110]は、比較的まとまったものであろう。

しかし、小菅論文は、小林の生い立ちや事業の説明に多くの頁を割き、論文のテーマである「一三の茶道観」に続く肝心の茶の湯に関する記述は全体の半分を下回っている。しかも、『日記』などからの引用部分に関して、論拠となった原典史料の該当箇所の注記が明示されていない上に、正確さを欠いている点は看過できない。特に、「一三と食卓」は基本的に『日記』からの引用であるが、引用が恣意的で、「(略)」と明示されているのは一か所のみである。[111] また、説明なしに茶会ではないケースも混在している。もし、小林と食事との関わりの全体像を考えるならば、後に示すように、検討すべき箇所は小林の著作や『日記』に夥《おびただ》しくある。次いで、「一三と洋風懐石」で使用されている「芦葉会記」の所蔵先が明記されておらず、我々に再検討の手段を与えていない。[112] また北摂丼会では、「洋風忘年茶会をたのしんでいる」に続く引用文の日付が三月九日では忘年会とは言えない。[113] 北摂丼会引用文の資料源も示されていない。さらに、二四四〜二四五頁に掲げられた昭和三十一年十一月二十五日の献立に混乱がみられる。『日記』三によれば、当日は、十一時に宝塚で舞台稽古を見た後に、兵庫県武庫郡御影町にあった朝日新聞会長の村山長挙邸で園遊会に参加している。[114] 『日記』三に記されている昭和三十年十二月十八日の北摂丼会との混同とも考えられるが、『日記』三には「洋食後」とあるだけで、具体的な内容は不明である。[115]

些末《さまつ》な揚げ足を取ることは避けたいが、最後にもう一つ、二四一頁の「一三の茶会は池田山に住まいを建てた翌十三年頃からという」[116] とあるが、自邸雅俗山荘の竣功は昭和十一年であり、筆者のデータベースによれば、翌十二年四月十八日に松永安左ヱ門らを雅俗山荘に招待し、濃茶と懐石を振舞っている。[117]

以上、小菅論文は正確さを欠き、基本的な諸文献に当たったのかという素朴な疑問すら生じる。「茶道学大系」の評価をも揺るがしかねない。本節の執筆を思い立ったのには、小菅論文の影響も少なくない。

また、逸翁美術館編『器を楽しむ――逸翁の茶懐石』の竹田梨紗論文「逸翁と食」は、紙数制限があったためか、小林の懐石料理の総体的な把握になっていない。なお、三回登場する「新茶問答」は、「新茶道問答」であろう。

本節では、筆者のデータベースを駆使して、「洋食」にこだわらず、懐石料理改革への小林の認識や時代背景などを検討したい。

逸翁の懐石料理

小林が茶懐石に「洋食」を用いたことは広く知られている。事実、データベースによれば『日記』や「茶会記」などから確認できる三九〇回の自会で、食事内容が判明するのは四四・一パーセントの一七二回であり、七五・〇パーセントの一二九回での食事が「洋食」となっている。ちなみに、「懐石」は「簡単な」と注記された四回を加えても三一回であった。ただ、この数値は、データベースで確認できたものだけであり、小林の自会の悉皆的な調査結果でない点は、注意を促しておきたい。

昭和六年(一九三一)にはじまる初期の小林の自会の食事内容を検討すると、八回は内容が確認できないものの、九回は「懐石」であった。しかも高橋義雄や根津嘉一郎が書き残

した「茶会記」によれば、

関西茶風に倣ひて食器の選択を重んじたる者と覚しく、東都新茶人などの到底企て及ばざる所と、一同感服の外なかつた（歳末懐旧茶会(118)）

調理は勿論結構なり。器物に於ても（中略）揃ひも揃つて美事なり、殊に酒器の染付瓢形は勿論寄せ盃に至るまで十全完備して申分なく関西茶人の食器の豊富なるには唯々敬服の外なかつた。（大小庵茶会(119)）

と称賛されるほどであった。なお、データベースによれば「洋食」が最初に登場するのは一八回目の自会に当たる昭和十七年（一九四二）一月十六日の茶会である。当日、雅俗山荘に招かれた佐々木敬一（三昧）が後に『茶の道五十年』に記した「料理はお手製の洋食で一汁三皿(120)」が、最も古いものである。すでに日本は太平洋戦争に突入している。

戦時下の懐石料理

小林の著作で食事に言及しているのは、『三昧』の昭和十六年九月の「（五）抹茶便乗の話」の「お茶人の言ふところの日本料理なるものは、凡そ、家庭料理から、非常に距離のあることを忘れてゐる」[121]が最初であろう。まだ太平洋戦争は勃発していないが、同年四月には主食の配給制が開始されており、「贅沢は敵だ」のポスターが街角に貼られ、生活物資の「欠乏時代」は既にはじまっていた。その後は、昭和十八年一月三日に小林の茶会に参席した佐々木敬一に「マカロニにスープといった小餐」[122]が供されていたことが判明する。

一方、「抹茶便乗の話」の後、『三昧』には食事に関する記述はしばらく登場しないが、「お茶道と食事との関係」の最後の部分では、「戦時体制の機会を逸せず、贅沢なる風流茶事の隠居仕事から、国民生活の必要茶道に、転換し得るかもしれない」[123]と述べられ、「懐石料理改革」の狼煙《のろし》が挙げられた。書かれた時期は昭和十八年四月である。先に紹介した佐々木敬一らを招いた茶会での実践が念頭にあったのかもしれない。しかし、翌十九年十二月五日の薬師寺会には食堂で「弁当」が供されているが[124]、佐々木敬一らを招いた後の昭和十七年四月から同十九年いっぱいにかけて確認されている一〇回の自会の食事内容は七回が「懐石」であり、基本的には「懐石」が中心であったといってよい[125]。一方、『三昧』に収録された、昭和十七年十一月八日の小西新右衛門家での茶会から、同十九年十二月七日の丹羽昇(翠竹庵)家にいたる他会において、食事に言及している一一回の「茶会記」では、「手料理」[126]、「手製」や「手造」[127]、「自給自足」[128]などの言葉が目に留まり、合計で七回あった。小林の参加する茶の湯の世界でも次第に戦争の影響による変化が生じていたのである。時代状況は以前と比べても一層悪化している。小林の著作からは、次のような断片的な記述しか見いだせないが、時代状況の厳しさは十分に認識されていたものと思われる。

死ぬか活きるか決戦の最中だ、呑気さうにお茶でもあるまい、国民のすべてが血眼になつて食ふや食はずの心構へで緊張してゐる時に、太平楽な、お茶に浮身をやつすとは何事だといふ非難を聞くと、これも亦一理あると思ふ。（昭和十九年二月「其時其人の心境」[129]）

配給制度が行はれ、現に貧弱なる配給によつて最低生活を余儀なくされてゐる家庭に於て、何んの彼のと文句を言ひながらお茶のお客が出来るとせば、どこぞに闇取引が潜行してゐると疑はれても仕方がないのである。（昭和十九年五月「茶道の常識論」[130]）

しかし、昭和二十年（一九四五）に入ると、我々は検討すべき有力な資料として『日記』を入手し、その後は、『新茶道』と『大乗』が加わり、情報量は格段に増加する。

まず、小林の言うところを聞こう。『日記』において、茶会の食事に対する積極的な発言は、戦時下であるが昭和二十年四月一日に山田岸太郎（禾庵）邸で開かれた、「戦時体制お茶の会」[131]であった臨時の芦葉会の記述に見られる。「お会席ハ戦時体制であるかと思ひの外、中々御馳走で驚いた」[132]と、御馳走は小林を驚かせるものだった。『日記』によれば、その際、空襲で焼け出された銭高久吉（二松庵）に代わって翌五月の芦葉会の当番を、「ライスカレーか、親子どんぶりか、うどん一杯か、ほんとうの戦時体制で、何んにもないから、それでよろしければといふ条件にて引受けた」[133]とある。引用した『日記』二では五月の芦葉会となっているが、小林は四月十五日に芦葉会を開催し、「洋食」を出している。[134]その際の『日記』二には食事に関するコメントはない。続いて同月十八日に京都の「熊谷君」を正客とする茶会の食事は、「親子丼一杯を中心とした簡単なるお手料理（中略）薄茶（は：齋藤）中国土産胡摩せんべいと枯露柿にて」[135]というものであった。小林は懐石料理の「簡単化」を実践している。しかし、それ以前に、小林の食事環境に大きな変化があった。『日記』二の昭和二十年三月十六日に、料理人岡本夫妻が疎開辞職移転するので、コレカラ、山荘の洋食を楽みに来遊するお客さんをお招きする事が出来ないのが残念であるが、時局柄不得止ことである。使用人も益々不自由になる。女中も使へないことになるかもしれない、自から働いて自から食ふ、といふ時代を覚悟して、長期戦に頑張るより他に途なしである。(136)

とある。先に紹介した『三昧』の原稿が書かれた時期に比べると、小林の「食」をめぐる環境は一段と悪化している。これに呼応するかのように茶会の食事に際しての「洋食」の回数も急増している。事実、昭和二十年四月十五日から翌二十一年末までの間に開かれた自会は四七回を数えるが、そのうち食事内容が判明する二六回の七三・一パーセントにあたる一九回で「洋食」が供されている。ちなみに、それ以前では食事内容が判明する二六回の茶会で「洋食」が出されたのは、一九・二パーセントの五回であった。この数値は大きな変化である。しかし、用意される「洋食」の内容は、若干時代は下がるが、昭和二十四年(一九四九)四月二十四日に雅俗山荘で開催された小林の喜寿茶会に、畠山一清や服部玄三ら八人の延命会員と共に招かれた松永安左ヱ門が次のように書いているように、レベルの高いものであった。

元宝塚ホテルの仏蘭西仕込みの料理人が腕を揮つた鮮美のお料理が出る。以前東京では渋谷の二葉亭、帝国ホテルの特別注文でなければ味へなかつた上品さである。中でも姿の儘の蒸鯛、幼鶏のうま煮は忘れ難きものであつた。[137]

しかし、小林を囲繞する茶の湯の世界は、必ずしも小林と同一歩調をとっていたわけではない。例えば、茶会ではないが、小林主宰の昭和二十年八月一日の南一会では、「御馳走が多すぎて困る。会員はつとめて時局的に最少限度に辛棒してほしい、六回に一度だからとお互に闇をあさるやうな御馳走はイケナイと思ふ」[138]と書かれており、御馳走が多い「食事」の内容と物資の闇取引にクレームをつけている。

戦後の懐石料理改革

また、昭和二十一年五月一日に出入りの道具商である古賀勝夫(竹世堂)が開催した茶会に招かれた際にも、「時節柄とて御馳走は簡略にしてほしいと注文したるに拘らず、普通の御会席以上に豊富であつたのは残念である」[139]と、事前に食事を簡略にすることを求めたにもかかわらず、守られなかったことに苦言を呈している。そして、派手なお茶は何人も遠慮する。それでも張りきっている旺盛なお茶人の中には、お祝でなくて追善哀悼の法要ならば許されるだろうという裏道が、闇の世界だけに流行している。[140]

という現状に対して、「敗戦国であり、占領管下の国民としては、日本再建のため艱難《かんなん》辛苦を覚悟しなければならない」[141]という立場に立脚している小林の発言は、後に『新茶道』に収録された論稿にみるように次第に具体的になっていく。すべてに触れることはできないが、比較的まとまりのある三つだけを紹介したい。なお、引用はしないが「簡単な茶会の見本」では、簡素な献立が三種類掲示されていることを述べておく。[142]

統制と配給、この暗い陰惨な台所に、闇を漁つてまでも旧式お茶事の勇気は無い。（中略）簡素軽便な、親子丼、狐うどん、ぬく鮓に添へて一椀のお汁、即ち一汁一菜、それがすむと、居成りでお菓子にお茶、といふ程度の遊び、（「新しいお茶のゆき方」[143]）

お茶事には形式的な懐石料理がつきものである。さういふ形式の料理は、時世時節で、手数のかゝる大袈裟な昔のまゝではイケナイ。(中略)一汁二菜にしても一汁三菜にしても、食事であるからウマければよい、お客様が御満足すればよいといふ丈で料理屋まかせにすれば、事は頗る簡単に運ぶであらうが、さういふ贅沢はこの時節には許されない。(「茶道具の説明」[144])

私の生活は洋式で、パン本位、平日も殆どお米を食はない。洋食の御馳走は家族達の協力で出来る。材料は阪急の地下室で買ひ調へる。頗る簡単で人手がかからない。普通懐石料理の五分一の費用にて十分である。(「現代茶人と業者」[145])

と、非常に熱心に「懐石料理改革」に取り組んでいることが明らかである。ところで小林の取組みも簡単に成功したわけではない。その最大の壁は、食糧事情の悪化である。それは、『日記』二に昭和二十二年五月十七日の今枝善隆(半庵)宅で開かれた芦葉会に際して、

物資不足闇取引横行の時代に逆行。どうも、此会が贅沢に御馳走が多いので自粛説を主張し其見本として、六月二十五日私が幹事を引受けて一汁一菜的の御料理とお茶を

工夫することになつた(146)

とあるように、「モット簡素にしたいといふ輿論への見本として(147)」引き受けた六月二十五日の芦葉会の臨時当番も、

向　蟹のカンヅメ、汁　味噌汁に茄子、カボチヤの煮つけ、お煮物椀は鳥のさゝみ、親子丼、胡瓜の浅漬、五十円(公)ではどうしても出来ないと妻君の愚痴。鳥二羽で九百円かゝつたから玉子一個十二円の親子丼は百円近くかゝつた(148)

と、結果的にははかばかしくなかった。だが、これで引き下がるような小林ではない。『日記』には機会を捉えては種々試みていることが読み取れる。しかし、

会席料理も簡単を旨として実行して見たが失敗だ。只だお汁を一度飯器を二度、箸洗八寸を省略したゞけでは不相変ゴタ〳〵するので意味をなさない。矢張り自分の思ふ通りにモット簡素にして実験したいと思ふ(149)。

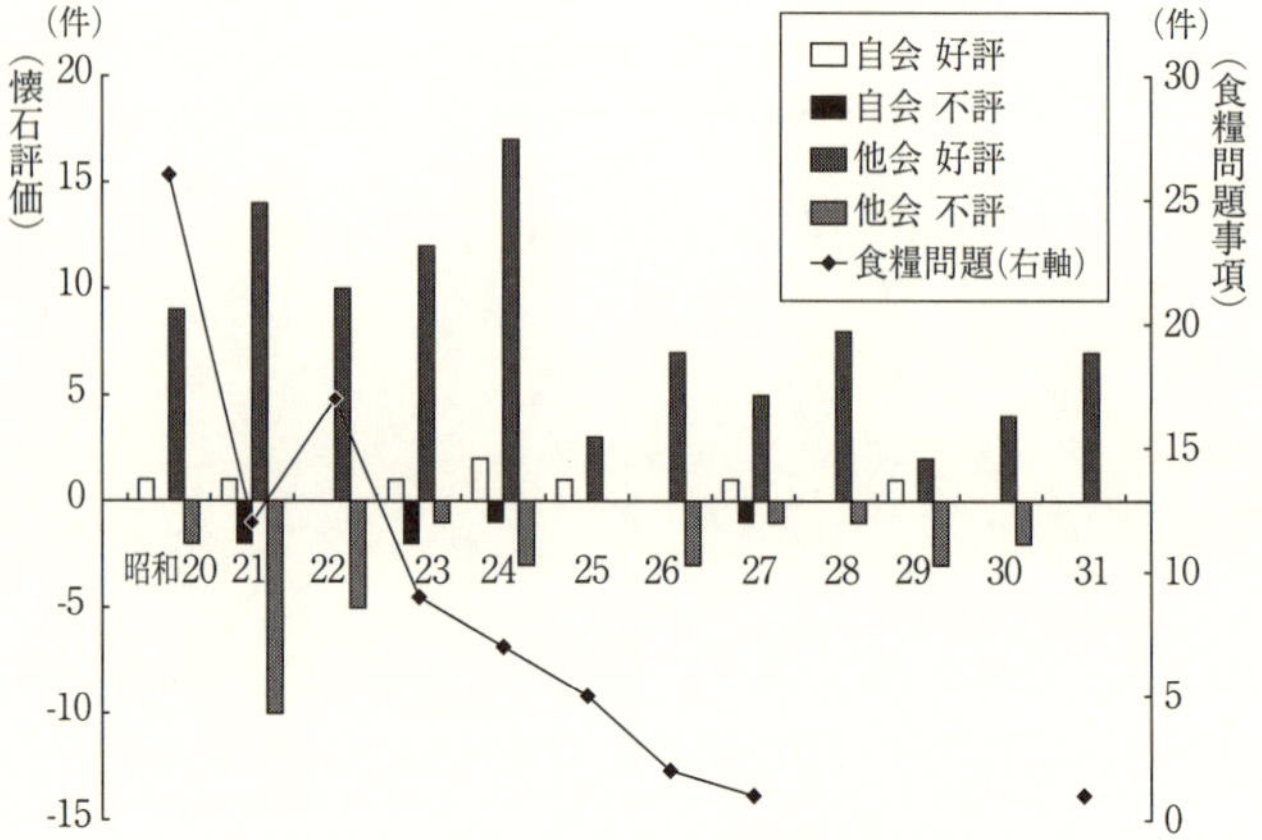

第1図『日記』の懐石評価と食糧問題事項の推移

と書かざるをえないように、「懐石料理改革」は難しいものであった。しかし、公職追放が解除された昭和二十六年の十二月六日に坂田作治郎（柏樹庵）に招かれた際に、「茶懐石は米国式のディナー同様になるべく少量にすべきもの、預け鉢、強肴を除外した本来のコースに帰るべき[150]」と書いているように、機会あるごとに新たな取り組みを試みている[151]。

食糧問題

ところで、『日記』を読み進める過程で、「懐石料理改革」にひとつの傾向が浮かび上がってきた。公表を前提にして書かれた「茶会記」や著作にはある程度の配慮があるかもしれないが、他人の眼を意識しないで書かれた『日記』では、自会の料理の反省や、参席した茶会の食事に対する率直な感想、時には手厳しい批判が綴られている。

第1図「『日記』の懐石評価と食糧問題事項の推移」の作成意図は、時代状況によってデータの中身が大きく変化している事実を明らかにする点にある。分析に先立って同図の作成の手順に触れておく。なお、実線の「食糧問題事項」については後に触れる。

まず、『日記』に記された茶会の食事へのコメントを書き上げる。次いで、記述内容から「好評」あるいは「不評」と判定する。コメントをどのように評価するかは難しいが、公職追放を受け、茶の湯に没頭しはじめる昭和二十一年（一九四六）の前半をサンプルとする第13表を使って説明したい。なお、作成にあたっては『日記』では略記されている亭主の名前などを補った。例えば、二月三日の長尾欽弥（宣春庵《ママ》）の「久しぶりで目の保養とおいしい御馳走で満腹[152]」は「好評」とした。一方、四月四日の銭高久吉（二松庵）の芦葉会の「御馳走山の如く贅沢限りなし、御厚意は嬉しいが、闇取引の山海の珍肴は時局柄寧ろつゝしむべきものだと思ふ[153]」は「不評」と判定した。ちなみに、三月十三日の「お茶料理にて会席[154]」のように、別段のコメントがないものは集計対象から外した。

第13表『日記』の懐石評価サンプル ※四六〇二〇三＝一九四六年二月三日

年月日	亭主	会	食事	評価
四六〇二〇三	長尾宣春《（ママ）》庵	延命会	久しぶりで目の保養とおいしい御馳走で満腹、	好評
四六〇三一三	田辺加多丸		お茶料理にて会席。	
四六〇三二〇	小曽根		お弁当を使つて	
四六〇三二二	小西新右衛門		お会席は簡素ながら流石にお茶人の取合せ、自家の畑のものに玉子豆腐のお煮物椀、御注文ならばかす汁もと強肴もうれし、	好評
四六〇三二五	薬師寺		会席料理。	
四六〇四〇二	中村陶庵		料理はエビの生のさしみ、エビの天プラ等で材料の少ない折柄面白く工夫しておいしく食べさせるので評判だ。食後栗饅頭一個《コノ饅頭が一個十円だといふのであるが、これは阪急百貨店の山中商店の某君が馬関方面の知人から百個あまり輸入して知人に分配したもので、米三もこれを三十個持つて帰り、十個百円、まさか闇で買ふ事も売る事も出来ないといふので、有合せの缶詰二個と交換する約束であると言ふから私の宅でもコンビーフ二缶と交換したものと同一品である》	好評
四六〇四〇四	銭高久吉	芦葉会	御馳走山の如く贅沢限りなし、御厚意は嬉しいが、闇取引の山海の珍肴は時局柄寧ろつゝしむべきものだと思ふ。	不評

第1図の棒グラフは、一回の茶会ごとに「好評」はプラスとして、「不評」はマイナスとして表示、食事に対する評価の年別の推移を追った。別段の評価がない場合は表示していない。

一瞥して、昭和二十五年（一九五〇）前後で様相が一変している。即ち、昭和二十四年までは「好評」も多いが、「不評」も目に付く。対して二十五年以降は、「好評」あるいは「不評」のコメントは少なくなっている。その理由を考えることが、次なる課題として浮かび上がってきた。その手掛かりが実線で示した「食糧問題事項」である。グラフの右軸はサンプルとして第14表に一部を示したような、『日記』の食糧問題に関説した件数である。なお、アステリスク（＊）は翻刻に際し『日記』編集部で付した表題である。記事のボリュームを

第14表『日記』の食糧問題事項サンプル　※四五〇二一五＝一九四五年二月一五日

年月日	内容	巻	頁
四五〇二一五	床屋さん曰く配給では食えず、（中略）二、三日塩と梅干ではやりきれない	二	二〇
四五〇二一五	新聞投書「配給不適正」は名論、同感である。	二	二一
四五〇五〇二	『大阪新聞』に論考「甘藷の自由販売」掲載	二	九三〜九四
四五〇五〇六	芋の自由販売説のつゞき＊	二	九七〜九八

＊は、『小林一三日記』の編集部で付したもの。

示すために頁を掲げた。

記事のボリュームはひとまず置くとして、「食糧問題」に関する記述の登場回数は昭和二十年の二六件をピークに漸減《ぜんげん》している。戦時中から敗戦直後にかけて極端に悪化した食糧事情の改善が読み取れる。昭和二十七年九月に新経済研究会席上で「食糧問題の解決とその研究」と題する講演を行った後は四年間空白があり、三十一年九月四日の「国民の利益となる米自由販売が、農民の収入減で実行できない」(155)を最後に、『日記』から「食糧問題」を云々《うんぬん》する記述は消える。

本書では多くを語れないが、小林が『日記』で一貫して非難したのは「闇」と「統制」であった。小林が昭和十六年(一九四一)、第二次近衛文麿内閣の商工大臣であった時、国家総動員計画を推進する内閣総理大臣直属機関であった企画院の作成した「経済新体制」案に強硬に反対し、「革新官僚」岸信介商工次官を馘首したことを知っている我々は(156)、小林が「自由主義者」であったことを改めて確認する。その「自由主義」の精神は、小林が主唱した「新茶道」の精神とも通底していることに気付く。小林の基幹事業であった鉄道、百貨店、宝塚歌劇、映画などは本来「統制」とは馴染まないのである。

小林の最後の自会となった昭和三十二年(一九五七)一月二十日の北摂丼会での会席の様

子を、会員の白壁武弥は『日本美術工芸』二二二号に次のように綴っている。小林の「懐石料理改革」の到達点といえるだろう。

先生のお茶会はいつもお懐石から始まります。寄付の応接にすぐ続いて、同室と云ってもよい位置に食堂がありますので、その段極めて合理的です。御亭主のお指図に従って会員八人が食卓につきました。両端には先生と令夫人、正式のテーブルでした。直ぐ食事が始まりました。パン、スープ、肉・野菜、サラダという簡素なむだのないコースです。しかしいつものことながら美味な結構なお料理でした(157)。

註

(1)『大乗』には、「本茶会記は、逸翁自筆の「手控」の内戦後のものに限定し、特に晩年の茶会を中心に抽出、採録した」とある(三九八頁)。

(2)『日記』三、一八二頁。また、昭和二十三年(一九四八)四月十一日の本願寺枳殻邸での茶道文化会の道具組も貸し付けたものである。

(3)『大乗』、二六三〜二六五頁。ここでは小林の道具組を問題としているので採用した。ちなみに、『日記』三によれば、当日行動は、「十一時田中塊堂君来る。そののち入手した古筆もの、書込をたのむ、昼飯後から三時すぎまでかゝった。四時帰られた。」となっている(四六二頁)。

(4)『日記』三、六九九〜七〇〇頁。なお、当日の小林一三の行動は「十一時阪急七階にて整髪。十二時芦葉会昼飯、河合宗那君幹事也。食後お茶を頂戴して三時帰宅」であった。

（5）『日記』三、四四〇頁。

（6）「逸翁茶会記（抄）」にたびたび登場する「同人会」は、第二章第三節「小林逸翁と諸会」で検討した芦葉会や北摂丼会のような小林が主宰した茶会グループではなく、茶人を招いた茶会のことである。『日記』との突合せで次の諸点が明らかとなった。すなわち、昭和二十三年（一九四八）二月三日の薬師寺会は回虫に苦しみ「加藤君の計ひにてすむ」とある。小林は欠席したとみられる。また、第七九回「薬師寺会」は七月五日、第一二二回「薬師寺会」は十一月三日の誤りであった。さらに、第九八回と第一一八回の「薬師寺会」と、二十九年四月十九日の「外人接待会」は『日記』にはない。さらにまた、昭和二十七年五月六日の「講和条約祝賀茶会」と、翌年一月六日の「渓苔会」はいずれも「薬師寺会」であり、昭和二十九年四月十二日の茶会は「三客一亭会」ではなかった。

（7）『大乗』、一二頁。

（8）『日記』二、八〇～八一頁。ちなみに出席者は「京都の熊谷君…友人西尾氏」としか書かれておらず、加藤義一郎がお詰として参加している。

（9）なぜか「香合」は三〇回しか記されておらず、他の道具類に比較すると著しく少ない。重複して使用されたものを除いて再集計すると二四点となる。ちなみに、複数回使用されているのは、「祥瑞横瓜」が三回で最も多く、「唐三彩一文字」、「仁清柚」、「不昧好片輪車蒔絵」、「ロシア・モザイク鳩の図」の四点が各二回である。「祥瑞横瓜」は、小林一三が大正初年に、初めて東京市四谷区にあった斎藤利助の平山堂を訪れた時に入手したものである。

（10）『漫筆』第一、六〇～七〇頁。

（11）『大乗』、三九九頁。

（12）逸翁美術館『茶会記をひもとく　逸翁と茶会』（思文閣出版、二〇一二年）、一二頁。

（13）『大乗』、四〇五頁。

（14）『大乗』、四二三頁。

（15）昭和三十年一月十日の第一三四回薬師寺会（四二三頁）、三十一年二月七日の第一四一回薬師寺会（四二七頁）。

（16）小林の没後、昭和三十八年（一九六三）に逸翁美術館から刊行された『逸翁鶏鳴集　日記抄・拾遺』も忘れることはできない。

（17）『漫筆』第一、一七～五八頁。

（18）『漫筆』第三、一～八頁。

(19)『三昧』、二三二～二三六頁。
(20)『三昧』、七六～八四頁。
(21)『漫筆』第四、三七～三九頁。
(22)昭和二十四年四月二十四日の雅俗山荘での延命会メンバーが参席した際の「茶会記」である松永安左ヱ門「雅俗山荘喜寿茶会」(『わが茶日夕』二七八～二八八頁)と畠山一清「小林逸翁喜寿自祝」(『即翁遺墨茶会日記』)は集計対象としなかったが、二つの「茶会記」からも高橋箒庵書簡の使用が確認できる。
(23)『大乗』、四〇〇頁、四一〇頁。
(24)『日記』三、七七頁。ところで、「逸翁茶会記(抄)」には、日付は五日ではなく七日となっているものの、第七九回薬師寺会での道具組が記録されている(『大乗』四〇四頁)。また、昭和二十八年二月十三日の三客一亭会も「広間にて淡茶、外遊渡来の道具のみ使用す。会後使用品全部をクジにて贈呈」(『日記』三、四四八頁)とある。また、当日のことを書いている、『日本美術工芸』第二一八号の佐々木三味「逸翁先生と私(続)」には次のように記されている。「薄茶に使用の茶入二個、茶盌二個、干菓子盆の五点を床の間へ竝べられ、『抽籤で順番をきめ、早い人から好きな物を選り取って貰おう』といわれて、一同は眼をみはった」(六七頁)。
(25)『日記』二、五九七頁。
(26)『漫筆』第四、五頁。
(27)東京美術倶楽部百年史編纂委員会『美術商の百年』(東京美術倶楽部、二〇〇六年)、二八六頁。
(28)『阪急美術』一七号、一六～一九頁。
(29)『逸翁鶏鳴集』には、(三砂良哉氏へ)と注記された、次のような歌が収録されている。「あるが中に三砂の数をとりあげて 玉としみがく心うれしき」(二四八頁)。
(30)茶友であった畠山一清は、『追想』の「茗宴交友記」で次のように書いている。「白酒・黒酒の神酒を賜った、その器を漆塗りにして、茶入に仕立てたものである。翁は、この栄誉を祖先の霊前に告げるとともに、記念として永く子孫に伝えたい心境を縷々として述懐せられた」(五六頁)。
(31)『日記』三、五八九～五九〇頁。なお、逸翁美術館の『復活！不昧公大圓祭』(思文閣出版、二〇一三年)も参照のこと。
(32)『大乗』、二九九～三〇三頁。
(33)『日記』二、三八頁。
(34)『日記』三、三五六頁。
(35)『日記』二、三三五～三三八頁。
(36)『日記』二、三四〇頁。

(37)『日記』三、八頁。
(38)『日記』二、四一頁。なお、三月一日には「早川尚古斎の宅へゆき山荘から持つて帰つた孟宗竹で逸翁流の竹の花生二個に入墨」とある(三七頁)。
(39)『日記』二、八九頁。ちなみに、購入品は以下の通りである。光悦謡本百冊一冊(内一冊金剛太夫自筆)、月渓画几董賛さみだれの句紙本半折。蕪村自書俳書『秋風六吟歌仙』一冊。月渓尺牘一巻。黒瀬戸梅の絵筒茶碗。保全祥瑞写筒茶碗。
(40)『日記』二、四一頁。
(41)昭和二十三年四月二十四日、同年六月十二日、同三十一年四月二十三日。
(42)「消費者物価指数」は昭和二十二年以前は不明である。そこで「戦前基準東京小売物価指数」を使用して遡及を行った(『昭和国勢総覧』第二巻、四四三頁)。
(43)『日記』二、八六頁。
(44)『日記』三、五九〇頁。
(45)『日記』三、五九二頁。
(46)『日記』三、五九〇頁。
(47)『日記』二、三六〇頁。
(48)『値段の明治大正昭和風俗史』(朝日新聞社、一九八一年)、九五頁。
(49)『日記』二、三九六～三九七頁。
(50)『日記』二、三九七頁。
(51)『日記』二、三九八頁。
(52)『日記』二、三九九頁。
(53)『日記』二、四一四頁。
(54)『日記』二、四八七頁。
(55)『日記』三、五七頁。
(56)『日記』三、九四頁。
(57)『日記』三、一六〇頁。
(58)『日記』二、六一三頁。
(59)『日記』一、三〇九頁。
(60)『日記』三、五二六頁。
(61)『日記』三、五四一頁。
(62)『日記』三、五五六頁。
(63)『昭和茶道記』二、一八〇～一八五頁。
(64)佐々木三味『茶の道五十年』(淡交社、一九七〇年)、二〇六頁。
(65)『大乗』、四〇七頁。
(66)『阪急美術』二二八号、七〇頁。同会の「茶会記」は『茶の道五十年』の二〇六～二〇七頁にもみえるが、記述内容は両者で微妙に異なっている。

(67)『大乗』、二六五頁。
(68)『日記』二、四一七頁。ただ、この時の道具組は不明である。
(69)『日記』三、七七頁。ところで、『日記』には道具組は記されておらず、具体的な内容は「逸翁茶会記(抄)」(『大乗』、四〇四頁)によらなければならない。ただ、「逸翁茶会記(抄)」の日付は七月七日となっている。
(70)逸翁美術館『茶の湯文化と小林一三』(思文閣出版、二〇〇九年)、四三頁。
(71)『大乗』、四〇六頁。
(72)『日記』二、四〇頁。
(73)『日記』二、四〇五頁。
(74)『日記』二、四九三頁。
(75)『大乗』、七四～七六頁。
(76)『日記』三、七八頁。
(77)『日記』二、四二五頁、『日記』三、三六一頁。
(78)『三昧』、四〇一頁。
(79)具体的には「敦煌の因果経残欠」「十二因縁の絵巻」「絵因果経の大幅」「春日マンダラ」である。
(80)『日記』二、五二一頁。
(81)「狂言袴」も「不評」の割合が高いが、これは合計点数が二点と少ないことによる。
(82)小林が執筆した「茶会記」で茶会の感想が述べられているのは、一〇件である。
(83)小林の「著作」に記された茶会のコメントは五件である。
(84)『日記』二、八頁。
(85)『新茶道』、三〇頁。
(86)『大乗』に(絶稿)と記されている昭和三十二年(一九五七)一月十五日記の日付のある、同月五日に大阪住吉の渡辺丈太郎(常庵)に招かれた際の「常庵丁酉初茶事」では、使用された茶道具類が克明に記されている。なお、相席者は湯木貞一、渡辺栄一の令息である渡辺平、加藤義一郎、生島房次であった。
(87)『日記』二、六八頁。
(88)『日記』二、三三二頁。
(89)『日記』二、五五三頁。
(90)『日記』二、三九七頁。「服部、佐藤」のうち、服部は「東京の」とあるところから、道具商の服部章三(梅素)と考えられるが、「佐藤」は不明である。
(91)昭和二十四年十一月九日に、大阪美術倶楽部を会場に開かれた「根津青山翁追福会」で薄茶席を担当した際には、次のように綴っている。試みた趣向に自信があったのであろう。「私の引受けたうす茶席は根津美術館所有の名品と反対の色彩と非伝統的器物の取合せにて新しい試を此種の催しに断行し得たことを嬉しいと思ふ。世評果して如何」(『日記』三、一一七頁)。

(92)『日記』二、四一八頁。

(93)『日記』二、四一六頁。

(94)『日記』二、四一七頁。

(95)『日記』三、五八八頁。

(96)『大乗』、四一八頁。

(97)『日記』二、五一一～五一二頁。夫婦で茶の湯を嗜んでいるケースは次のように好評である。「初対面に拘らず気のおけないお茶人として将来性があるやうに思ふ。職務上戦争中朝鮮に出張して居る間に陶器に興味をもつて蒐集して居るとの事。奥さんが表流のお茶人ゆへ、自然婦唱夫随《ママ》といふ理想的の家庭であるやうだ」(大鋸谷、昭和二十三年五月二十日、『日記』二、六〇九頁)。「渡辺常庵宗匠の指導であるからコレカラ本格的に進歩すると思ふ。奥さんは中々堂に入つたもので、この奥さんの指導によれば本人も充分に進歩し追々と鑑賞茶に入門する見込があるように感じた」(白壁武弥、昭和二十九年六月十四日、『日記』三、五九九頁)。

(98)『大乗』、五五～五六頁。

(99)『日記』三、五〇二頁。同様に「研究會」の茶人として松岡魁庵や戸田大三の評価は以下のように高い。「戸田君いまだ二十八才の青年であるに拘らず、中国陶器の鑑賞眼卓抜。従つて日本陶器も又お茶の道具にも一セキ眼を持つてゐるから其コレクションは本筋であつたのに一寸驚いた」(『日記』二、五四九頁)。「〔松岡は‥齋藤〕もとから書画には興味があり、富岡鉄斎、村上華岳画伯の蒐集家として神戸では有名人の由也。戦後茶道具大手筋の一人として断然群をぬいて居るとの事、東京の畠山君とその豪華を競ふに足る名品の買方として将来の活躍を期待し得るのは心強いと思ふ」(『日記』三、二四九頁)。

(100)『日記』二、六一四頁。

(101)『日記』二、六一七頁。

(102)『日記』三、一六三頁。

(103)『日記』二、五一一頁。また昭和二十二年十一月に乾豊彦に招かれた際の評価も「お茶の方はハケメのお茶碗只だ大ぶりといふ丈が珍らしいので面白味も風情も乏しい。茶入瀬戸風手も普通也。茶杓道安共筒といふ丈である」(『日記』二、五四七～五四八頁)と高くない。さらに、同二十四年六月に渡辺丈太郎の還暦茶会の際のコメントも次のように「不評」である。「全体宗匠還暦のお茶といふが如きお祝は、名器を動員してならべる丈では興味がない。自己の立場から無理をせずに、意義のある取合せを工夫するところに値打があるので、只だ目出度い銘の器物を借りあつめて御馳走したところが我々は少しも嬉しくない。尤もお弟子さん達は、これ丈の金高のものをならべて見せて貰ふ丈でも珍らしいので喜ぶかもしれない。これも一理ありで、私達の心持で批評するのは無理かもしれない」(『日記』三、六七頁)。

(104)『日記』二、五四七頁。

(105)『日記』二、一二一頁。

(106)『日記』三、三〇頁。

(107)『日本美術工芸』二二三号、六五～七三頁。

(108)『追想』、五六七～五七一頁。

(109)熊倉功夫『近代茶道史の研究』、三三四頁。同「小林逸翁の新茶道」(『淡交』五五五号)、五七～五八頁。同「数寄者の茶の湯」(『茶道聚錦六 近代の茶の湯』)、一二四頁。

(110)茶道学大系四『懐石と菓子』(淡交社、一九九九年)、二一七～二四八頁。

(111)『懐石と菓子』、二三九頁。

(112)「芦葉会記」の戦前部分は『逸翁美術館年報』に翻刻されたが、戦後は翻刻がなされていない。

(113)『懐石と菓子』、二四四頁。

(114)『日記』三、七三六頁。

(115)『日記』三、六七七頁。

(116)『懐石と菓子』、二四一頁。

(117)『茶道三年』中巻、一四九～一五〇頁。

(118)『昭和茶道記』一、八五四頁。

(119)『漫筆』第二、三九頁。

(120)『茶の道五十年』、二一六頁。佐々木は引用文に続けて、「当家には関西随一の腕利きのコックがお抱えであった」とも書いている。

(121)『三昧』、一〇一頁。

(122)『日本美術工芸』二二六号、五六頁。

(123)『三昧』、一九一頁。

(124)『わが茶日夕』、二三八頁。

(125)『阪急文化研究年報』の二〇一三年二号に翻刻されている「芦葉会記」によれば、昭和十八年七月四日の芦葉会では「中食後」とだけあり、食事内容が判明しない(六五頁)。

(126)『三昧』、二二六頁、三六九頁、四〇八頁。

(127)『三昧』、二二四頁、二三〇頁、四〇四頁。

(128)『三昧』、三七八頁。

(129)『三昧』、二四四頁。

(130)『三昧』、二六九～二七〇頁。

(131)『日記』二、六七頁。
(132)『日記』二、六七頁。
(133)『日記』二、六八頁。
(134)『日記』二、七六頁。
(135)『日記』二、八一頁。小林一三の茶客に「熊谷」は熊谷直清と熊谷直之の二人がいるが、そのいずれであるかは確定できなかった。
(136)『日記』二、五〇頁。
(137)『わが茶日夕』、二八〇頁。
(138)『日記』二、二二三頁。
(139)『日記』二、四〇九頁。
(140)『大乗』、七二頁。
(141)『新茶道』、二〇頁。
(142)『新茶道』、四五頁。
(143)『新茶道』、二七～二八頁。
(144)『新茶道』、四九～五〇頁。
(145)『新茶道』、一五四頁。
(146)『日記』二、五一三頁。
(147)『日記』二、五一八頁。
(148)『日記』二、五一八頁。
(149)『日記』二、六六一頁。
(150)『大乗』、二一六頁。
(151)『日記』には、他にも昭和二十三年三月十五日に河合幸七郎(宗那)らを人我亭に招いた際も「簡単なる会席にてお茶、ぬくずし一碗を中心にして試みて見たが、どうも思ふやうにゆかない、も一度試みて完成したいと思つてゐる」(『日記』二、五八八頁)、同二十四年一月十四日の渡辺丈太郎(常庵)らを費隠に招いた際も「理想的簡単なる御会席を試みたがまだ〳〵自分の考へてゐるやうにゆかないので残念〳〵」(『日記』三、一九頁)、同二十五年二月五日に東京の繭山龍泉堂主人らが訪れた際には「食堂にてヌク寿し一碗の昼食に一本のお酒にて快心の軽いお茶を試みて嬉しかつた」(『日記』三、一三八頁)と綴られている。
(152)『日記』二、三七一頁。
(153)『日記』二、四〇一頁。
(154)『日記』二、三九四頁。
(155)『日記』三、七二五頁。
(156)三宅晴輝『小林一三伝』(東洋書館、一九五四年)、二七〇～二七四頁。
(157)『日本美術工芸』二二二号、五八頁。

第五章　小林逸翁の茶道観

はじめに

小林一三（逸翁）の茶道観といえば、必ず「新茶道」が想起される。それは戦後になって刊行された『新茶道』においてしばしば展開された「茶界批判」「道具屋批判」「家元批判」「懐石改革」を主な内容としている。しかし、『茶道雑誌』の平成十六年（二〇〇四）二月号の「特集　小林逸翁」で、「逸翁と祖父生形貴一のこと」を執筆された生形貴重氏が、「厳しい茶の現実への批判の言葉が、氏（小林一三：齋藤）の文脈からそこだけ抜き出されて強調されたりしているように感じます(1)」と指摘しておられるように、これまでの研究方法には問題があったといわねばなるまい。数多い小林の著作の部分的な検討に終わっているのである。原田伴彦『近代数寄者太平記』を例に取れば、同書が二〇人を超える近代数寄者を取り上げており、小林に関説した部分がその一部であって、紙幅制限は十分に理解できるが、焦点が絞られすぎているのでは、という読後感は否めない。また、茶の湯に関説した著作の中では『新茶道』のみが大きく取り上げられているが、『新茶道』に先立った『漫筆』や『三昧』への言及はほとんどみられない。確かに『新茶道』に比べると、『漫筆』や『三昧』は、茶の湯への言及が少ない点は承知してはいるものの、やはり物足りなさを感じる。本書の「はじめに」で述べたように、茶人小林一三(逸翁)を正面から取り上げた研究書は、皆無であるといっても過言ではないだろう。[2]

本章では、従来の研究史への批判的な立場に立ち、小林の茶道観の総合的な検討を試みる。方法としては、茶の湯に関する小林の論稿の洗い出しを行い、小林の興味関心の所在を確認して、本章で検討すべきテーマを決定する。これには第一節「小林一三の茶の湯の著作」を当てる。次に、それを承けて、時期的には最も早くから登場する、戦前にはじまった既存の茶道界の現状に対する批判を取り上げ、第二節「茶界の批判」で検討する。ここでは主に茶人や道具商への批判が中心となる。

一方、戦後になって急増するのが、家元批判である。従来、小林の茶の湯批判というと、この「家元批判」のみが強調される嫌いがあった。しかし、小林の論稿を詳細に検討すると、時間の経過によって、「批判」のトーンは微妙に変化していることが明らかとなる。第三節「家元批判」では、家元批判の内容と、批判のトーンが微妙に変化していく過程の解明に力点を置いて検討していきたい。

これら一連の茶の湯批判と表裏の関係にあるのが、既存の茶界に向かってなされた「新茶道」の提言である。広く知られているように、茶会のあり方や懐石改革などを内容としている。第四節「新茶道の提唱」では、茶会のあり方に重点を置いて検討する。なお、もうひとつの主張点「懐石改革」は、第四章第四節「懐石料理改革」で取り扱った。

一、小林一三の茶の湯の著作

まず、小林の茶の湯や、それと密接に関係する美術に関説した著作の全体像を概観し、そこから次節以降で検討するテーマの絞り込みに関わる手順を説明したい。

健筆家逸翁

刊行された小林一三の茶の湯や美術に関する著作は、五百部を自らの手で上梓《じょうし》した四分冊からなる『漫筆』をはじめ、戦後刊行した『三昧』と『新茶道』、そして没後ではあるが、昭和五十一年(一九七六)の生誕百年を記念して、昭和二十年(一九四五)から没するまでの茶会記録と『日本美術工芸』に執筆した茶道論を取りまとめ、逸翁美術館から千部限定で刊行された『大乗』の四種であり、それらの総頁数は一、六九三頁にも達する。

ただし、実業家にしては珍しいほど「健筆家」であった小林の、茶の湯や美術に関する論稿のすべてがこれら著作に収録されているわけではない。例えば、昭和十六年(一九四一)の八月から翌年三月にかけて、阪急百貨店から出されていた『汎究美術』の第四七号から第五四号に連載された、「芦葉の雫」と題する原富太郎(三渓)、犬養毅(木堂)、益田孝(鈍翁)、三井高保(華精)らの一〇人から得た書画に関する論稿は、前述の著作には未収録である。また、一時期、親交があった北大路房次郎(魯山人)が主宰した星岡窯研究所編『星岡』に寄稿した論稿にも、著作に収録されたものがある一方で、未収録も何点かあった。[3] なお、記述スタイルが前述の著作とは若干異なるものの、昭和二十八年(一九五三)に刊行された『自叙伝』にも茶の湯や美術に関係する記述が散見される。[4]

昭和七年(一九三二)に刊行された『漫筆』第一の冒頭部分の「巻頭に」に、「雑駁な私の趣味性が、どんなにか私を労つてくれて居るだらう。家族達に離れて、灯下に親しむ私の書斎の雑文は、今の私には実に捨て難い慰みである」[5]と書いているが、「雑駁」と表現され、また、「雅俗」という言葉に象徴されてもいるように、対象の範囲は極めて広く、茶の湯、美術論、思い出話などに加えて、実業家小林一三の眼からみた政治論、経済論等々、多種多様なテーマが繰り広げられている。

しかし、小林の茶道観を明らかにしようとしている本章で、小林のすべての論稿に言及する必要はない。政治や経済問題をテーマとしている論稿は外した。[6]また、例えば、高橋義雄が、昭和六年(一九三一)十二月に、東京市麹町区永田町二丁目にあった小林邸に新築され、後に高橋によって「弦月庵」と命名される茶席に呼ばれた際に執筆し、『国民新聞』に連載されていた『昭和茶道記』の「歳末懐旧茶会」と題する茶会記をそのまま『漫筆』に採録している場合など、[7]他人の筆になる「茶会記」類は除いた。同様に、他人の論稿を単に紹介しているものは、書き込まれている小林のコメントのみとした。[8]

ただ、明治四十一年(一九〇八)の、わが国で最初の企業パンフレットであるといわれている『最も有望なる電車』で採用された問答形式は小林の執筆テクニックのひとつである。また、引用文なども、はっきりとした出典・典拠が示されていない場合は、他人の論稿と言い切ることは難しい点だけは断っておく。[9]

論稿の整理方法は、基本的に小林や編者が付した「原題」を基礎に編年としてデータベースを構築する。ただ、いくつかの論稿は執筆の年月日が明記されておらず[10]、内容から執筆時期を推定せざるをえない、月日が不明のものも少なくない。なお、『日本美術工芸』の昭和二十年以降の論稿を採録した『大乗』と、『三昧』など、『大乗』以前に刊行されている著作の間には多くの重複がみられるが、重複した論稿は一方の著作では除いた。

論稿の整理方法

サンプルとして示した第1表を用いて作業内容を述べたい。サンプルは、大寄せ茶会を批判した早い時期の論稿である『三昧』の「一つ覚えの話」[11]である。まず、年月日と表題を記入し、次いで、論稿の記述内容を検討して、適宜キーワードを付していく。どのようにキーワードを付すのかは難しいところである。いうまでもないが、作業者の恣意性は排除されねばならない。ところで、小林の論稿には長短があって、必ずしもひとつのテーマに絞られているわけではない。特に『三昧』においてみられるが、論稿の途中に「〇」を付して、前後で内容が大きく変わっているケースも少なくない。事実、サンプルとした「一つ覚えの話」は、内容的には三つの部分から構成されていた。そのような場合は、複数のキーワードを付すことで対応した。第1表の「一つ覚えの話」では、キーワードは、大分類の「批判」の細分類である「現状」が一項目、大分類の「新茶道」が一項目である。

第1表　データベースのサンプル　※四一〇八二八＝一九四一年八月二八日

年月日	標題	番号	記事	大分類	細分類	出典
四一〇八二八	一つ覚えの話	01	礼儀を重んじてゐるお茶席に於ても、馬鹿の一つ覚えと言ふのか十八人十五人位集まるお茶席の光景を見ると、泰然として自分本位に行動する、其の仕草は宗匠から教はつたお茶の礼式通りに実演するのであるから間違つても居らなければ、抗議を申込むべき筋合ではないが、大勢集つたお茶席には、又そこに臨機応変、大勢に迷惑をかけてはイケナイといふ心持が必要であると同じやうに、	批判	現状	三
四一〇八二八	一つ覚えの話	02	お茶が小さいお茶席から出発して大衆に支持せられるやうになり、自然に公共性を帯ぶるやうになつて来る、どうしてもそれに順応した茶礼が必要であり、其の方式が創成せらるべきものだと信じてゐる	新茶道		三

三＝『雅俗三昧』

キーワード

第2表は、前述の作業で作成した記事集計表である。対象となった論稿は二二九本を数える。区分したキーワードは、大分類として一一、細分類として一三となり、総数は一九にものぼる。同表の並べ方は、大分類の、また、大分類内においては細分類の項目の多い順に並べた。ちなみに、項目数は三三四項となった。分析に先立って、個々のキーワードの意味を説明したい。

合計で八三項目の大分類「茶会記」は、小林が参席した茶会の会記の単なる紹介、あるいは簡単な説明にとどまり、小林のコメントがほとんどないケースである。なお、茶会で使用された道具類や懐石などに言及している場合は、それぞれに大分類「道具論」や大分類「懐石」といったキーワードを付した。

大分類「美術」は四二項目を数える。基本的に茶会の美術品のコメントであるが、美術館や展覧会の「見学記」もふくまれる。なお、逸翁美術館の建設と絡めて、「おわりに」で触れる「文化センター構想」の素材とすべく、美術館のあり方に言及しているケースを細分類「美術館論」として立項した。

四〇項目の大分類「道具論」は、項目数としては第三位に位置する。自会や、招かれて参席した茶会において使用された、あるいは展観などで目にした道具類への感想である。ここでは『漫筆』第四の、宝塚少女歌劇創立二十周年を記念して昭和八年(一九三三)四月十日に開かれた「歌劇茶会記」で[12]、宝塚植物園の宝集庵広間の床に掛けられた清巌一行「唱

第2表 論稿記事集計

（件）

	茶会記	美術			道具論		懐石		批判				人物論	新茶道	茶界		道具屋論	外国人	その他	合計	論稿数
		美術論	美術館論	見学記	茶道具	その他	献立	懐石論	現状	家元	道具屋	関西			時論	東京の茶道					
昭和7	1	5		1							1		1				1			10	9
8	1	2			2								2			1				8	5
9																					
10																					
11																					
12																					
13		1											1							2	2
14																					
15		1											4						1	6	5
16		1	1	1					3					3						9	3
17	1	3			1		1		1			1	3	1		1				13	7
18	12				1	1	1	1	2				3	1					1	23	17
19	1	2		1	1				3	2	2		3	2					2	19	12
20	1	3		1		1							1							7	5
21	4				1		1			1					1	1			1	10	8
22	10				1		5	3						1						20	11
23	12				1		2	5	3	3				5	4				1	36	22
24	2	2	1		8	2		3	3	4	1	1	1	7	1	4		3		43	27
25	6	4	2		4		3				1		4	1				1	1	27	20
26	3	1	4		2			1		2			1	1	1		2			18	13
27	4				2					2		1	1			1	1			12	10
28	5		2		4			2						1			2			16	12
29	10		1		6		4	2						1						24	16
30	4	1	1		2		1				1		4	2						16	13
31	5						2						1	2	3					13	11
32	1							1												2	1
合計	83	26	12	4	36	4	20	18	15	14	6	3	30	28	10	8	6	4	6	334	229

起太平曲」などを「茶道具」とし、『三昧』の「(二七)茶会記」の、昭和十八年(一九四三)四月二十二日の「春山荘蒐集の経巻[13]」のように、延命会に際して東京市世田谷区上野毛の五島慶太邸にあった春山荘の別館陳列室で拝見した、五島が収集した経巻などは「その他」に区分した。

小林の茶の湯に関する新機軸のひとつとして懐石料理改革があり、小林の茶道観を検討するには避けて通ることはできない項目である。大分類「懐石」では、参席した茶会で出された懐石の料理や食器のみを紹介しているケースは「献立」とし、懐石へのコメントや、『三昧』の「お茶道と食事との関係[14]」のように、問題提起や懐石料理改革論が展開されている場合は細分類「懐石論」とした。なお、この部分は第四章第四節「懐石料理改革」の素材とした。

大分類「批判」は三八項目を数える。茶の湯のあり方を論じた中核部分を構成し、小林の茶道観を明確に示しているといってよい。ここでは既存の茶界の現状を批判した「現状」、茶道家元批判を展開した「家元」、茶道具商を批判した「道具屋」、関西茶界のあり方を批判した「関西」の細分類に区分した。ただ、昭和二十六年(一九五一)頃から批判のトーンは微妙に変化し、「注文」のかたちを取るようになって、批判めいた文言は著しく減少する。

『新茶道』の執筆時期と、それ以降の『大乗』に収録された昭和二十六年以降の論稿の間には明確な断層がある。なお、今回の作業を進める過程で、『新茶道』と『大乗』では、同じ論稿でも構成の変更や省略が目に付いた。

三〇項目の大分類「人物論」は、小林の周辺にいた根津嘉一郎、松永安左ヱ門、五島慶太、小西新右衛門らの茶会に招かれた際に、彼らの人柄や茶の湯への取り組みなどに言及した論稿で、第三章「茶友の群像」の素材とした。

「新茶道」とは、主に『新茶道』で展開された小林の当該時期の茶道界へ向かってなされた諸改革の提案である。これは大分類「批判」とは表裏一体の関係にある。本章の第四節「新茶道論の提唱」で検討したい。

大分類「茶界」は、関東や関西の茶界の状況に言及しているが、批判的な文言がみられない論稿である。関西と関東の茶の湯のあり方を比較する意味で「東京の茶道」を立項し、その他は単に「時論」とした。

六項目の「道具屋論」は、道具屋の動向に言及はしているものの批判的な文言がみられない論稿であり、大分類「批判」での細分類「道具屋」とは異なるキーワードを区別した。

「外国人」の四項目は、『新茶道』に収録された「外人の茶道観」(15)や「外人の茶境」(16)といった外国人が主題となった論稿である。

なお、「その他」は、以上の大分類で区分が難しい論稿であり、基本的に茶の湯に言及していない。例えば、『三昧』の「高野山の夢」[17]や「霊地高野山にのぼる」[18]といった宗教論、あるいは『大乗』の「楳泉亭由来記」[19]における家族論などである。

他の茶人が開いた茶会への参席状況の指標ともなる「茶会記」は八三項目であり、全体の四分の一を占める。ただ、キーワードを付すに際して、昭和十八年(一九四三)九月の「宮の下茶話」[20]では、著名な近代数寄者であった松永安左ヱ門、諸戸精太、団伊能、塩原又策らに招かれた四回の茶会の内容に言及しているが、ここでは茶会の回数はカウントしない。同様のケースを加えると、「茶会記」は九〇に増加する。[21]

明治四十年(一九〇七)から昭和十九年(一九四四)にかけては、「日々是好日」「朝鮮・中国北部を覗く」「訪伊使節日記」「蘭印使節日記」[22]といった外国旅行の日記を除いて、『日記』は公刊されていないために、「茶会記」に属する論稿群は、昭和戦前期の小林の茶の湯をめぐる動きを示すものとして貴重である。

若き日に一度は小説家として立たんとした小林であったが、第一章「数寄の世界へ」で明らかにしたように、美術をめぐる交流も盛んであり、小林は「道具数寄」としてスタートした。事実、大分類「美術」が四種の著作を通じて間断なく登場し、その点を端的に示している。ただ、昭和二十四年(一九四九)頃から細分類「美術館論」が急増、逸翁美術館に帰結する小林の構想がいつごろ始まったかを示している。

「茶会記」の収録状況とも関係するが、「道具論」や「懐石」は戦後急増する。しかし、大分類「批判」では、茶界のあり方を批判した「現状」は昭和十六年(一九四二)頃から登場しはじめ、やがて茶道家元制度を批判した「家元」や、懐石料理改革を展開した「懐石論」へと引き継がれていく。ただ、『大乗』に収録された昭和二十六年(一九五一)の「裏千家の進むべき道」[23]や、翌年の「若しお茶の家元であれば」[24]などは、それまでのような強烈な茶道家元制度への批判というより、茶道家元への「注文」といった性格が強くなり、以前の論稿とは区別されなければならない。この点は、批判的な文言がみられなくなる大分類「道具屋論」や大分類「茶界」の細分類「時論」が戦前にはほぼ皆無であり、戦後になって登場していることと通底している。

大分類「批判」や大分類「懐石」の細分類「懐石論」と表裏の関係にあるのが、既存の茶道界へ向かってなされた小林の各種改革の提案といえる大分類「新茶道」である。第1表のサンプルに提示した、第二次近衛文麿内閣の商工大臣を辞任した後の昭和十六年八月二十八日の「一つ覚えの話」あたりが嚆矢《こうし》であろう。その後、昭和二十六年頃からは、茶道家元や茶界の現状への批判は次第に影をひそめるが、小林は死の直前まで間断なく、機会あるごとに「新茶道」を提唱し続けている。前述したように、「新茶道」の主張は第四節で触れる。

二、茶界の批判

第3表は、小林の既存の茶界に対する批判が読み取れる論稿の表題を書き上げたものである。批判を内容とする論稿は「現状批判」「家元批判」「道具屋批判」「関西批判」に区分されるが、そのうち「家元批判」は第三節に譲ることとし、他の三項目を掲げた。論稿数は二二本となる。なお、掲出した論文には、この三項目以外の内容が含まれることもあり、それらもあわせて示している。

東西道具論

小林の既存の茶界への批判として最も早く登場したのは、『漫筆』第二に収録された、昭和七年(一九三二)七月二十九日付の「書画骨董品の価格」(25)である。

同稿は明治三十年代半ばに大阪で行われた平瀬亀之助家入札会での「平瀬相場」を好例と

する道具商の活動によって、投資として茶道具を扱う道具論が一定の勢力を有している状況を批判している。ちなみに、小林と同じく山梨県出身の近代数寄者根津嘉一郎は、明治三十九年(一九〇六)の同家の第二回入札会で「花白河蒔絵硯箱」を落札し、数寄世界に彗星の如く登場した。小林は言う。

元来書画骨董の性質は美術として観賞する、そこに持つ強い愛着心や、金銭を離れたる或る一種の観念が尊いので、(中略)書画骨董はあく迄非営利的に考へて、楽んだカスはあとはどうでもよいといふ趣味から出発して、之を愛玩し観賞するやうに導かなければ駄目である。(中略)モツト高尚に、愛着心を持ち営利の観念を離れて趣味に活きるやうに心掛けるやうに努力すべきものだと信じてゐる。(26)

と、書画骨董は非営利的に考え、趣味に活きるようにしなければならないと主張している。ところで小林が他の近代数寄者たちと大きく違っているのは、関西と関東の両方の茶界を知っている点にある。近代数寄者の総帥益田孝は、大正十二年(一九二三)の関東大震災に際して一時的に名古屋に居を移し、名古屋方面に東京の茶風を持ち込んだが、基本的に東都に留まっている。刊行された記録によれば、小林の最初の茶会は大正十三年十一月八日に、中国の京劇界のスターであった梅蘭芳を宝塚大劇場に招いた際に開かれた「梅蘭芳観劇茶会」であった。[27] なお、「茶会記」によれば、茶客としての出席はそれより早く、大正九年(一九二〇)六月三日に、煎茶ではあるが阪急電鉄宝塚線沿線の平井にあった藤田彦三郎の長尾山荘に招かれた時であり、相客は高橋義雄、磯野良吉(丹庵)、小田久太郎ら五人であった。[28] 刊行された「茶会記」で確認できる亭主として茶会を開いたのは、昭和六年(一九三一)十二月十五日に東京市麹町区永田町二丁目の別邸に新築した茶席に高橋義雄、仰木敬一郎夫妻、斎藤利助を招いたものであり、高橋の『昭和茶道記』一に「歳末懐旧茶会」として収録されている。[29] 長尾山荘での高橋との同席は「歳末懐旧茶会」に先立つ一一年前である。小林が何時ごろから茶の湯に入ったかははっきりしない。しかし、『追憶』に収録された「逸翁先生のお点前」の中で、小林の茶の湯の師である生形貴一が「今、私は八十一でございますが、三十五―六の頃、樋口三郎兵衛さんのお宅でお会いしたのが(小林一三に会った…斎藤)多分初めてでございましょう」[30] と述べている。生形の発言の日付は昭和三十五年九月十二日で、逆算すると二人の初対面は大正三年頃となる。とすれば、長尾山荘での高橋との相席は、茶の湯の稽古をはじめてから五～六年ということになろうか。

第３表 現状等批判論　※320729＝1932年7月29日

年月日	表題	現状批判	道具屋批判	関西批判	同時に含まれる内容 新茶道	人物論	東京の茶道	美術論	道具論	茶会記	家元批判	懐石論	出典
320729	書画骨董品の価格		○										漫
410828	一つ覚えの話	○			○								三
410900	抹茶便乗の話	○			○								三
420700	無茶な話			○		○	○						三
421100	ひとりよがりの事	○			○	○		○					三
430300	茶道の新体制に就て	○			○								三
430500	三つの異なった問題	○											三
440200	其時其人の心境	○	○		○	○							三
440300	美術品の価格		○					○					三
440500	茶道の常識論	○											三
441100	国宝の建造物	○											三
480300	実生活から遊離したお茶	○									○		茶
480427	山田禾庵先代追善茶会	○							○	○			大
481107	茶道の新体制	○			○								茶
490603	上方啓蒙			○									茶
491004	簡素即茶道、芸術即茶道	○			○							○	茶
491004	茶道師範	○											茶
491004	名器什宝とは何ぞ	○			○				○				茶
491100	不当利益の話		○										茶
500805	耳で買ふ美術品		○			○							茶
520718	茶界鼎談（三）			○			○						大
551114	継色紙三茶会記（上）		○							○			大

漫＝『雅俗山荘漫録』、三＝『雅俗三昧』、茶＝『新茶道』、大＝『大乗茶道記』

昭和八年（一九三三）四月一日発行の西川源次郎（一草亭）の研究誌『瓶史　陽春号』に記載され、その後『漫筆』第四に再録された「呉春の話」で、四条派の始祖であった松村呉春や、弟の景文の画風など美術論が論じられていた後半に、「×××」とあって、唐突に、茶は何と云つても東京の方が上方よりも進んで居ますよ。上方の茶は宗匠と、道具屋さんに指導されて、万事道具屋さんの云ひなり次第です。道具屋さんが好いと云へば好い事になり、こんな物は使へない云へば又其通りにする。丸で自分の考を出さないのですが、東京の人はめい〳〵自分勝手な事をして人の云ふ事など聞かない。夫で道具は上方程やかましい事を云はない。大雑把です。上方はやれ箱意気がどうだとか、書付がどうだとか、実に綿密叮嚀ですが、東京人は其点は一向無頓着です。(31)

と、東京の茶界の方が上方のそれより優れているという一文が登場する。論調は「書画骨董品の価格」と同じである。関西の茶人が有していた道具屋への依存体質や、箱書付問題など、後の茶界批判の片鱗がうかがえる。

逸翁の東京茶界認識

ところで、小林の東京の茶界への認識がいかなる契機で形成されたのかは、是非とも知りたいところである。刊行された「茶会記」によれば、「呉春の話」の執筆以前に東都の茶人に招かれたのは、昭和七年(一九三二)四月に、新橋菊村の女将篠原治(秋色庵)の、銀座西七丁目にあった篠原宅における茶会に、高橋義雄らとともに参席したのみである。(32) しかし、阪急池田文庫の逸翁文庫をはじめとする図書目録によれば、野崎広太の『茶会漫録』、高橋義雄の『東都茶会記』『大正茶道記』『昭和茶道記』などが、各刊行年に入手した書籍として記録されており、小林は、これら先人の著作を通して東都の茶界の動向を知っていたのだろう。事実、小林も『三昧』の「無茶な話」で、「書いたものを読んで見たり、数寄者の内輪話を聞くと[33]」と記している。小林の東京の茶界への評価を確認したい。それによって小林の関西茶界への批判的な視座が浮き彫りにされる。

（前略）東京では先づ第一に主人の心持を尊重して道具屋さんが組立てるから、時に脱線してゐることがあつても、泰然として、知らぬ顔をしてゐる度胸があるからえらいと思ふ。善く言へば見識と言ふのであらう。（「無茶な話[34]」）

益田鈍翁にしても其他のお茶人にしても、所謂大阪のように奥ゆるしとか皆伝とか、そういう形式を離れて、お茶道の精神を理解して奥義に達した人は、私達の先輩にも、友人にも沢山あると思う。（「花押問答[35]」）

東京方面では旧来からの家元なぞは眼中に置かないだけの見識を持つてゐる。（中略）

茶界の大勢は知識階級とインテリ層が指導してゐるから、お茶の行き方は時勢に順応して比較的自由であり、快適であり、いやみがない（「三千家々元の勢力」[36]）

明治二十年頃から漸くお茶の曙光が見えて来たが、その指導者といふべき連中は、上流階級の知識人であつたから、お茶の宗匠といふが如き貧乏じみた茶坊主なぞ眼中にない。（中略）益田鈍翁、高橋箒庵等何々羅漢一派の、口も達者、筆も達者、書画骨董、美術工芸、何でも来いと、こゝに生れ、そこに育つた明治大正昭和の茶道なるものは、即ち新しく築き上げた新派である。（「東京のお茶」[37]）

引用が多くなるので、これくらいで止めるが、これら東京の茶界に対する好評価の対極に、関西の茶界、道具屋、茶道家元といった批判対象の問題点が述べられている。

関西茶界批判

刊行されている著作で茶界批判が顕在化してくるのは、昭和十六年（一九四一）頃からである。小林は、前年七月に懇請されて就任した第二次近衛文麿内閣の商工大臣を同十六年四月に辞任し、五月には『中央公論』に発表した「大臣落第記」の連載が止められている。

一方、茶の湯の世界では、昭和十五年に利休居士三百五十年忌大茶会が三千家合同のかたちで洛北の龍宝山大徳寺で営まれ、同十五年十一月には裏千家の同門組織淡交会が創立され、翌々年には表千家の同門会も発足する。小林の茶界に対する批判が、大寄せ茶会批判から本格化した背景には、茶道家元による大衆茶人の組織化にともなう大寄せ茶会の盛行があった。

なお、利休居士三百五十年忌大茶会には著名な近代数寄者の参画はなかった。それは昭和十年代に入ると、岩原謙三(謙庵、十一年)、高橋義雄(十二年)、益田孝(十三年)、原富太郎(十四年)、根津嘉一郎(十五年)といった著名な近代数寄者が毎年のように死去したからである。跡を継いだのが小林をはじめ、松永安左ヱ門、畠山一清ら、近代数寄者の第四世代であった。

小林の関西茶界への批判は、昭和十七年(一九四二)に書かれた「無茶な話」の次の部分に端的に示されている。

関西は形式のみが完備して悪く言へば「乃如件」である。道具屋さんが総指揮官であるから、勢ひ市場価格の器物に重きを置きすぎるやうであるが、(中略)関西人には此の鑑賞力と信念とが頗る乏しい。それは書画骨董に対する鑑賞力が低級であるといふのではない。（中略）どうしても道具屋の意見に引づられてゐるやうに思ふ。[38]

「道具屋に引づられた」、「形式のみ」の、「市場価格」に重きを置いた「道具茶会」がいけないというのである。小林の批判は、「無茶な話」に続く「ひとりよがりの事」では、一層厳しくなっていく。

近来のお茶事は、余りに同一型式に平凡化して来て、其の同一型式の中から、珍しき趣向、感服せしむべき資材、新しき話題等を工夫せんとするのであるから、勢ひ金銭本位の道具茶に堕せざるを得ないので、この方面からの競争的意識が、くだらないものを徒らに高価にせりあげる陋体となるので、茶器の値段位馬鹿々々しい非常識に取扱はれるものはないのも其の原因の一つであると思ふ。（中略）道具屋さんを参謀とするお茶会には数万金の高価な名品が羅列され、其の取合せが老熟に妙を極むと雖もその一つ一つの名器が光るだけで、美術館の陳列品を鑑賞すると同一であつてはお茶の精神が活きない。[39]

「ひとりよがりの事」は、昭和九年（一九三四）神戸市に白鶴美術館を創立した嘉納治兵衛（鶴翁）を素材に茶会のあり方を論じ、例によって「〇」に続いて、美術館の陳列品とかわらない金銭本位の茶道具を組上に上げている。関西茶界への批判の根底には道具屋批判があった。小林が問題としているのは、

お茶道具そのものを投資の手段としたり、財産評価の目安としたり、売買本位に考へる場合には、道具屋参謀の道具の取合せ、即ち、それを書入れての器物蒐集が無難であること言ふ迄もない話である。其の結果が、現在の如く馬鹿々々しい茶道具の高値を呼び、常識外れの価格を怪しまず、美術に対する認識を誤り、美術と趣味との混線と錯覚とを理解する能力を欠き、金力の濫用によつて神聖なる茶会を冒瀆するに至れる道具茶の横行（「其時其人の心境」）(40)

なのである。なお、「ひとりよがりの事」では嘉納治兵衛と並び、朝日新聞社長の村山龍平も高く評価している。大正七年（一九一八）前後に、箕面有馬電気軌道を阪神急行電鉄と改称した小林が、伊丹支線の建設に際して村山らの反対に遭って、計画した路線の一部を

変更させられるという一幕があった。なお、村山の周囲には住友財閥の大番頭鈴木馬左也（自笑庵）、鐘ヶ淵紡績専務取締役の武藤山治らがいた。

鉄道沿線での宅地開発、宝塚少女歌劇の創立、ターミナルデパートの建設など、斬新なビジネスを創出した稀代の実業家小林は、書画骨董の取引価格が高騰するメカニズムを、

書画骨董なるものは、土地家屋又は製造工業の如く利潤を産まない、（中略）資本の合計が一億円あると仮定せば、此の金利五分として五百万円、其の従業員の生活費何千万円、即ち此の金利と経費、毎年々々何千万円かの此の利息と経費は、どこから産み出すべきか、其の商品を売買する毎に値上げをしてゆくより外に途はない（「美術品の価格」(41)）

と、喝破《かっぱ》している。昭和二十四年（一九四九）の「不当利得の話」でも繰り返された。批判の矛先は道具商に向けられている。『新茶道』はもっと手厳しい。「〔道具屋は：齋藤〕お道具を高くして、その鞘で暮らしてゆく商売であるから、道具持ちは、商売人が暮してゆくお蔭で黙つてをつても不当利得にありつく(42)」とまで言い切っている。その背景には、次のよう

な「名器陳列のお茶」＝「金力万能御自慢のお茶」の盛行があった。

威張りたがる財界の巨頭や、成功者が金力によって名物茶盌を何々家入札にて高価買収、それにふさはしく取合はせて、墨蹟がコレ〳〵であるから茶入は中興名物、茶杓は何々と、国宝・重美、目録や写真版で先刻承知、取巻連が賞めちぎる（「茶道師範」）(43)

小林は、昭和二十六年（一九五一）八月九日付の『新茶道』に収録された論稿では最も新しい「前代未聞の茶界」で、次のように書いている。

近頃のお茶会は前代未聞と言ひ得ると思ふ、私達がお招きを受けて驚くことは、名器の陳列で、眼福の限りを尽してゐる。豊太閤は勿論遠州公、不昧公その他、旧幕時代の茶人なぞは、とてもその足許にも及ばない、明治大正昭和の時代を一貫して、益田鈍翁初め、三井、藤田、平瀬その他、天下の道具もちの茶会記を見ても、終戦後の御茶人の使用してゐる茶器に比較すれば、如何にプーアであつたか(44)

豊臣秀吉、小堀遠州、松平不昧などは足許にも及ばず、益田孝の茶道具すらも凌ぐような、それほどまでに素晴らしい道具が登場する茶会が頻繁に行われていたのである。しかし、例えば、昭和三十年（一九五五）十一月、昭和二十五年に発足し、自らが命名した細流会の会員であった丹羽昇（翠竹庵）に招かれた際の「茶会記」に、

〔床は住友家伝来の：齋藤、以下同じ〕継色紙〔「冬こもり」〕利休〔一重切〕竹花入、三島檜垣茶盌に〔中興名物の〕野田手〔銘河菜草〕の茶入、お茶杓は慶首座と逃げても、お薄は芸阿弥山水に〔古〕赤絵瓢〔形六角〕花入、祥瑞蜜柑の水指というが如く、惜しみなく蒐集したお道具を型の如く取り合わせ、お出入の道具屋さんは大満足にちがいないが、自由奔放、御主人の個性のひらめきが乏しいのは心残りであった。[45]

と書いたように、単に名物道具を並べただけの茶会には小林は満足しなかった。なお、この「茶会記」は厳しい批判が綴られている最後の「茶会記」である。

三、家元批判

小林の茶の湯批判の柱のひとつに家元批判があったことには、異論がないであろう。ところで、小林の著作で最も早く茶道家元に言及しているのは、『三昧』に収録された昭和十七年（一九四二）十月の「茶杓を削る人」である。次は『三昧』で七頁のボリュームがある「茶杓を削る人」における、茶道家元に関わる箇所である。

表流代々の宗匠の書付が尊重され、千遍一律、万歳万々歳の茶杓や一行ものが喜ばる、所以のものは、我仏尊しの伝統的慣性に因るものだと簡単に云へばそれ迄であるが、実は、さういふ伝統が厳守されて、本家の宗匠以外に無暗に茶杓や書付ものが飛び出さないといふ信頼と安定観があればこそ、名声が維持されてゐるのである。(46)

しかし、引用部分からは茶道家元への批判めいた文言はない。論旨は、道具論へと話題の重点が移っている。以下、引用はしないが、道具論としては耳を傾けるべき価値はあるものの、最後は「茶杓はお家の芸として各流各派の宗匠にお委せすることが先づ〳〵無事と思ふのである」[47]と結ばれている。ここでは小林がいつ頃から茶道家元に言及していたかが確認できればよい。

家元批判の論稿表題

第4表は、茶道家元批判を展開している論稿の表題を書き上げたものである。既に述べたように、昭和二十六年頃からは「批判」のトーンに微妙な変化が生じてくるが、ここでは煩雑さを軽減するために、すべてを家元批判として一括した。一四本である。また、批判的な文言はみられないものの、茶道家元に言及している論稿には、先に示した「茶杓を削る人」[48]「箱書付問答」[49]「茶道道場」[50]の三本があり、これらを加えると、全部で一七本である。一般的に小林の茶道観といえば茶道家元批判が想起されるが、本章で取り上げた論稿数が二二九本であることを考えると、「家元批判」の論稿が意外に少ない、との印象を受ける。このことは、小林の茶道観を検討した従来の研究に潜んでいた問題点の所在を逆照射している。

小林の茶道家元への批判や注文が明確な最初の論稿は、「戦時下に於ける各方面の職域奉公として、我が茶道界総元締の立場に在る、家元宗匠達の態度に就て一言申上げたいのである」[51]ではじまる、『三昧』に収録された昭和十九年（一九四四）四月の「家元宗匠の責務」である。小林一三は「祈願献茶、奉仕慰問、飛行機献納、茶箱贈呈等、社中を指導して善処篤行、時宜に適したる態度は言ふ迄も無く立派な行為である。[52]」と続ける。

昭和十六年（一九四一）十二月に太平洋戦争が開始され、緒戦こそ予期以上の成功を収めたが、翌十七年六月のミッドウェー海戦での敗戦を機に形勢は逆転し、十八年二月にはガダルカナル島からの撤退、五月にはアッツ島の守備隊が全滅した。戦時統制は一段と進行し、十八年十月には出陣学徒壮行会が行われ、翌十九年三月には小林の事業の柱であった宝塚歌劇団が休演に追い込まれた。物資の欠乏は一段と顕在化し、総力戦の様相は一層濃くなっていった。茶道界においても、茶道雑誌の統合や廃刊が進み、裏千家では軍用機献金募集が実施され、海軍への茶箱の献納も行われた。しかし、小林はこれらの行動は、茶道家元としては方向が違うと言うのである。もう少し小林の言葉に耳を傾けてみよう。

宗匠としての任務はあく迄も戦時生活に則したお茶道の新しき行く道を樹立する事であると思ふ。（中略）お茶を職業としてゐる、指導者としての宗匠連の立場から考へると、戦時体制だ、物資欠乏だ、お茶事は中止する、お茶会は遠慮すると安閑として見送るべきものであるか、そこに私は疑問を持つ。[53]

小林の主張は、「戦時体制の今この時こそ、試むべき時機であり、実現せしむべき責任であると思ふ(54)」と、明確である。茶道家元としてやるべきことは、

苟も宗匠として、何百年来お家の芸として職業に専念する以上は、泰平の時には泰平の絵を描く、戦時中は戦時の絵を描く、即ち、如何なる時、如何なる場所に於ても、お茶道の精神たる茶道生活を離るべきものではないと思ふ。かゝる時こそ戦時茶の要領を発揮し、国民をして、お茶会といふものはかういふものである、お茶事といふものは斯くすべきものである、斯くするこそ戦時に善処する有効なるお茶事として後世にのこすべき見本であるといふ信念を以て、積極的に行動すべきもの(55)

家元批判

しかし、ここまでの主旨は茶道家元への注文ともいうべきで、批判めいた文言はない。しかし、ここで一転して、家元の行動に鋭い批判の目を向ける。

然るに何ぞや。お茶の炭は桜炭でなければ困る、自分達だけには桜炭を特別配給してほしい、お菓子はセメテこれこれの種類のものは必要だ、特技保護の為め特別製品を

認めてほしい、といふが如き馬鹿々々しさを歎願するのである。寧ろ進んで、どんな炭でもよい、どんなお菓子でもよい、砂糖がなければお菓子代用にかういふものを取り上げる、といふ努力工夫して、大衆を指導するお茶の新体制を樹立すべきである。(56)

第4表 家元批判 ※440400=1944年4月(末尾00は日が不明を示す)

年月日	表題	家元批判	同時に含まれる内容					出典
			新茶道	東京の茶道	現状批判	懐石論	道具屋論	
440400	家元宗匠の責務	○	○					三
441000	利休問答	○						三
460604	花押問答	○		○				大
480300	実生活から遊離したお茶	○			○			茶
480300	簡素な茶会の見本	○	○			○		茶
481107	お茶の家元	○						茶
490503	家元の書付と税金	○						茶
490503	家元の前途	○						茶
490603	家元楽観論	○						茶
491004	新茶道読本	○	○					茶
510417	大衆茶会の常識作法	○						茶
510919	裏千家の進むべき道	○						大
520102	若しお茶の家元であれば	○						大
520718	茶界鼎談(二)	○					○	大

引用部分にある家元の行動の「真偽」を検証する手段を持たないが、小林が単なる「噂話」を書いているとも思えない。なお、家庭用木炭配給通帳制は昭和十六年四月から実施されている。さらに、砂糖の切符制は、前年の昭和十五年十一月から実施され、十五年八月には「贅沢品は敵だ」の立看板が登場した。贅沢批判は、戦後の昭和

二十三年（一九四八）三月に書かれた「簡素な茶会の見本」でも、「胴炭、割炭、長炭、枝炭等々、その組合せもコレ〳〵斯く〳〵と言ふが如き点になると、一俵何百円もする桜炭、それをそろへてお炭をすると言ふことも間違つてゐる」[57]と繰り返されている。戦時下の経済状態を考えるならば、贅沢はいけないといっているのだが、「家元宗匠の責務」の後半部分に「お茶の新体制を樹立すべき」とあるように、家元に期待しているのである。小林は家元に向かって呼びかけている。

奢侈贅沢が追放せらるゝ時こそ、旧式の茶道観念を一掃し国民生活に溶け込んで、如何に軽便にして、高尚なものであるかを、大衆と共に味ふてこそ、お茶道の精神であらねばならぬと思ふのである。私は、かゝる時代こそ、宗匠達が奮然として立ちあがり、国民のすべてがイラ〳〵する時こそ静かに、大衆と共に、あわてず騒がず、其の簡素なる生活の楽しさを教ゆべきものだと思ふのである。それは家元宗匠達の責務にあらずやと言ひたいのである。（中略）私は専門の職業、宗匠達に積極的奮起を希望する。そして、一日も早く戦時お茶道の新体制を見せて欲しい。[58]

この延長線上に小林の「新茶道」の主張があるが、「新茶道」については節を改めて検討したい。

さて、「家元宗匠の責務」に続く「利休問答」における末尾が、「私は利休に対し何んだか物足らぬ不平を禁じ得ない」と結ばれているように、千利休に対する評価は高くない。なお、小林には『大乗』に、昭和二十九年（一九五四）四月に阪急百貨店で「不昧公大円祭」が開催された際の見学記はあるものの、著作や刊行された『日記』の中で茶道の歴史上の先人たちにはほとんど触れておらず、豊臣秀吉の評価も高くない。一方、近代数寄者たちは松平治郷（不昧）をひとつの理想として茶の湯を楽しんだといわれ、また、近世を飛び越えて桃山の茶の湯に親近感をもったともいわれている。しかし、小林にはそのような傾向はみられない。この点は小林の茶の湯が、独自性をもっていたことの証左となるだろう。

昭和二十年（一九四五）八月、日本は敗戦を迎える。小林は同年十月に幣原喜重郎内閣の国務大臣に任命され、戦災復興院総裁を兼務するも、翌二十一年三月に公職を追放され、四月には国務大臣を、五月には貴族院議員を辞任した。他律的に茶の湯の世界に雌伏《しふく》せざるを得なくなった。その直後の六月四日に書かれた「花押問答」では、松永安左ヱ門や東京の茶人たちの、茶道家元の花押に対する批判的な言動を紹介しつつ、「花押問答の要点は、花押そのものにあらずして、花押が発生する千家茶道の家元の特殊存在が怪しからぬと言うのではないだろうか」[62]と、花押問題の背後に家元の存在があることに目を向けている。なお、昭和二十一年十二月には、昭和十三年一月から二十一年四月にかけて書かれた論稿をまとめて、『三昧』として公刊している。

敗戦後のわが国の状況は、国土は空襲や乱開発で荒れ、海外からの引揚者が加わって食糧事情は一気に悪化した。都市部では「飢餓地獄」の様相すら呈した。また、生活必需品の不足も深刻であった。この一方で、ヤミ市が繁盛し、悪性インフレも著しく進行した。昭和十二年(一九三七)に小林が設立した東宝映画の後身である東宝の四月八日の人員整理に端を発する東宝争議は、昭和二十三年(一九四八)八月には東京世田谷の砧《きぬた》撮影所を舞台に、占領軍が関わる大争議へと発展する。しかし、同期間中の『日記』三では東宝争議への言及は二回にとどまる。小林自身が公職追放中の故であろうか。この間、日本では連合国総司令部の指導のもとに、婦人解放、労働運動の奨励、人権保障、学校教育の自由主義化、経済機構の民主化の五大改革が進められていった。このような社会状況を背景に、昭和二十三年三月の「実生活から遊離したお茶」では、「専門の茶道家元なぞが、大衆に媚びて御機嫌をとるやうな流行的茶事に絶縁して、かゝる苦しい時代には、国民生活に寄与する意義ある安定的態度を取つて、茶道の新生命を見せてほしい」[63]と、家元への注文のボルテージは益々上がった。そして同年十一月七日の「お茶の家元」では、

憲法は変つた。宮様の特権はなくなつた。財閥は解体され、農地改革によつて大地主は没落する、財産税の徴発によつて貧富は調節され、苟も先祖伝来の特権階級は許されない。本願寺サンもその執行主権者は選挙できまる、懐手して先祖や親の威光で暮して行くことは中々六ケ敷い世の中に、独りお茶道だけが家元の暖簾のおかげで、未熟の若輩が、いつまでも〳〵若宗匠なぞと尊敬せられる理由はないといふ事を、先づ以て御本人が大悟して、そこに生きる道、行く道を考へなくては駄目だと思ふ[64]

と、これまでとは違い家元批判の文言がはっきりと述べられている。そして、家元批判として有名な昭和二十四年五月三日付の「家元の前途」へと繋がる。長くなるが、家元に関する部分を引用しておく。

家元といふが如き門閥的特権が、永久に維持されるものかされぬものか、たとへば、

本願寺さん、その血統によつて、門主だとか、門跡さんだとか、馬鹿でも、利巧でも、白痴でもかまはない。お妾さんの子供でも、上人の血統ならば跡を継いで襲名出来るといふが如きことは、最早許されない時代で、殊に宗教上の指導者は、公平なる選挙でなければイケナイと言ふが如くに、お茶の世界は、それ程厳格に取扱ふべき性質のものではないとしても、三太郎でも与太郎でも、宗匠として、茶人として、その資格の有無に拘らず、血統や、門閥的配置の如何によつて、現在の如き立場にいつまで放任されて認められ得るだらうか。（中略）表千家で言へば、宗旦以来、歴代の宗匠、何がエライか、どこに尊重すべき値打があるのか、学者としては取るに足らず、書家としては感心しない。言ふこと、書くこと所謂茶人文盲の範囲を出て居らない。又その時代を代表するとか、社会に対する功労があつたとか、何等か、これを顕彰するに足る事蹟があつたと言ふのでもない。たゞ因襲的に茶方の宗匠であったといふに過ぎない(65)

新茶道提言への移行

轟々《ごうごう》たる封建遺制批判の声が背景にあったにせよ、今日の感覚からすれば「暴言」とも思える表現も散見される。勿論、世間への影響を十分に織り込んだ上での小林一流のテクニックであったのであろうが。それは、「家元の前途」の一ヶ月後に出された「家元楽観論」で、東京の茶界で出てきた三千家家元は遠からず衰滅するという主張に対して、

上方のお茶の在り方を実際に見て、根強い共同連盟的生活に即してゐるから中々以て崩壊しないと信じてゐる。（中略）家元御本尊を打ち毀すことは、自分の足元を危くするのであるから、お互ひの間の利害関係は一致してゐる。あく迄も守護するにきまつてゐるから、三千家家元は中々つぶれない、と私は主張する。(66)

と述べられているところからもうかがえよう。後に詳しくみるように、小林としては家元への批判よりも「新茶道」の提唱へウエイトが移っていたのである。それは「新茶道読本」(67)や「大衆茶会の常識作法」(68)などの論稿で家元への注文へと軸足を変えている点からも読み取れる。そして、昭和二十六年（一九五一）八月に追放解除を受けたまさにその日に執筆した『新茶道』の「序」に書かれ後に『大乗』に収録された論稿からは家元に対する批判的な文言はなくなる。裏千家千宗興のアメリカ留学を知って書かれた「裏千家の進むべき道」で

は、

宗興宗匠に期待する点は、米国人の批評の如何に拘らず、米国を一巡して、外国で見たいろいろの日用雑品が、単に客間の飾付や西洋料理や、その生活に必要だというだけでなく、美術工芸品のあり方や使い方が、我々のように保守的でなく、静的でなく、少しも沈滞していない、活き活きしている、そして一日々々と進歩しているのに驚いたことと思うが、この感情とその表現が裏千家のお茶にどういう風に持ちこまれるであろうかということである。(69)

と、一定の期待すら表明している。そして『新茶道』への問い合わせに答える形で執筆した「若しお茶の家元であれば」では、

三千家家元の制度は保存すべきものだと思う。祖先の名誉光栄を感謝すると共に、その伝統を尊ぶ精神を以て自らの反省、自覚による勤勉努力等により、連綿として立派な家元が現われるものとせば好ましい制度だと思う。しかし現在のように血統によっ

てのみ襲名相続することは間違いである。（中略）お茶の家元においても、門下の優秀なる弟子の中から選抜するような組織を一考すべきものだと思うのである。（中略）自他共に家元存在の価値を認識して——認識するように経営して——門下の宗匠として の職業人、優待すべき援護者など、それぞれの方面から同門会というが如き一種の家元選挙機関を設けて、茶道精神の教養に基づく道場に改革する。そして選挙された家元宗匠は、斯界の指導者として社会的にも尊敬を受ける立派な人格者であることによって、日本文化事業の中心的位置を築き上げる（中略）要するにエライ宗匠で無ければ駄目である。エライ宗匠を同門の中からその優秀者を公選によって推挙するにあらざれば、必ず衰退するものと信じている。(70)

と、以前のような厳しい文言を用いずに、家元公選論を展開する。「家元公選論」は、昭和二十五年（一九五〇）に「「茶」の病い」の中でそれを表明した柳宗悦の方が先である。(71)『日記』からは、小林が柳の論稿を読んだかは不明だが、前にも紹介した阪急池田文庫の「小林家文庫目録」には、途中の欠号はあるものの、昭和六年以降の『工芸』が収録されている。

なお、『大乗』の昭和三十一年（一九五六）七月二十一日の「六甲涼話（上）」に「柳宗悦氏の「利休と私」[72]に言及し、柳が前年の十二月に民芸館で開いた茶会の試みに賛意を表しており、柳を強く意識していたと考えられる。

家元への言及は、昭和二十七年四月の「茶道鼎談」(二)[73]にみられる、裏千家の千宗興のアメリカ興行旅行への言及を最後に登場しなくなる。なお、『日記』三によれば、昭和二十八年(一九五三)三月十五日に「裏千家の千宗興氏来訪、茶談」[74]とあり、小林と千宗興は会ったことが確認できる。ちなみに、『日記』には家元に対する批判的な文言はまったくない。

四、新茶道論の提唱

検討してきた小林の「茶界批判」「道具商批判」「家元批判」と表裏の関係にあるのが「新茶道」である。第5表は、小林の論稿で新茶道論を展開している表題を挙げたものであり、二七本を数える。

小林の著作では、『漫筆』第一に、昭和六年(一九三一)の歳末に高橋義雄を東京永田町の別邸に招いた際の「歳末懐旧茶会」[75]が、『昭和茶道記』から転載されているが、時期的に最も早く「新茶道」に言及しているのは、『三昧』に収録された昭和十六年（一九四一）八月二十八日付の「一つ覚えの話」[76]である。

茶道を国民生活に活かす

当時、小林は第二次近衛文麿内閣の商工大臣を辞任していたが、六月には独ソ戦が開始され、我が国の状況は、七月の隣組常会の全国一斉開催と南部仏印への進駐、八月のアメリカの対日石油輸出全面停止など、「非常時」の様相が益々濃くなり、戦時体制は一段と進行した。それらの状況を背景にしているのであろう、「一つ覚えの話」では大寄せ茶会のあり方の「創成」にはじまり、「遊閑利欲の徒輩が、茶道の普及化に便乗して、資産処理の目的に利用せんとするが如きものは、お茶道の敵であると信じて疑はないのである[77]」と断じた上で、

> お茶道も亦、此の際は余り六ケ敷しい（ママ）理屈にこだはらず、高尚なる娯楽の一つとして、此の機会に生活に織込むこと、特に国民大衆の生活に即して、普通の家庭に晩酌に於てすらも一つの賑かさがある如くにお茶を中心とした家庭の娯楽と、其の趣味の向上の一助になるやうに、お茶の先生方は考へる必要が迫つて居るやうに思ふ[78]

と、「国民を満足せしむるやうな新体制の茶道[79]」、すなわち「新茶道」の創成を提起している。小林の「言葉」で「新茶道」を語らせよう。「一つ覚えの話」の前の「抹茶便乗の話」では、

茶道を普及せしめようといふならば、家庭生活に喰入るより外に途はないので(中略)生活と趣味の一致、生活と芸術の一致を以て、余生を送らうと思ふ私としては、お茶を、もつと、簡素なものにして手軽に、毎日、離れることの出来ない、放すことの出来ない、食卓の惑星として行動すべきものだと信じてゐる[80]。

と、これまでの茶道には国民大衆への用意のない点を非難して、家庭への食い込みを主張している。この主張は昭和十八年(一九四三)の「茶道の新体制に就て[81]」でも踏襲され、さらに、翌十九年四月の「家元宗匠の責務」においては、

奢侈贅沢が追放せらるゝ時こそ、旧式の茶道観念を一掃し国民生活に溶け込んで、如何に軽便にして、高尚なものであるかを、大衆と共に味ふてこそ、お茶道の精神であらねばならぬと思ふのである[82]

第5表 新茶道論　※410828＝1941年8月28日

年月日	表題	新茶道	同時に含まれる内容										出典
			現状批判	懐石論	家元批判	道具論	時論	人物論	美術論	道具屋批判	道具屋論	美術館論	
410828	一つ覚えの話	新	現										三
410900	抹茶便乗の話	新	現										三
421100	ひとりよがりの事	新	現					人	美				三
430300	茶道の新体制に就て	新	現										三
440200	其時其人の心境	新	現					人		道			三
440400	家元宗匠の責務	新			家								三
470000	茶道講座ー私の行き方ー	新				具							大
480300	茶術と茶道	新					時						茶
480300	簡素な茶会の見本	新		懐	家								茶
481107	新茶道とは	新											茶
481107	茶道の新体制	新	現										茶
481107	新しいお茶のゆき方	新		懐									茶
490400	道具茶の説明	新		懐		具							茶
491004	新茶道読本	新			家								茶
491004	茶道道場	新											茶
491004	第一種のお茶（簡素即茶道）	新					時						茶
491004	第二種のお茶（芸術即茶道）	新											茶
491004	簡素即茶道、芸術即茶道	新	現	懐									茶
491004	名器什宝とは何ぞ	新	現			具							茶
500200	茶境とは何ぞ	新											茶
510809	前代未聞の茶界	新					時				屋		茶
530914	箱根美術館に遊ぶ	新										館	大
540116	新春茶談	新		懐									大
550312	「実験茶会」の話	新											大
551117	光悦茶会	新											大
560721	六甲涼話（上）	新											大
560919	魯山人君の実験茶会	新											大

と、茶道を国民生活に活かす方途を探っている。戦前に書かれた論稿を集めた『三昧』に一貫しているのは、茶の湯を基本とする生活スタイル、ないし文化の体系を求める姿勢であった。言い換えれば、大衆に基礎を置く茶道の構築である。これには、昭和十一年（一九三六）十月の昭和北野大茶湯では五日間で一万人の、また、同十五年四月の利休三百五十年忌大茶会では三日間で五千人の群衆が集まり、ラジオで中継放送もなされるなど、茶の湯の世界における急速な「大衆化」も背景にあった。このことは、住宅、買物、食堂、国民演劇など多方面にわたる新たな「大衆」の生活スタイルを提案した小林一三の事業展開の根底とも繋がっていた。拡大しつつある新しい大衆の茶の湯を視野に入れながら、茶の湯のあり方を見直そうとしたのである。これは小林のビジネスと完全に一致している。

生活と芸術の一致

ところが、敗戦と占領下という社会状況の激変下では、『新茶道』の「序」に収録されている昭和二十三年（一九四八）九月の「不自由の満足」に、「私の立場は「生活と芸術の一致」といふ程度からお茶に遊んでゐる」[83]と、公職追放中の自らの「生活と芸術の一致」という生き方の表明がなされている。それはこの後も次のような論稿に繰り返し登場する。

茶を通じて総合芸術を創り楽しむ生活を行うことにあるので、今の私の茶は即ち私の生活である。（「茶道講座――私の行き方――」(84)）

その時々の思ひつき、ただ時代思想に沿ふ、時代精神を忘れない、常識的茶道行為それが即ち私の茶道（「芸術と茶道」(85)）

「生活と趣味の一致」を主張してゐる私（「簡素な茶会の見本」(86)）

新茶道とは、新時代に処する、茶道のあり方（「新茶道とは」(87)）

断じて贅沢は許されない、簡素、勤勉、以て芸術的生活に和敬清寂の精神を盛り込む（「茶道の新体制」(88)）

小林の主張した新茶道とは、『新茶道』の「二種類に大別して」においてみられる第一種のお茶、すなわち「「簡素即茶道」の精神が新茶道の大方針であらねばならぬと信ずるのである」(89)に要約されている。そして同時に、小林の理想とする芸術と生活の一致による「芸術即茶道」である第二種の茶道の主張がなされる。言い換えれば、茶道具という芸術品を楽しむことに主眼がある。この主張は「簡素即茶道、芸術即茶道」で次のように端的に述べられている。

美術工芸の鑑賞と茶道の運用と、その高級性の持つ文化的生活は、断じて捨てるべきものでなく、これこそ日本の誇として、益々昂揚すべき必要があると信じてゐる。（中略）お茶は贅沢なものでもなければ、又断じて贅沢に振舞ふべきものでもない。「簡素即茶道」「芸術即茶道」の生活が私達の理想として守られるべきものと信じてゐる[90]

この「簡素即茶道」と「芸術即茶道」の延長線上に「懐石改革論」がある。懐石についてはは前章での検討に譲る。しかし、昭和二十六年八月六日、高野山において公職追放解除のラジオ放送を聞いた直後に書かれた八月九日の日付の「前代未聞の茶界」で、「趣味的生活の基調は、価格ではない、品物本位であり、芸術的観賞の域を脱出せず、無欲であれと云ふ常識を、忘れないことを希望する[91]」と書いた後、しばらく「新茶道」への言及はない。

昭和二十八年（一九五三）九月、世界救世教の岡田茂吉が開設した箱根美術館を見学し、茶席山月庵で薄茶の接待を受けた際の「箱根美術館に遊ぶ」では、

器物の取合せなどにこだわらないのが嬉しいと思った。教祖〔岡田茂吉：齋藤〕が普通のお茶に入って、我々俗人のするが如き形式に苦労する必要もなければ、大衆の信仰に、

いやが上にも泰然として行動する、自然そのもののお茶の行き方を私は尊敬する。そして、新しい美術工芸品を利用する見識、そこに美術と生活の一致融合が生れる。これこそこれから日本に生れるべき新茶道だと考える。(92)

と書き、茶人ではない岡田茂吉の道具組を高く評価している。そこではかつての激しい文言は消えている。そして翌二十九年の年頭の「新春茶談」では、

〔新茶道とは：齋藤〕生活と芸術の一致というか、生活に芸術を織り込む手段としてお茶の方式を採るというか、どちらにしてもそれはお茶だけではなく、食事を加えることによって、我々日本人の生活の向上、趣味の豊潤さ、その階級には一から十まで、上を見ればきりがない、下を見れば日常茶談の程度において、労働者でも、サラリーマンでも、何人も実行の出来る、離るべからざる芸術と生活の新しい世界を、日本に於て初めて見ることが出来る――というのが私の「新茶道」の結論(93)

と、自らの「新茶道」の姿を結論付けている。小林が追求した「簡素即茶道」と「芸術即茶道」

の「完成」ともいってよい。

小林は、伝統は伝統として尊重する一方、型にはまらない独自の茶道観を確立したのである。財界人の近代数寄者として出発し、その枠を大衆にまで広げたといってもよい。これは益田孝、高橋義雄、根津嘉一郎といった近代数寄者の第二、第三世代とは大きく異なっていた。その上、小林の視野は広く世界に向けられてもいた。それは外国で入手した数々の器物を自らの茶会に大胆に取り込んでいる姿勢に鮮やかに示されている。

昭和三十年代に入ると、高齢の故か公職追放解除後に復帰していた東宝社長を長男冨佐雄に譲った。また、茶会の開催や茶会への参席も格段に減った。しかし、茶道界に注がれる目の鋭さは衰えてはいなかった。それは『大乗』に収録された論稿数が、以前と比べて少しも落ちていないことからも明らかである。そんな小林を狂喜させる茶会が行われた。『淡交』の昭和三十年一月号から連載された「実験茶会」の試みがそれである。「実験茶会」は翌年三十一年の十一月号まで断続的に九回にわたり連載されたもので、亭主は版画家の棟方志功、洋画家の岡本太郎、歌舞伎俳優の坂東蓑助、陶芸家の北大路魯山人、社会心理学者の南博など、茶人ではない文化人たちが務め、小説家の川端康成、檀一雄、今東光、詩人の草野心平、作曲家の芥川也寸志や団伊玖磨、建築家の丹下健三、歌舞伎俳優の松本幸四郎らを茶客として開催したユニークな茶会の「茶会記」である。ところで、「実験茶会」を企画し、記録した臼井史朗によれば、昭和二十九年（一九五四）の夏頃に、小林の茶友でもあった奈良の春日大社大宮司の水谷川忠麿を亭主に、小林を正客とし、今東光、評論家の保田与重郎、歌人の前川佐美雄らを茶客とする茶会を企画したが、流れてしまったという。(94) この企画のために臼井は何回も雅俗山荘を訪ねたとあるが、『日記』三には記されていない。昭和三十年（一九五五）三月十二日に書かれた「「実験茶会」の話」では、

菊岡久利さんも、棟方志功さんも、お名前は承知して居ったけれど、おめにかかったことはないが、両氏のお茶は、私の理想としている「実生活に則して、すべてのものを芸術的雰囲気の中に同化せしめて楽しむ」という新茶道の行き方を実行しているからである。お互いに理解し合う趣味同人の交遊でなければ出来ない芸である。（中略）新茶道は、あらゆる家庭の中に浸潤して行き、その趣味を豊富にし、その生活を高尚にし、この国の平和と繁栄を来たすであろうことを確信する(95)

と、手放しで賞賛している。同じ時期の「光悦茶会」で「茶会では個々のお道具の優劣を

論ずるよりもその総合芸術を鑑賞すべきだろう[96]」と書いた小林にしてみれば、我が意の実践を見た如く嬉しかったのであろう。かつて親交があった北大路房次郎（魯山人）も実験茶会を行う。『淡交』の昭和三十一年九月号に載った第七回「実験茶会――北大路魯山人邸の――」を読んだ小林は、九月十九日付の「魯山人君の実験茶会」で、次のように述べている。

魯山人の「実験茶会」くらい、わが意を得たものはないと、羨ましく思ったことはない。自分の思う通りに断行しているのみならず、それが却ってお客様を喜ばせて満足せしむるのであるから不思議である。高価な道具自慢や、茶道具商人のお世辞や、旧態依然たるお茶会に飽きあきしている私達、自分勝手のお茶会にも既に退屈しきっているから、この主人の主観的な、イヤならばヨセと叱られているような会合こそ、却って面白く嬉しく、私は思うものである。[97]

これが「新茶道」に言及した最後の論稿であった。小林は翌三十二年一月二十五日、芦葉会の道具組を用意して就寝し、午後十一時過ぎに急性心臓性喘息で急死する。この芦葉会は「幻の茶会」となったが、生涯茶人として生き抜いて迎えた最期であった。

註

（1）河原書店『茶道雑誌』第六八巻第二号（河原書店、二〇〇四年）、四六頁。

（2）例えば、小林の周辺で活動していた近代数寄者では、小説ではあるが白崎秀雄『鈍翁・益田孝』（新潮社、一九八一年）、同『三渓　原富太郎』（新潮社、一九八八年）、同『耳庵　松永安左ヱ門』（新潮社、一九九〇年）があり、根津嘉一郎（青山）については拙著『根津青山――「鉄道王」嘉一郎の茶の湯』（宮帯出版社、二〇一四年）がある。また、生形貴重氏も述べておられるように、小林については、企業家・経済人の面を主題とする著作は多いが、基本的に『日記』や『自叙伝』を材料に書かれたもので、茶の湯に関する記述はほとんどない。

（3）未収録の論稿は、管見の限り、「俳諧所感」（昭和七年十二月号）、「魯山人氏出版記念祝賀会講演要記と諸家の魯山人観」（同八年五月号）、「庭園（星岡交膝語録）」（同八年七月号）。「鑑陶図録第一輯に就て」（同九年七月号）、「小林一三氏渡米の船中より書を寄せて魯山人の批評をたしなめる」（同十年十一月号）、「現代の日本は美術国家」（同十一年七月号）。なお、「我が魯山人観」は、『漫筆』第四の「私の魯山人観」の一部分である。

（4）広く知られている明治二十六年の長田家の茶道具整理（三三頁）の他、明治三十四年の東京への転居後は新画から書画骨董に親しむようになったこと（一一三頁）、大阪新報の編集長であった古内省三郎家の茶道具売捌き（一三〇～一三二頁）などである。

（5）『漫筆』第一、二頁。

（6）『漫筆』の場合は、第一の「金輸出解禁から再禁止まで」にはじまる七五頁以降での十本、第二の七一頁以降の「電力統制問題の真相」の六十七頁にもおよぶ論稿、さらに、第三の二九頁以降と第四の四〇頁以降の論稿である。また、『三昧』では「官僚論」がある。

（7）高橋義雄『昭和茶道記』一（淡交社、二〇〇二年）、八五一～八五七頁。なお、『漫筆』第二には、高橋義雄「弦月庵額開き」（『昭和茶道記』二、淡交社、二〇〇二年、四九～五五頁）、根津嘉一郎「大小庵茶会」、『星岡』一九号に記載された「第四回洞天会記」の中から「四帖半席」が収録されている。

（8）『新茶道』で紹介されている佐々木敬一（三昧）が昭和二十四年に『美術工芸』の三月号に発表した「懐石私唱」や、小林の「国宝美術品と茶道」に対する佐々木利三の批評などである。

（9）熊倉功夫氏は『日本美術工芸』に連載された「近代

茶の湯人脈史」の中で、「目黒のサンマ論」は「実は逸翁自身が、こんな反論が出てくるだろうと仮想して自ら書いた」としておられる(『日本美術工芸』三九四号、一九七一年、九〇頁)。

(10) 『漫筆』第一の「誠堂翁と平等荘山人」「蕪村の手紙」、同第三の「蕪村の話」「横河博士蒐集の支那陶磁器」などである。

(11) 『三昧』、一〇五～一〇七頁。

(12) 『漫筆』第四、一九～二六頁。

(13) 『三昧』、三六一～三六九頁。

(14) 『三昧』、一八七～一九二頁。

(15) 『新茶道』、一一五～一一八頁。

(16) 『新茶道』、一五八～一六六頁。

(17) 『三昧』、五二～六六頁。

(18) 『三昧』、二〇〇～二一〇頁。

(19) 『大乗』、一五八～一六一頁。

(20) 『三昧』、二二一～二三一頁。

(21) 同様なケースは昭和二十八年三月の細見良と四月の渓苔会の茶会に言及している「茶界鼎談(八)」と、同三十年十二月に書かれた「継色紙三茶会(上)」に記されている十月二十七日の延命会と十一月十四日に丹羽昇(翠竹庵)へ招かれた茶会である。なお、『大乗』によれば、延命会の日付は十月二十七日となっているが、『日記』三によれば十月二十九日である。

(22) 『日記』一、一七九～五二〇頁。

(23) 『大乗』、二〇九～二一〇頁。

(24) 『大乗』、二二一～二二二頁。

(25) 『漫筆』第二、三一～三三頁。

(26) 『漫筆』第二、三三頁。

(27) 逸翁美術館編『茶会記をひもとく 逸翁と茶会』(逸翁美術館、二〇二年)、六頁。なお、『漫筆』第二にも「嘗て支那の名優梅蘭芳が初めての渡来に、宝塚公演を試みたる折柄、乾山作、梅蘭四方入違の鉢をお慰みとして、芝居見物の途すがらお立寄りを乞ふて友人数十名の一会を催した」とある(三四頁)。

(28) 高橋義雄『大正茶道記』一(淡交社、一九九一年)、一八一～一八七頁。

(29) 『昭和茶道記』一、八五一～八五七頁。

(30) 『追想』、五六七頁。

(31) 『漫筆』第四、三八～三九頁。また、昭和十七年に刊行された『茶道全集』巻の二の「東京・大阪の茶会」でも同様なことを綴っている。

(32) 高橋義雄『昭和茶道記』二(淡交社、二〇〇二年)、三三一～三三七頁。

(33) 『三昧』、九四頁。
(34) 『三昧』、九四頁。
(35) 『大乗』、四二〜四三頁。
(36) 『新茶道』、六〇〜六一頁。
(37) 『新茶道』、六一〜六二頁。
(38) 『三昧』、九四頁。
(39) 『三昧』、一六七〜一六九頁。
(40) 『三昧』、二三九頁。
(41) 『三昧』、二五八〜二五九頁。
(42) 『新茶道』、一四九頁。
(43) 『新茶道』、一〇三頁。
(44) 『新茶道』、二五四〜二五五頁。
(45) 『大乗』、三六四〜三六五頁。
(46) 『三昧』、一五九頁。
(47) 『三昧』、一六四頁。
(48) 『三昧』、一五八〜一六四頁。
(49) 『新茶道』、七六〜八一頁。
(50) 『新茶道』、八七〜八九頁。
(51) 『三昧』、二六一頁。
(52) 『三昧』、二六一頁。
(53) 『三昧』、二六一〜二六二頁。
(54) 『三昧』、二六一頁。
(55) 『三昧』、二六三頁。
(56) 『三昧』、二六三〜二六四頁。
(57) 『新茶道』、四一〜四二頁。
(58) 『三昧』、二六五〜二六六頁。
(59) 『三昧』、二九二頁。
(60) 『大乗』、二九九〜三〇三頁。
(61) 熊倉功夫『近代数寄者の茶の湯』（河原書店、一九九七年）、一〇頁。
(62) 『大乗』、四〇〜四四頁。
(63) 『新茶道』、三〇頁。
(64) 『新茶道』、二三頁。
(65) 『新茶道』、六六〜六八頁。
(66) 『新茶道』、七〇〜七一頁。
(67) 『新茶道』、八一〜八七頁。
(68) 『新茶道』、一九七〜二〇一頁。
(69) 『大乗』、二〇九〜二一〇頁。
(70) 『大乗』、二二一頁。
(71) 熊倉功夫編『柳宗悦茶道論集』（岩波書店、一九八七年）、五九〜一〇〇頁。
(72) 『大乗』、三八四〜三八六頁。

(73)『大乗』、二三三～二三六頁。
(74)『日記』三、四五八頁。
(75)『漫筆』第一、六〇～七〇頁。
(76)『三昧』、一〇五～一〇七頁。
(77)『三昧』、一〇七頁。
(78)『三昧』、一〇七頁。
(79)『三昧』、一〇七頁。
(80)『三昧』、一〇三～一〇四頁。
(81)『三昧』、一七九～一八六頁。
(82)『三昧』、二六五頁。
(83)『新茶道』、一～二頁。
(84)『大乗』、六六頁。
(85)『新茶道』、四〇頁。
(86)『新茶道』、四二頁。
(87)『新茶道』、一八頁。
(88)『新茶道』、二三頁。
(89)『新茶道』、九二頁。
(90)『新茶道』、九七～九八頁。
(91)『新茶道』、二五六頁。
(92)『大乗』、二七七頁。
(93)『大乗』、二九二頁。
(94)臼井史朗『昭和三〇年　おもしろ実験茶会』(淡交社、一九九二年)、「後記」。
(95)『大乗』、三三八～三三九頁。
(96)『大乗』、三六〇頁。
(97)『大乗』、三八九頁。

おわりに

五章にわたり、小林一三が書き残し、かつ、活字化された『雅俗山荘漫筆』『雅俗三昧』『新茶道』『逸翁自叙伝』『大乗茶道記』『小林一三日記』などをデータソースとして、近代数寄者小林逸翁の茶人としての総体像を描いてきた。その評価は読者諸賢に委ねるとして、没後、昭和三十二年（一九五七）に開館した逸翁美術館に簡単に触れて、「おわりに」としたい。

『日本美術工芸』二二七号掲載の山内金三郎（神斧）の「逸翁美術館誕生」によれば、小林による美術館建設の意思表示は、最晩年の昭和三十一年十二月であったというが、山内稿にも「北摂の池田市に美術館を残したいと、小林逸翁先生が念願されたのはもう相当に古いことになる」(1)とあるように、美術館建設構想は、かなり以前から懐《いだ》いていたと考えられる。しかし、それを文献によって跡付けるのは簡単ではない。

小林が最初に美術館に言及したのは、『三昧』に収録された、昭和十六年（一九四一）十二月九日に行われた、大阪美術館での「東西美術工芸談」と題する講演であった。席上、次のように語っている。

外国に行つて驚くのみならず、羨ましいことは、美術館、博物館等が沢山あることでありまして、大都会は勿論のこと、一地方の小都市に行つて見てもあります。そしてそれが大概個人の寄附によつて設立せられてゐるといふのであります。[2]

どこへ行っても美術館や博物館が多いこと、それらが寄附によって設立されていることを羨ましく思っている心情を吐露している。同じ思いは、郷土山梨の先輩実業家であり、茶席に招き招かれた根津嘉一郎(青山)も表明しており、[3]根津の没後、昭和十六年に根津美術館として結実している。小林も根津美術館を訪れている。[4]

次いで翌十七年六月の「小美術館」で、三尾邦三の寄附になる南紀美術館の第一回特別展に招かれて、次のような感想を綴っている。

地方的郷土芸術を中心にした、特色を持つ小美術館が各地に設立せられたならば、文化的教養と其の色彩を充実せしむる点に於て、国民教育の為め必要なる機関として大いに歓迎せられるであらう（中略）美術品の公開は必然の結果であり、其の私有品は自然に公共のため開放され、やがて幾多の美術館が建設せられるものと思ふ[5]。

三尾邦三は、かつては大阪の道具商の春海商店の店員であり、明治四十年代に茶道具の売買を通じて交流があった[6]。「小美術館」では、神戸市の池長孟の南蛮陳列館や嘉納治兵衛の白鶴美術館、さらには、東京の柳宗悦の民芸館などが登場する。自らの美術館云々という記述はないが、これらの美術館の存在に大きな刺激を受けたことは間違いないだろう。戦中にすでに、美術館構想を懐いていたとも考えられる。具体的な言及は、自身の喜寿と金婚式の祝いが開かれた、昭和二十四年（一九四九）三月二十一日の『日記』に記された「遺言状」に登場する。

書画骨董美術品等は冨佐雄、米三がほしいと思ふものだけを残して、あとは、若し逸翁記念文化会館が出来る見込があればその方にお渡しすること。これは現在の雅俗山荘が進駐軍占有から返却を受けた時に小林合名から財団法人阪急学園に寄付する。阪急学園は此雅俗山荘を外人に売却する。そのお金で文化会館を新築することが出来るなら申分ないと思ふ。(中略)イツ迄生きて居るか、生きてゐる間に、池田の図書館と池田文化会館との基礎を確実にして置き度いと思ふ。只だこれのみ。(7)

美術館ではなく、逸翁記念文化会館、あるいは池田文化会館と表現されてはいるが、小林が蒐集した書画骨董美術品等を核とする文化施設を指している。その後、四月二十五日に財団法人阪急学園池田文庫と、池田文化会館創立事務室が開設された。当日の『日記』に書き込まれた、「相当勉強して、理想的の地方文化事業の見本を創り上げ度いと思つてゐる」(8)という文言に、小林の並々ならぬ意気込みが秘められている。『三昧』に続いて刊行された『新茶道』には、国の美術館行政を批判する論稿が散見されるが(9)、長くなるので省略したい。その後、『大乗』の「美術館問答」で、昭和二十九年(一九五四)五月二十五日の大阪市都島区の藤田美術館の開館に際した、来賓総代としての発言を踏まえて、

藤田美術館こそは今までと違った、官僚的でない――というのもオカシイが――矢張り政府の息のかかった行き方とは異なった独自の見解で行くべきものだと思い、また

きっと今度こそは必ず出来ると思って、そのことを述べたのであるが、私は、藤田美術館の開館は、今までにない美術館経営の新しい行き方を教えてくれる。(10)

と書いている。この間、茶友である松永安左ヱ門の柳瀬山荘にあった美術工芸品の帝室博物館への寄附の末路を目にし、耳にしていたのであろう。(11) 小林の心持ちは、次の一文に凝縮している。

世に美術を蒐集する人は尠しとしない。しかしこれを系統立てた完全な姿で、後世に伝えるところまで考慮し、よく仕遂げる人の実に稀れなのは遺憾に堪えない。益田鈍翁と原三渓の大蒐集が、あと方もなくなったのはその大きい例であるし、国焼陶器の山口コレクションが四散したのは、別な意味での著例でもある。(中略)その生涯の最後の苦楽を共にしたコレクションが世間の絶讃を博し、池長の名を冠して因縁の深い神戸市によって大切に保存され、その使命をはたすに違いないことまで、その眼で見届けて帰幽されたのであるから、池長紅毛君こそはホントの幸せ者というべきだろうと、私は信じている。(12)

昭和三十二年（一九五七）十月三日、逸翁美術館は開館を迎えた。

註

（1）『日本美術工芸』二二七号、五九頁。
（2）『三昧』、一二頁。
（3）根津嘉一郎『世渡り体験談』（実業之日本社、一九三八年）、一七九、一九三頁。
（4）『日記』二、一〇頁。
（5）『三昧』、一五四～一五六頁。
（6）『大乗』、三九〇頁。
（7）『日記』三、四五～四六頁。
（8）『日記』三、五六頁。
（9）「現代茶人と業者」（一五〇～一五七頁）、「国宝美術品と茶道」（二〇三～二一一頁）、「美術品蒐集家の奨励」（二二四～二二八頁）。
（10）『大乗』、三一九頁。
（11）『大乗』、二七九頁。なお、昭和三十年（一九五五）四月の「東京茶談」では「あれだけのものを全部寄附したのだから勿体ないと思う」と書いている（三四三頁）。
（12）『大乗』、三五四頁。

小林逸翁年譜

和暦	西暦	齢	茶人としての事項	その他の事項
明治 六	一八七三	0		山梨県巨摩郡河原部村で生まれる。
八	一八七五	2		下宿分家の家督を相続。
二五	一八九二	19		慶應義塾卒業。
二六	一八九三	20		三井銀行入行、大阪支店へ転勤。
二七	一八九四	21	長田家道具調査。	
三〇	一八九七	24		名古屋支店に転勤。
三二	一八九九	26		大阪支店に転勤。
三三	一九〇〇	27		丹羽幸と結婚。
三四	一九〇一	28		東京箱崎倉庫次席に異動、東京へ転居。
三五	一九〇二	29		三井銀行本店へ異動。
四〇	一九〇七	34		三井銀行退職、箕面有馬電気軌道専取。
四二	一九〇九	36	、	大阪府豊能郡池田町に転居。
四三	一九一〇	37		疑獄事件で拘引、箕面有馬電気軌道専取辞任。
大正 三	一九一四	41	この頃、仁清作香合蜜柑、祥瑞横瓜を購入。	宝塚少女歌劇第一回公演。

四	一九一五	42	この頃、生形貴一（朝生庵）と出会う。	
五	一九一六	43		箕面有馬電気軌道専取に復帰。
六	一九一七	44	黄瀬戸半筒茶碗を落札。	東洋製罐相、『歌劇十曲』刊行。
七	一九一八	45		箕面有馬電気軌道を阪神急行電鉄と改称、宝塚音楽歌劇学校創設。
九	一九二〇	47	高橋義雄（箒庵）と長尾山荘へ同行。	
一〇	一九二一	48		月一回、田園都市会社と荏原鉄道の重役会に出席。
一一	一九二二	49		今津発電監。
一三	一九二四	51	自邸で梅蘭芳観劇茶会。	東京横浜電鉄監。
一四	一九二五	52		『日本歌劇概論』刊行。目黒蒲田電鉄監。
昭和元	一九二六	53		『続歌劇十曲』刊行。第一生命保険監。
二	一九二七	54		阪急電鉄社、東京電灯取。
三	一九二八	55		東京電灯副社、東電証券取、目黒蒲田電鉄取、昭和肥料監。
四	一九二九	56		阪急百貨店開業。
五	一九三〇	57		飯山鉄道取、東京麹町区永田町に住居を建設。
六	一九三一	58	茶室弦月庵披き。	

七	一九三二	59	阪急充美会発足。『雅俗山荘漫筆』一～二巻刊行。	東京宝塚劇場社。
八	一九三三	60	「歌劇茶会記」を執筆。『雅俗山荘漫筆』三～四巻刊行。	池上電気鉄道社、東京電灯社。
九	一九三四	61		阪急電車会、東京高速鉄道監、日比谷映画劇場開業。
一〇	一九三五	62		朝鮮電力取、内閣調査局参、欧米視察。『私の行き方』刊行。
一一	一九三六	63	雅俗山荘竣工、茶室即庵開席。	帝国劇場取、東京電灯会・社、阪急職業野球団結成。
一二	一九三七	64		梅田映画劇場社、第一ホテル相、飯山鉄道社、東邦映画相、東京宝塚劇場相。
一四	一九三九	66		三越取、日本軽金属社、日本発送電理、小田原急行電鉄取、国際工業取。
一五	一九四〇	67		華北電業理、東京電灯会、商工大臣。
一六	一九四一	68	芦葉会発足。	商工大臣辞任、貴族院議員。
一七	一九四二	69	追憶七十年茶会を開催。薬師寺会発足。	
一八	一九四三	70	古稀茶会を開催。	
二〇	一九四五	72		戦災復興院総裁。

二一	一九四六	73	雅俗山荘接収される（二十七年解除）。『雅俗三昧』刊行。	公職追放、貴族院議員辞任。
二二	一九四七	74	雅会（後の渓苔会）発足。	
二三	一九四八	75	茶室古彩庵と楳泉亭開席。	
二四	一九四九	76	雅俗山荘喜寿茶会。	『逸翁らくがき』刊行。
二六	一九五一	78	『新茶道』刊行。	追放解除、東宝社。
二七	一九五二	79	小林一三氏八十祝茶会。	
二八	一九五三	80		『逸翁自叙伝』刊行。
二九	一九五四	81	北摂丼会発足。	
三〇	一九五五	82		東宝相。
三一	一九五六	83		新宿コマ・スタジアムス社、梅田コマ・スタジアム社。
三二	一九五七	84		死去。

社＝社長、会＝会長、専＝専務、取＝取締役、監＝監査役、相＝相談役、理＝理事、参＝参与

参考文献

天野省悟『私記・茶道年表』（創思社出版、一九七九年）
井尻千男『男たちの数寄の魂』（清流出版、二〇〇七年）
逸翁美術館『茶の湯文化と小林一三』（思文閣出版、二〇〇九年）
逸翁美術館『茶会記をひもとく　逸翁と茶会』（思文閣出版、二〇一二年）
逸翁美術館『復活！　不昧公大圓祭』（思文閣出版、二〇一三年）
逸翁美術館『器を楽しむ　逸翁の茶懐石』（思文閣出版、二〇一五年）
臼井史朗『昭和30年　おもしろ実験茶会』（淡交社、一九九二年）
仰木政次『雲中庵茶会記』（味岡敏雄、一九九七年）
織田純一郎他『東京明覧　下』（竜渓書舎、一九〇四年）
熊倉功夫『近代数寄者の茶の湯』（河原書店、一九七七年）
熊倉功夫『近代茶道史の研究』（日本放送出版協会、一九八〇年）
熊倉功夫編『柳宗悦茶道論集』（岩波書店、一九八七年）
越沢太助『宗見茶話集』（北陸茶道研究会、一九五〇年）
五島慶太『七十年の人生』（要書房、一九五三年）
小林一三『雅俗山荘漫筆』（日清印刷、一九三二～一九三三年）
小林一三『雅俗三昧』（雅俗山荘、一九四六年）

小林一三『新茶道』(文芸春秋新社、一九五一年)
小林一三『逸翁自叙伝』(産業経済新聞社、一九五三年)
小林一三『逸翁鶏鳴集　日記抄・拾遺』(逸翁美術館、一九六三年)
小林一三『大乗茶道記』(浪速社、一九七六年)
小林一三『小林一三日記』(阪急電鉄、一九九一年)
小林一三翁追想録編纂委員会『小林一三翁の追想』(凸版印刷、一九六一年)
齋藤康彦『地方財閥の近代』(岩田書院、二〇〇九年)
齋藤康彦『近代数寄者のネットワーク』(思文閣出版、二〇一二年)
齋藤康彦『根津青山――鉄道王嘉一郎の茶の湯』(宮帯出版社、二〇一四年)
斎藤利助『書画骨董回顧五十年』(四季社、一九五七年)
斎藤利助他『好日会十周年記念』(好日会、一九五七年)
佐々木敬一『茶の道五十年』(淡交社、一九七〇年)
白崎秀雄『鈍翁・益田孝』(新潮社、一九八一年)
白崎秀雄『三渓　原富太郎』(新潮社、一九八八年)
白崎秀雄『耳庵　松永安左エ門』(新潮社、一九九〇年)
週刊朝日『値段の明治大正昭和風俗史』(朝日新聞社、一九八一年)
末廣幸代『吉兆　湯木貞一』(吉川弘文館、二〇一〇年)
高橋義雄『近世道具移動史』(慶文堂書店、一九二九年)
高橋義雄『箒のあと』(秋豊園出版部、一九三六年)
高橋義雄『大正茶道記』(淡交社、一九九一年)
高橋義雄『昭和茶道記』(淡交社、二〇〇二年)

武田満作『日本勧業銀行史　特殊銀行時代』（日本勧業銀行調査部、一九五三年）
淡交別冊『近代の数寄者　続・茶人伝』（淡交社、一九九七年）
津田利八郎『最近東京明覧』（博信館、一九〇七年）
東京美術倶楽部百年史編纂委員会『美術商の百年』（東京美術倶楽部、二〇〇六年）
中村昌生他『茶道聚錦六　近代の茶の湯』（小学館、一九八五年）
根津嘉一郎『世渡り体験談』（実業之日本社、一九三八年）
畠山一清『即翁遺墨茶会日記』（荏原製作所、一九七二年）
原田伴彦『近代数寄者太平記』（淡交社、一九七一年）
春曙居士編『東京番附案内』（晴光館書店、一九〇七年）
藤原銀次郎『私のお茶』（講談社、一九五八年）
正木直彦『十三松堂日記』（中央公論美術出版、一九六五〜一九六六年）
松永安左ヱ門『茶道三年』（飯泉甚兵衛、一九三八年）
松永安左ヱ門『桑楡録』（河原書店、一九四八年）
松永安左ヱ門『わが茶日夕』（河原書店、一九五〇年）
松永安左ヱ門の想い出編纂委員会『松永安左ヱ門の想い出』（電力中央研究所、一九七三年）
三宅晴輝『小林一三伝』（東洋書館、一九五四年）
矢野恒太記念会『矢野恒太伝』（矢野恒太記念会、一九五七年）
生形貴重「逸翁と祖父生形貴一のこと」（『茶道雑誌』第六八巻第二号、河原書店、二〇〇四年）
小田栄一「逸翁の茶会と道具」（『茶道雑誌』第六八巻第二号、河原書店、二〇〇四年）
小菅桂子「小林一三と洋風懐石」（筒井紘一編『懐石と菓子』茶道学大系四、淡交社、一九九九年）

小林一三「東京・大阪の茶会」（『茶道全集　巻の二』、創元社、一九三六年）
小林一三「根津翁と熱海会」（星岡窯研究所『星岡』一一一号、一九四一年）
齋藤康彦「甲州財閥の形成――経営参画と株式投資――」（『山梨大学教育人間科学部紀要』第七巻二号、二〇〇五年）
高原慶三「昭和茶道人国記」（『新修茶道全集』巻五、創元社、一九五一年）
竹田梨紗「芦葉会記」（『逸翁美術館年報』、逸翁美術館、二〇一一年〜）
宮井肖佳「小林一三の愛した画家・鈴木華邨――逸翁美術館収蔵品をめぐって――」（『阪急文化研究年報』、阪急文化財団、二〇一二年）
「日本経済を築いた数寄者たち」（『太陽』二三二号、平凡社、一九八二年）

日本之茶道社『日本之茶道』
日本美術工芸社『日本美術工芸』
阪急百貨店『阪急美術』
美術・工芸編集部『美術・工芸』
星岡窯研究所『星岡』

交詢社編『日本紳士録』第三六版（交詢社、一九三二年）
帝国興信所編『帝国銀行会社要録』第三一版（帝国興信所、一九四三年）
東京興信所編『銀行会社要録』第一〇版（東京興信所、一九〇六年）
東洋経済新報社編『昭和国勢総覧』下巻（東洋経済新報社、一九八一年）
日本アソシエーツ編『美術家人名事典』（日本アソシエーツ、二〇〇九年）

あとがき

筆者は、前著『根津青山――「鉄道王」嘉一郎の茶の湯』（宮帯出版社、二〇一四年）の「おわりに――衆と楽しむ」の末尾を、「筆者の次なる課題は、甲州財閥に連なる実業家であり、最後の近代数寄者ともいえる小林一三の実像を描くことである。他日を期したい。」と、結んだ。それと対応するように前著の原稿が完成した直後の平成二十三（二〇一一）年の春頃から、小林一三（逸翁）の茶の湯に関するデーターベースの構築に着手した。しかし、実業家としては驚くほど筆まめであった小林の公刊されている「著作」「日記」「論稿」、さらには、逸翁美術館の『展覧会図録』など、史（資）料類は夥しい数にのぼり、当初の課題設定が厳密さを欠いていたためか、それらの膨大な史（資）料群を前にして、度々立ち止まらざるを得なかったことも事実である。何度も足踏みを繰り返し、例えば、構成案の組み替えだけでも二五回に及んだ。『根津青山』の九回に比しても著しく多い。この間の筆者は、小林の著作群との「格闘」を続けた。

そのような時に、筆者の背中を強く押してくださったのは、東京教育大学大学院で御指導頂いた津田秀夫先生のお教えであった。津田先生の学問に対する姿勢は実に厳しいものであり、門下生への要求もまた苛烈であった。筆者よりはるかに優れた俊英な先輩達が、ゼミナールの席上で涙しているのを見たのも一再ではない。筆者も、拙い発表への痛烈な批判に何度も打ちのめされた。その様なゼミナールの席上、門下生が行った研究発表に対するコメントに際して、常々先生は「新しい史料を発見することも大事だが、誰もが知っている史料を使って、誰も言わなかった事実を明らかにすることも大事だ」と、諭しておられた。本書は、敢えて、既に刊行されていて誰もが容易に見ることができる史（資）料類のみの使用に限定して、津田先生から頂いたお教えを実践した成果である。筆者の試みがどこまで成功しているかの判定は読者諸賢に委ねるとして、若しも新たな事実を提示できたならば、それは、津田先生のお教えの賜物であり、その学恩に深く感謝したいと思う。

社会経済史研究をフィールドとする筆者の近代数寄者小林一三（逸翁）の研究は、平成二十年（二〇〇八）九月、山梨生涯学習センター主催「山梨学講座」の一環であるシンポジウム「新しい産業と文化を築いた小林一三」に参加し、小林の近代数寄者としての側面のみにスポットを当てるという作業を通じて本格化した。また、平成二十二年十月に山梨県立美術館の「小林一三の世界展—逸翁美術館の名品を中心に—」の展覧会に関わって『展覧会図録』に「実業家小林一三と茶の湯」を執筆し、同年十一月に開かれたシンポジウム「小林一三の世界をめぐって」に参画したことで、一層深化した。さらに、平成二十六年四月の小林の生誕地韮崎市のふるさと偉人資料館を会場に「お茶人小林一三—数寄世界の創造—」と題する講演を通してより具体的になった。この場を借りて、発表の機会を与えて下さった関係者各位にお礼申し上げたい。

山梨大学を定年退職した翌年、国立市へ転居したのを機に、茶の湯文化学会の東京例会へ出席するようになった。研究会席上での研究報告や討論は新鮮であり、刺激に富むものであった。そこで受けた刺激が、今回の仕事の動力源になっている。多少、毛色の変わった筆者を温かく迎え、種々、御教示頂いていることに感謝したい。さて、甲州財閥に連なる実業家の根津嘉一郎と小林一三の近代数寄者としての実像を書き上げた著者の前に浮かび上がって来たのが、根津青山と小林逸翁を茶の湯の世界に導いた近代数寄者のスポークスマン高橋義雄(箒庵)の存在であった。「高橋箒庵論」の構築が、筆者の次なる課題である。他日を期したい。

茶道研究ではまったくの素人である筆者が、本書を書き上げていくに当たって利用した先行研究は夥しい数にのぼる。門外漢のために起因する誤解や読み間違いによる見当違いの批判も少なくないと考える。茶の湯研究には凡そ似つかわしくない厳しい物言いも多々あったことを懼れる。かかる非礼には、お詫びするしかない。お名前は挙げないが、学恩に深く感謝するとともに、失礼の段はご寛恕願いたいと思う。

長い伝統を有する茶の湯研究の世界では全くの新人であり、前著『根津青山』を出版していただいた誼にすがり宮帯出版社の後藤美香子さんに御無理なお願いをした。今日のように出版事情の特に厳しい時代にあって、茶の湯研究には馴染まない長大で複雑な統計図表の多い地味な研究書を刊行できたことについて、宮帯出版社と実務に当たられた宮下玄覇社長、田中愛子さん、中岡ひろみさんには深く感謝したい。また、叢書に加えることを許してくださった熊倉功夫先生と筒井紘一先生にも感謝したい。

最後に、筆者は、平成二十五(二〇一三)年二月に行われた山梨大学における最終講義の席上で、嘗ての教え子達を前に「仕事と趣味が完全に一致していたこれまでの生活スタイルを変える気は全くありません」と述べたように、現役を退いた後も、朝食後の七時半頃から夕方まで、書斎に籠もって研究を最優先にした生活を継続し続けている。この実に我儘な筆者に常に心地よい環境を用意してくれている妻美知子に感謝の気持ちを申し述べ、本書の刊行の喜びを頒ち合うことをお許し願いたい。

平成二十九年十一月

齋藤康彦

小林逸翁関連の施設

小林一三記念館「雅俗山荘」外観

逸翁美術館外観

逸翁美術館館内

[逸翁美術館] 小林一三(1873～1957)の雅号「逸翁」を冠し、1957年に一三旧邸「雅俗山荘」を美術館として開館。2009年に新設して現在地に移転した。一三が収集した美術工芸品5,500点を所蔵。コレクションは、古筆、古経、絵巻、中近世の絵画、東西の陶磁器、日本・中国の漆芸品に及ぶ。常設展示はなく、年数回の企画展を開催。

開館時間(企画展開催中のみ開館):午前10時～午後5時(入館は午後4時30分まで)

休館日:会期中の月曜日(祝日・振替休日の場合は翌日)

企画展観覧料(税込):一般 700円/学生(高校生以上)500円/小人(中学生以下)無料

＊団体(20名以上)・シニア料金(65歳以上)等あり。障がい者手帳提示で本人と介助者1名無料。小林一三記念館の観覧券提示で100円割引。

所在地:大阪府池田市栄本町12-27　☎072-751-3865

※隣接の池田文庫(入館無料、月曜・年末年始休館、池田市栄本町12-1　☎072-751-3185)は宝塚歌劇や演劇関連資料等を収蔵する図書館だが、一三が愛用した四畳半台目の「大小庵」と、1949年に廃校の古材から造られた「古彩庵」の2つの茶室がある。

[小林一三記念館] 「雅俗山荘」を中心に、1973年増築の「白梅館」とともに、一三の事績を紹介する施設として2010年にオープン。山荘をはじめ、茶室「即庵」、茶室「費隠(ひいん)」(近衛文麿命名)、「長屋門」、「塀」は2009年に国登録有形文化財に認定され、それを機に、山荘内部は一三居住当時の状態に復元されている。

開館時間:午前10時～午後5時(入館は午後4時30分まで)

休館日:月曜日(祝日・振替休日の場合は翌日)・年末年始

観覧料(税込):一般・学生(高校生以上)300円/中学生以下 無料

＊団体割引・各種割引適用なし。障がい者手帳提示で本人と介助者1名無料。逸翁美術館の観覧券提示で100円割引。

所在地:大阪府池田市建石町7-17　☎072-751-3865

(協力 公益財団法人 阪急文化財団/2018年1月現在)

茶人叢書

織田信長〔*1534-1582*〕——竹本千鶴：國學院大學講師
豊臣秀吉〔*1536-1598*〕——中村修也：文教大学教授
織田有楽〔*1547-1621*〕——中村利則：京都造形芸術大学大学院客員教授
上田宗箇〔*1563-1650*〕——矢部良明：人間国宝美術館館長
*金森宗和〔*1584-1656*〕——谷　晃：野村美術館館長
片桐石州〔*1605-1673*〕——谷端昭夫：裏千家学園講師
松平不昧〔*1751-1818*〕——木塚久仁子：土浦市立博物館学芸員

津田宗及〔*? -1591*〕——筒井紘一：京都府立大学客員教授
千　利休〔*1522-1591*〕——田中仙堂：大日本茶道学会会長
山上宗二〔*1544-1590*〕——竹内順一：東京藝術大学名誉教授
千　宗旦〔*1578-1658*〕——原田茂弘：不審菴文庫主席研究員
*千 一翁宗守〔*1593-1676*〕——木津宗詮：武者小路千家家元教授
*山田宗徧〔*1627-1708*〕——矢部良明：人間国宝美術館館長
千 覚々斎宗左〔*1678-1730*〕——熊倉功夫：MIHO MUSEUM館長
川上不白〔*1719-1807*〕——森田晃一：岐阜大学教授

---

*根津青山〔*1860-1940*〕——齋藤康彦：山梨大学名誉教授
高橋箒庵〔*1861-1937*〕——齋藤康彦：山梨大学名誉教授
*小林逸翁〔*1873-1957*〕——齋藤康彦：山梨大学名誉教授

*既刊

〔著者紹介〕

齋藤康彦（SAITO Yasuhiko）

1947年生まれ。山梨大学教育学部卒業、東京教育大学大学院修士課程修了、筑波大学大学院博士課程単位取得満期退学。山梨大学教育学部講師、助教授、教授を歴任。2013年退官、山梨大学名誉教授。専門は近代日本経済史。著書に、『産業近代化と民衆の生活基盤』（岩田書院 2005）、『地方財閥の近代 甲州財閥の興亡』（岩田書院 2009）、『近代数寄者のネットワーク 茶の湯を愛した実業家たち』（思文閣出版 2012）、『根津青山──「鉄道王」嘉一郎の茶の湯』（宮帯出版社 2014）など多数がある。

茶人叢書

小林逸翁

一三翁の独創の茶

2018年4月7日 第1刷発行

著　者　齋藤康彦

発行者　宮下玄覇

発行所　株式会社宮帯出版社

京都本社 〒602-8488

京都市上京区真倉町739-1

営業（075）441-7747　編集（075）441-7722

東京支社 〒160-0016

東京都新宿区信濃町1

電話（03）3355-5555

http://www.miyaobi.com/publishing/

振替口座 00960-7-279886

印刷所　シナノ書籍印刷株式会社

定価はカバーに表示してあります。落丁・乱丁本はお取り替えいたします。

 ISBN978-4-8016-0092-8 C1023

人名索引

＊姓のみで名が確定できない人物については、職業等のわかるケースのみ立項した。

あ

相原知佑　144, 148
赤井松寿庵　287
縣 治朗　180
赤星弥之助　141
芥川也寸志　366
荒木寛畝　50
有賀長文　175
粟田天青（有青庵）　104, 186

い

飯島風香　51, 59, 60, 64, 65
飯田義一　157
生島嘉蔵　141, 142
生島房次（好日庵）　93, 101, 103, 106, 108, 115, 121, 131, 132, 144, 146, 229, 241, 261, 262, 315
池田成彬　8, 18, 35
池戸宗三郎　142, 143
池長 孟（紅毛）　375, 377
伊佐幸琢（半々庵）　254
石井光雄（積翠軒）　103, 180, 182, 199, 201, 203, 211, 215
石河幹明　24
磯野信威（風船子）　101, 102, 108, 287
磯野良吉（丹庵）　96, 334
伊丹信太郎（揚山）　219
伊藤半次郎（松宇）　51, 52
乾 豊彦（不鬼庵）　101, 102, 108, 109, 230, 292, 293, 316
乾 豊彦夫人　108, 109
犬養 毅（木堂）　322
井上（道具商）　144, 145
井上 馨（世外）　34
井上熊太郎（柳古堂）　142, 144, 145, 260, 261, 265, 266
井上昌三　144, 145, 260
今枝善隆（半庵）　101, 102, 103, 106, 108, 114, 115, 229, 304
岩崎真三　121, 258, 262
岩下清周（誠堂）　16, 27, 28, 30, 37, 38, 50, 86, 87, 157, 158
岩原謙三（謙庵）　339

う

上田堪二郎　289
内本浩亮（宗韻）　104, 187, 211
生形貴一（朝生庵）　9, 19, 35, 81,

88-90, 92-95, 100, 101, 103, 105, 108, 121, 146, 173, 181, 227, 229, 232, 293, 294, 319, 334, 380
梅上尊融（西庵） 104
梅沢彦太郎（曙軒） 103, 107, 182, 187, 201, 211, 215, 237
古内省三郎 87, 369

え

江守名彦（奈比古） 178

お

仰木敬一郎（魯堂） 28, 30, 32, 108, 168, 237, 334
仰木政次（政斎） 14, 103, 175, 186
仰木美代（宗美） 30, 168
大田佐七 142, 230
大野準一（鈍阿） 104, 219
大村正夫 178
岡田茂吉 364, 365
尾形乾山 244, 245, 258, 260, 276, 280
岡本太郎 366
小川堅三郎（愛楳居） 101, 102, 108, 126, 131, 132, 231
荻野仲三郎 103, 107, 180, 199, 201, 205, 206, 211, 215
沖原弁治（月波庵） 101, 103, 108, 115-117, 121, 230
奥村伊蔵 101, 130
長田作兵衛 15, 24-26, 31, 379
小沢亀三郎（渓苔堂） 101, 103, 108, 126, 144, 146, 230
小田久太郎 96, 334
小野金六 16, 157-159
小野賢一郎 178, 184
小野耕一 158

か

樫野菅八（南陽） 110, 132-138
鹿島精一 140
片桐石州 188, 248, 254
加藤義一郎（櫟庵） 92, 93, 101-105, 108, 109, 112, 115, 121, 131, 151, 181, 182, 229, 232, 241, 265, 270, 278, 312, 315
加藤武男 180, 186
加藤辰弥 185
加藤照次 60, 64, 65
加藤正治（犀水） 168
嘉納治兵衛（鶴翁） 10, 341, 375
鏑木清方 51, 53-55, 63-65
上柳清助 27, 28, 40
蒲生氏郷 197
川合玉堂 51, 54, 57, 60, 62, 63
河合幸七郎（宗那） 101-103, 106, 108, 115, 117, 184, 229, 259, 260, 312, 318
川喜田久太夫（半泥子） 104, 200, 201, 211, 215, 259
川口重三 131, 144, 148

河瀬虎三郎(無窮亭) 101, 108, 144, 148, 201, 215, 226, 227, 237
川端玉章 43, 50, 60, 63
川端虎三郎(玉雪) 50, 57, 63
川端直信 129
川端康成 366

き

菊岡久利 367
岸 信介 18, 310
岸本五兵衛(彩星童人) 103, 106, 115
岸本貞次郎(汀水庵) 101, 102, 115, 230
北大路房次郎(魯山人) 104, 177, 178, 219, 235, 322, 361, 366, 368, 369
北川正重(無庵) 101, 108, 121, 130, 131, 144, 146, 259, 260, 265
木村正幹 34, 35

く

草野心平 366
楠 正雄 134, 135
国(生秀館) 51, 52, 64
熊谷直彦 50
熊谷直之 186, 318

こ

郷 誠之助 163
甲谷長三郎 83
古賀勝夫(竹世堂) 101, 103, 106, 108, 115, 131, 144, 146, 230, 302
小坂順造 187
越沢太助(宗見) 168, 233
児島嘉助(米山居) 82, 101, 108, 143-146, 172, 175, 258-261, 264, 265, 267, 273, 288, 289
五島慶太(古経楼) 7, 10, 11, 101-103, 107, 108, 155, 182, 187, 189, 190, 199, 201-204, 206, 208-213, 215-218, 221, 328, 329
小西完子(梅芳) 92, 93, 101, 103, 106, 108, 121, 151, 181, 182, 230
小西新右衛門(業精) 92, 93, 100, 104, 106, 107, 121, 146, 151, 181, 182, 230, 291, 298, 308, 329
近衛文麿(虎山) 8, 18, 205, 252, 255, 310, 331, 338, 359
小林敦子 98, 103, 105
小林 幸 71, 74, 76, 92, 98, 105, 137, 182, 379
小林古径 274, 278
小林冨佐雄 74, 103, 105, 366, 375
小林富士子 105

小林米三　98, 105, 147, 375
小堀遠州　139, 140, 247, 248, 254, 260, 261, 289, 343, 344
今 東光　366, 367
近藤滋弥(其日庵)　104, 150, 168

さ

斎藤利助(平山堂)　30, 82, 101-103, 107, 108, 120, 121, 138, 139, 144-146, 148, 154, 173, 179, 180, 182, 186, 187, 189, 201, 203, 204, 209-213, 215, 234, 237, 259, 260, 289, 312, 334
坂田作治郎(日々軒)　86, 91, 92, 94, 101-103, 106, 108, 115, 121, 131, 143, 144, 146, 181, 182, 229, 259, 288, 289, 306
佐川(池田文庫)　263
佐川田昌俊　289
佐々木敬一(三味)　108, 109, 114, 156, 195, 226, 231, 236, 238, 270, 289, 297, 298, 313, 314, 317, 369
佐竹作太郎　157, 159
佐竹義春　164
佐分雄二　108, 121

し

塩原又策(禾日庵)　160, 161, 168, 330
幣原喜重郎　8, 18, 136, 196, 207, 264, 351
篠原 治(秋色庵)　336
篠原三千郎　103, 107, 182, 201, 208, 211, 215
島 徳蔵　87
島田佳矣　178
下村観山　44, 47, 48, 56, 57, 63, 64
松花堂昭乗(惺々翁)　253, 254
白壁武弥　101, 130, 311, 316

す

菅原通済　182, 195, 201, 211, 215
杉浦保寿　186
杉山杉風　59, 63, 65
杉山茂丸　184
鈴木華邨　42, 45, 47, 50, 51, 52, 54, 56-65, 79
鈴木貞太郎(大拙)　103, 107, 200, 201, 203, 204, 211, 215, 237
鈴木馬左也(自笑庵)　342
住友吉左衛門(春翠)　9, 220

せ

関口一也　50, 53
関口真也　51, 53, 55, 56, 63-65

瀬津伊之助(雅陶軒) 104, 108, 120, 121, 144, 146, 148, 184, 204, 210, 260, 261, 262, 264-266
銭高久吉(二松庵) 92-94, 100, 101, 103, 106, 108, 115, 121, 131, 132, 152, 229, 282, 285, 294, 300, 307, 308
銭高夫人 103, 121, 282
瀬良石苔堂 144, 260-263
千 宗興(鵬雲斎) 151, 180, 228, 355, 356, 358
千 宗左(原叟) 205
千 宗左(惺斎) 92
千 宗左(即中斎) 100
千 宗守(一指斎) 85
千 宗守(愈好斎) 100
千 宗旦(元伯) 146, 151, 219, 247, 248, 253, 254, 354
善田喜一郎(好日庵) 101, 144, 148, 231
千 利休 11, 180, 247, 248, 276, 339, 344, 349, 351, 362

そ

反町茂作 184, 201, 237

た

高木 繁(松月堂) 134, 135, 144
高桑蘭更 57, 62, 63
高津盛次 39
高梨仁三郎(紫麓庵) 100, 201, 204, 210, 215
高橋蓬庵 197
高橋義雄(箒庵) 13, 14, 16, 23-25, 27, 28, 30-33, 36, 40, 78, 83-85, 87, 96, 108, 149, 151, 155, 159, 160, 163, 174, 175, 177, 179, 191, 219, 224, 233, 243, 244, 246, 255, 269, 281, 296, 313, 323, 334, 336-339, 358, 366, 369, 370, 380, 385
高原慶三(杓庵) 103, 108, 115, 156, 226, 231, 232, 238
高山長幸 139
滝 精一 164
竹田源次郎(敬方) 46, 51, 53, 56, 63
田島正雄(正泉荘) 101, 121, 290
田中茂太郎(親美) 103, 168, 179, 186, 234, 237
田中太介 222, 266
田辺加多丸(無方草堂、無方庵) 101-103, 107, 108, 113-116, 178, 187, 199, 201, 202, 204, 205, 211, 214, 215, 250, 287, 308
田辺宗英 103, 145, 182, 183, 201, 208, 211, 214, 215
田山信郎(方南) 104, 187, 200, 201, 211, 214, 215, 237,

289
団 伊玖磨 366
団 伊能(疎林庵) 101, 102, 182, 188, 195, 201, 202, 206, 210, 211, 214, 215, 221, 330
檀 一雄 366
丹下健三 366
団 琢磨(狸山) 33, 206

ち

長次郎 250, 276, 279, 280

つ

辻 嘉一(辻留) 108, 109, 238
津田信吾 180
土橋嘉兵衛(無声庵) 100, 103, 144, 146, 147, 150, 168, 169, 186, 188, 230, 259, 266, 288, 289
堤 康次郎 7
津村重舎 160, 161

て

寺崎廣業 43, 51, 54, 55, 62-65

と

東条英機 134
外狩顕章(素心庵) 178, 184
土岐二三 253, 254
戸田大三 101, 108, 144, 145, 151, 230, 316
戸田政(道具商) 144, 145
戸田政之助 151, 230
戸田弥七(露朝) 85, 142, 172, 238
富岡永洗 45, 47, 50, 64
豊臣秀吉 344, 351
鳥井邦枝 105
鳥井信治郎 105
鳥井春子 103, 105, 121, 173
鳥井吉太郎 105, 121

な

内藤利太郎 58, 60, 64, 65
中井新三郎(浩水) 101, 103, 106, 115, 230
長尾欽弥(宜雨庵) 10, 101-103, 151, 187, 188, 190, 201, 202, 208, 210, 211, 214, 215, 307, 308
中上川彦次郎 35, 78
中野忠太郎(春山) 171, 178, 188
名取和作 180, 186, 187

に

西尾正七(正遊庵) 101-103, 108, 130, 131, 134
西川源次郎(一草亭) 335
丹羽 昇(翠竹庵) 101, 298, 344, 370

ね

根津嘉一郎(青山) 11, 16, 32, 41, 78, 86, 101, 102, 108, 140, 142, 155-157, 159-173, 178, 184, 188, 190, 191, 197, 198, 206, 219, 228, 233, 234, 296, 315, 329, 333, 339, 366, 369, 374, 378, 383, 385, 386
根津藤太郎 188, 201, 202, 206, 207, 210, 214, 215

の

野口小蘋 50, 63
野崎広太 281, 337
野々村仁清 31, 150, 179, 181, 251, 260, 265, 273, 276, 280, 312, 379
野村徳七(得庵) 100, 168, 220, 221
野村松太郎(文挙) 43, 48, 50, 51, 55, 56, 63, 64

は

灰屋紹益 253, 254
橋本凝胤 94, 101, 103, 108, 109, 111, 120, 121, 123-125, 181
秦 秀雄(珍堂) 177, 178, 184
畠山一清(即翁) 9-11, 13, 101-103, 107, 108, 155, 174, 180, 182, 183, 187-190, 199, 201-206, 210-215, 219-224, 241, 252, 301, 313, 339
服部玄三 100, 103, 107, 108, 152, 180, 182, 187, 200, 201, 204, 206, 210-212, 215, 301
服部章三(梅素) 101, 102, 108, 144, 146, 152, 183, 187, 189, 201, 203, 204, 210, 211, 213, 215, 259, 260, 289, 315
早川千吉郎 91
早川藤五郎(尚古斎) 257, 258, 314
原 富太郎(三渓) 36, 190, 191, 197, 322, 339, 369, 377
原 亮三郎 23
春海 敏 87, 143, 151
春海藤次郎 85
坂東蓑助 366

ひ

樋口三郎兵衛(不文) 9, 81, 86-91, 334
久田宗也(半床庵) 121, 181, 290
平賀 敏 28, 30, 157, 234
平瀬亀之助(露香) 70, 71, 81-86, 332, 343
平林鳳二 51, 52, 58-60, 64, 80
平松国治 144, 148, 261, 262
広田松繁(不孤斎) 144, 241

ふ

福沢桃介　157, 179
福沢諭吉　35
福田頼三（元永堂）　115, 131, 133, 134, 144, 148, 260, 262, 265
藤井卯兵衛（山水居）　100, 101, 103, 108, 115, 150, 229, 265, 273
藤井正治（寂仙）　189, 203, 209, 210, 214, 215
藤木正一（枕流居）　101-103, 106, 108, 150, 229, 292
藤田伝三郎（香雪）　27, 85, 96, 142, 161, 197, 343
藤田彦三郎　96, 100, 160, 334
藤田平太郎（江雪）　160
藤村庸軒　150, 248, 251, 253, 254
藤原雷太　35
藤原銀次郎（暁雲）　33, 35, 104, 162, 163, 165, 168, 192, 233, 237
船越伊予守（宗舟）　253, 254

へ

別府哲二郎（竹葉）　101, 103, 106, 115, 116, 231

ほ

細野申三（燕台）　100, 235
細見 良（古香庵）　101, 108, 115, 230, 290, 291, 370
堀口捨巳　108, 115, 195

ま

前川佐美雄　367
前田久吉　101, 102, 131, 152, 175, 189
前田与三吉　86
馬越恭平（化生）　33
正木直彦（十三松堂）　104, 177-179, 199, 234
益田英作（紅艶）　13, 32, 85
益田英次　12
益田克徳（非黙）　85, 149
益田 孝（鈍翁）　13, 26, 33-38, 85, 150, 157, 160, 190, 191, 197, 266, 283, 322, 333, 337-339, 343, 344, 366, 369, 377
益田多喜　38
松尾宗吾（不染斎）　186
松尾源良　133-135
松下幸之助（真々庵）　104
松平治郷（不昧）　150, 246, 249, 251, 253, 254, 276, 279, 312, 313, 343, 344, 351
松永一子　187
松永安左ヱ門（耳庵）　9-11, 13, 14, 78, 95, 99, 101-103, 107, 108, 110, 120, 121, 126, 150, 152, 155, 157, 160,

161, 168, 170, 171, 174-198, 200-205, 207-217, 221, 223, 224, 228, 234-237, 295, 301, 313, 329, 330, 339, 351, 369, 377
松村景文　244, 245, 249, 261, 266, 335
松村呉春　36, 90, 150, 222, 243-245, 259-261, 266, 267, 335, 336
松本幸四郎　366
松本重太郎（双軒）　8, 164
松本楓湖　50
松本松蔵（双軒庵）　164
円山応挙　90, 244, 245, 259, 266

み

三尾邦三　89, 374, 375
三砂良哉　252, 313
水落露石の息子　257, 258
水原金兵衛　143, 144
三井三郎助　34
三井高保（華精）　33, 38-41, 322, 343
三井八郎右衛門　25, 26
三井八郎次郎（松籟）　38
南 喜三郎（帰耕園）　101, 103, 106, 108, 121, 128, 130-134, 262
南 博　366
宮（道具商）　144, 148, 208
水谷川忠麿（紫山）　101, 103, 108, 115, 116, 255, 261, 367
三宅雪嶺　12
宮原 清　180

む

武藤山治　342
棟方志功　366, 367
村岡金一　101, 130, 131, 286
村上 定　39, 40
村瀬玉田　50, 55, 56, 63
村山長挙　121, 295
村山龍平（香雪）　8, 341, 342

め

梅 蘭芳　22, 31, 32, 97, 334, 370, 380

も

望月金鳳　50, 51, 56, 63
森 繁夫（小竹園）　101, 103, 106, 115
諸戸精太　201, 330
諸戸精文　202, 236
諸戸清六　178

や

椰川善左衛門　143
矢代幸雄　108, 109, 186
保田与重郎　367
藪内紹智（猗々斎）　100, 101, 228,

231, 232
柳 宗悦 357, 371, 375
矢野恒太 161, 233
藪本(古美術商) 263
山内金三郎(神斧) 89, 101, 103, 106, 108, 113-116, 230, 232, 263, 273, 278, 293, 294, 373
山県有朋(含雪) 37, 38
山県 貞 38
山澄力蔵(宗澄) 154, 161
山澄力太郎(静斎) 160, 161
山田岸太郎(禾庵) 100, 101, 103, 106, 111, 115, 116, 151, 229, 285, 300, 335
山田多計治(曠庵) 100, 101, 103, 106, 108, 115-118, 131, 132, 150, 151, 229, 265
山田忠兵衛 51
山中吉郎兵衛(春篁堂) 85, 101, 103, 131, 132, 143, 144, 146, 151, 172, 230, 266
山本発次郎(竹籠斎) 101, 103, 130-132, 238, 262
山脇友三郎(三径庵) 94, 101, 115, 282

ゆ

湯浅(道具商) 222, 266
結城豊太郎 187
湯木貞一(吉兆) 11, 101, 103, 108, 109, 115-117, 152, 230, 266, 315

よ

横井半三郎(夜雨) 100, 186, 188, 190
横山五郎 144, 148, 186
与謝蕪村 59, 60, 63, 65, 244, 245, 257, 258, 260, 262, 266, 314, 370
吉原とめ子 183
吉原政智 183
四方田 保 254

ら

楽 弘入 250
楽 惺入 250
楽 得入 250

わ

若尾逸平 159
若尾璋八 165
和田久左衛門(臨陽軒) 101, 103, 106, 107, 230, 291
渡辺栄一(沖庵) 226, 227, 315
渡辺 治 23, 24
渡辺丈太郎(常庵) 101, 103, 108, 146, 230, 232, 315, 316, 318